新形势下装备维修保障重难点问题研究

李 渊 著

国防工业出版社

·北京·

内 容 简 介

随着国防和军队体制编制调整改革逐步落地，装备维修保障思想、运行机制、保障体系等均正在发生重大变化，装备维修保障能力与军事斗争准备需求之间存在较大未知域，必须尽快采取新的理论，指导装备维修保障建设、管理实践。本书以先进的装备维修保障理论为基础，以提高部队装备维修保障科学化、规范化水平为目的，以新形势下装备维修保障工作中主要的重难点问题为抓手，系统研究了装备维修保障思想、装备维修保障体系、装备维修保障训练、装备维修保障动员、装备维修保障发展趋势、装备维修保障模式改革等相关内容；以实战化为牵引，紧贴装备维修保障战备工作需求，系统研究了联合作战装备维修保障指挥、力量编成与部署、战场抢修、器材保障、基于任务完成率的装备维修保障、战时装备维修保障等相关内容。其主要特点是：理论与实践相结合，继承与创新相结合，既注重装备维修保障基本理论、基本方法的描述，又注重装备维修保障重点、难点问题的研究，便于指导装备维修保障实践。

本书主要面向装备维修保障理论研究人员、相关专业教学科研人员，也可供军内外相关领域人员阅读参考。

图书在版编目（CIP）数据

新形势下装备维修保障重难点问题研究/李渊著.
—北京：国防工业出版社，2023.1
ISBN 978-7-118-12756-0

Ⅰ.①新… Ⅱ.①李… Ⅲ.①武器装备—维修—军需保障—研究 Ⅳ.①E246

中国国家版本馆 CIP 数据核字（2023）第 022052 号

※

国防工业出版社出版发行
（北京市海淀区紫竹院南路23号　邮政编码100048）
三河市众誉天成印务有限公司印刷
新华书店经售

*

开本 710×1000　1/16　印张 14¾　字数 296 千字
2023 年 1 月第 1 版第 1 次印刷　印数 1—1500 册　定价 98.00 元

（本书如有印装错误，我社负责调换）

国防书店：(010)88540777　　书店传真：(010)88540776
发行业务：(010)88540717　　发行传真：(010)88540762

前　言

Preface

当代科学技术特别是智能化技术的飞速发展，使军事领域呈现出根本性、方向性和整体性的变化。装备维修保障作为后装保障的重要组成部分，主动适应我军武器装备、作战方式向信息化、智能化发展所带来的新问题、新挑战，是保证科学发展的基本规律。

"惟改革者进，惟创新者强，惟改革创新者胜。"本书围绕装备维修保障建设和作战中的重难点问题，围绕全面提高装备维修保障能力这一基本任务，坚持理论与实践相结合，平时与战时相衔接，在对保障思想、保障体系、保障模式系统研究的基础上，深入探索保障训练、保障动员的基本规律；努力尝试运用新的理论方法与技术工具，对联合作战装备维修保障指挥、力量部署与运用、抢救抢修、器材保障、基于任务完成率的评估等重难点问题进行了剖析和阐述，力求准确反映装备维修保障的新思想、新理念，并密切结合装备维修保障管理的实际与发展需求，剖析了近几场局部战争装备维修保障研究，以更好地服务于我军装备维修保障的转型发展。

强军之道，要在得人。要全面实施人才强军战略，推动院校建设加快转型升级。希望本书的出版能够为全面贯彻新时代军事教育方针，加强装备维修保障学科专业和教材建设，推进新型装备维修保障人才实战化教学培养贡献微薄之力。

本书在编写过程中，参阅了大量专著、文献等成果，并得到了部队、机关的大力帮助；军委装备发展部肖安琪，军委科学技术委员会王大刚，军事科学院雷二庆，国防大学崔济温、于洪敏、刘民成等领导、专家、教授对本书提出了宝贵的修改意见，在此表示衷心感谢。由于作者能力和水平所限，书中缺点、错误等不足之处恳请批评指正。

作　者

2022 年 01 月

目 录
Contents

建 设 篇

第一章 装备维修保障思想

第一节 装备维修保障思想剖析 ··· 3
  一、历史性和现实性 ··· 3
  二、理论性与实践性 ··· 4
  三、继承性与创新性 ··· 5
第二节 装备维修保障思想的类别 ··· 5
  一、装备维修保障地位作用思想 ··· 5
  二、装备维修保障建设思想 ·· 7
  三、装备维修保障管理思想 ·· 7
  四、装备维修保障运用思想 ·· 8
第三节 传统装备维修保障思想 ·· 8
  一、事后维修思想 ·· 9
  二、以预防为主的维修思想 ·· 10
第四节 现代装备维修保障思想 ·· 11
  一、以可靠性为中心的维修思想 ··· 12
  二、全系统全寿命的维修思想 ··· 17
  三、主动维修思想 ·· 19
第五节 新时期装备维修保障思想 ··· 21
  一、绿色维修思想 ·· 22
  二、再制造工程的维修思想 ·· 23
  三、以网络为中心的维修 ·· 25
  四、基于状态的维修 ··· 26

第二章 装备维修保障体系

第一节 装备维修保障体系建立的依据和要求 ···························· 28

一、装备维修保障体系建立的依据 …………………… 28
　　二、装备维修保障体系建立的要求 …………………… 30
　第二节　主要军事强国装备维修保障体系 …………………… 32
　　一、美军装备维修保障与后勤保障合一的体系 ………… 32
　　二、俄军独立的统分结合装备维修保障体系 …………… 34
　　三、日本自卫队集约式的装备维修保障体系 …………… 35
　　四、英国三军自成体系的装备维修保障体系 …………… 36
　第三节　装备维修保障体系外部环境 …………………………… 36
　　一、装备维修保障体系的战场环境 …………………… 37
　　二、装备维修保障体系的社会环境 …………………… 37
　　三、装备维修保障体系的自然环境 …………………… 38
　第四节　装备维修保障体系运行 ……………………………… 39
　　一、装备维修保障体系的运行条件 …………………… 39
　　二、装备维修保障体系的运行过程 …………………… 40
　　三、装备维修保障体系的运行机制 …………………… 41
　第五节　装备维修保障体系发展趋势 ………………………… 42
　　一、组织结构更加优化合理 …………………………… 42
　　二、力量结构更趋多元一体 …………………………… 43
　　三、作业体系更趋层级简化 …………………………… 44
　　四、保障制度更加科学完善 …………………………… 45

第三章　装备维修保障训练

　第一节　装备维修保障训练的本质及特征 …………………… 46
　　一、装备维修保障训练的本质 ………………………… 47
　　二、装备维修保障训练的特征 ………………………… 53
　第二节　装备维修保障训练的基本原则 ……………………… 56
　　一、强化观念更新 ……………………………………… 56
　　二、注重科学谋划 ……………………………………… 58
　　三、保持协调发展 ……………………………………… 60
　　四、突出改革创新 ……………………………………… 62
　第三节　装备维修保障训练内容体系构建 …………………… 63
　　一、构建装备维修保障训练内容体系的原则 …………… 64
　　二、装备维修保障活动的领域分析与概念模型 ………… 67
　　三、构建装备维修保障训练内容体系的基本思路 ……… 68

　　　　四、构建装备维修保障训练内容体系的基本方法 ………………… 69
　　第四节　装备维修保障训练方法 ……………………………………… 72
　　　　一、装备维修保障理论学习 …………………………………………… 73
　　　　二、装备维修保障基础训练 …………………………………………… 74
　　　　三、装备维修保障应用训练 …………………………………………… 75
　　　　四、装备综合性训练 …………………………………………………… 75
　　　　五、装备维修保障理论研究 …………………………………………… 77
　　第五节　装备维修保障人才实战化教学培养 ………………………… 79
　　　　一、正确认识装备维修保障人才实战化教学培养的重大意义 …… 79
　　　　二、科学确立装备维修保障人才实战化能力素质需求 …………… 80
　　　　三、科学构建人才培养课程体系 …………………………………… 81
　　　　四、创新发展实战化教学模式 ……………………………………… 82

第四章　装备维修保障动员

　　第一节　装备维修保障动员的基本概念与内容 ……………………… 84
　　　　一、动员 ………………………………………………………………… 84
　　　　二、装备动员 …………………………………………………………… 85
　　　　三、装备维修保障动员 ………………………………………………… 85
　　　　四、装备维修保障动员内容 …………………………………………… 86
　　第二节　装备维修保障动员的基本原则 ……………………………… 87
　　　　一、依法动员 …………………………………………………………… 87
　　　　二、突出重点 …………………………………………………………… 87
　　　　三、充分准备 …………………………………………………………… 88
　　　　四、专业对口 …………………………………………………………… 88
　　　　五、就近就便 …………………………………………………………… 88
　　　　六、照顾建制 …………………………………………………………… 88
　　第三节　装备维修保障动员准备 ……………………………………… 88
　　　　一、进行装备维修保障动员潜力统计 ……………………………… 89
　　　　二、建立健全装备维修保障动员法规 ……………………………… 89
　　　　三、制定完善装备维修保障动员计划 ……………………………… 90
　　　　四、建立健全装备维修保障动员机构 ……………………………… 91
　　　　五、建立装备维修保障动员储备 …………………………………… 92
　　第四节　装备维修保障动员组织实施 ………………………………… 93

第五章　装备维修保障发展趋势

第一节　概述 ································· 95
一、装备维修保障发展趋势的内涵 ················· 95
二、装备维修保障发展趋势的研究方法 ·············· 96
三、装备维修保障发展趋势的代表性观点 ············ 97

第二节　装备维修保障的主要发展趋势 ············· 97
一、高度重视装备维修保障理论研究 ················ 97
二、加快推进装备维修保障转型 ···················· 98
三、更加重视装备维修保障信息化建设 ·············· 99

第三节　加快推进我军装备维修保障建设 ·········· 101
一、主要内容 ··································· 101
二、主要措施 ··································· 102

第六章　装备维修保障模式改革

第一节　装备维修保障模式概述 ·················· 104
一、装备维修保障模式基本概念 ··················· 104
二、装备维修保障模式构成要素 ··················· 105
三、装备维修保障模式影响因素 ··················· 108

第二节　装备维修保障模式改革需求 ·············· 111
一、作战样式的转变需要变革装备维修保障模式
　　以适应联合作战的需求 ······················ 111
二、装备技术水平的提高需要变革装备维修保障模式
　　以适应装备发展的需求 ······················ 112
三、维修能力和效益亟待提升需要变革装备维修保障模式
　　以适应新的维修工作需求 ···················· 112

第三节　装备维修保障模式基本原则与举措 ········ 113
一、装备维修保障模式改革基本原则 ··············· 113
二、装备维修保障模式改革举措 ··················· 115

作 战 篇

第七章　联合作战装备维修保障指挥

第一节　联合作战装备维修保障指挥体系 ·········· 121

  一、联合作战装备维修保障指挥体系构成要素 …………… 121
  二、联合作战装备维修保障指挥体系层次结构 …………… 123
 第二节 联合作战装备维修保障指挥任务与原则 ……………… 124
  一、联合作战装备维修保障指挥任务 ……………………… 124
  二、联合作战装备维修保障指挥原则 ……………………… 125
 第三节 联合作战装备维修保障指挥活动 ……………………… 129
  一、联合作战装备维修保障指挥决策 ……………………… 130
  二、联合作战装备维修保障指挥计划 ……………………… 130
  三、联合作战装备维修保障指挥组织 ……………………… 131
  四、联合作战装备维修保障指挥协调 ……………………… 131
  五、联合作战装备维修保障指挥控制 ……………………… 132

第八章 联合作战装备维修保障力量编成与部署

 第一节 联合作战装备维修保障力量编组 ……………………… 133
  一、装备维修保障力量编组的概念 ………………………… 133
  二、装备维修保障力量编组的要求 ………………………… 134
  三、战略装备维修保障力量编组 …………………………… 134
  四、战役装备维修保障力量编组 …………………………… 134
  五、战术装备维修保障力量编组 …………………………… 135
 第二节 联合作战装备维修保障力量部署的依据与要求 ……… 135
  一、部署依据 ………………………………………………… 135
  二、部署要求 ………………………………………………… 137
 第三节 联合作战装备维修保障力量部署的主要样式 ………… 138
  一、划区部署 ………………………………………………… 138
  二、按方向部署 ……………………………………………… 139
  三、按方向成梯次部署 ……………………………………… 139
  四、分群部署 ………………………………………………… 139
  五、网状部署 ………………………………………………… 139
 第四节 联合作战装备维修保障力量区分与配置 ……………… 140
  一、装备维修保障力量的区分 ……………………………… 140
  二、装备维修保障力量的配置 ……………………………… 141

第九章 联合作战装备战场抢修

 第一节 联合作战装备战场抢修的地位与作用 ………………… 142

一、装备战场抢修是弥补战争损耗,补充战斗实力的重要保证 …… 142
　　二、装备战场抢修是保持持续战斗能力的重要因素 …………… 144
　　三、装备战场抢修是战斗力的倍增器 …………………………… 144
　第二节　联合作战装备战场抢修的特点与方法 ………………… 146
　　一、联合作战装备战场抢修主要特点 …………………………… 146
　　二、联合作战装备战场抢修方式方法 …………………………… 147
　第三节　联合作战装备战场抢修的组织实施 …………………… 150
　　一、预计装备维修任务 …………………………………………… 150
　　二、制定装备战场抢修计划 ……………………………………… 152
　　三、构建装备战场抢修体系 ……………………………………… 152
　　四、损坏装备的抢救和集中 ……………………………………… 153
　　五、损坏装备的评估和分类 ……………………………………… 153
　第四节　联合作战装备战场抢修创新发展 ……………………… 154
　　一、深入研究战时装备抢修理论体系 …………………………… 154
　　二、完善战时装备抢修技术规范 ………………………………… 154
　　三、加强装备维修技术人才培养 ………………………………… 154
　　四、重视战场抢修装备建设 ……………………………………… 155

第十章　联合作战装备维修器材保障

　第一节　联合作战装备维修器材保障概述 ……………………… 156
　　一、联合作战装备维修器材保障的特点 ………………………… 156
　　二、联合作战装备维修器材保障的基本原则 …………………… 157
　　三、联合作战装备维修器材保障的基本任务 …………………… 158
　第二节　联合作战装备维修器材保障需求 ……………………… 159
　　一、联合作战装备维修器材需求规律分析 ……………………… 159
　　二、联合作战装备维修器材需求预计 …………………………… 161
　第三节　联合作战装备维修器材保障组织实施 ………………… 166
　　一、联合作战装备维修器材保障部门职责 ……………………… 166
　　二、联合作战装备维修器材保障配置 …………………………… 167
　　三、联合作战装备维修器材保障计划制定 ……………………… 168
　　四、联合作战装备维修器材保障实施 …………………………… 168

第十一章　基于任务完成率的装备维修保障

　第一节　装备任务完成率相关概念研究 ………………………… 170

一、装备完好率 …………………………………………………… 170
　　　二、任务完成率 …………………………………………………… 171
　　　三、装备任务界面 ………………………………………………… 172
　　　四、装备完好率与任务完成率之间的关系 …………………… 173
　　第二节　国内外相关理论及模型研究 ……………………………… 173
　　　一、装备完好性相关参数及其模型研究 …………………… 173
　　　二、任务持续性相关参数及其模型研究 …………………… 175
　　　三、完好率与任务完成率评价相关典型模型分析 …………… 178
　　第三节　国内外相关实践探索 ……………………………………… 180
　　　一、国内相关评估工作 …………………………………………… 180
　　　二、国外相关评价工作 …………………………………………… 181
　　第四节　基于任务完成率评价的装备维修保障需求确定方法 …… 186
　　　一、评价原则 ……………………………………………………… 186
　　　二、装备任务完成率评价指标构建 …………………………… 187
　　　三、装备任务完成率评价及维修保障需求确定方法 ………… 187

第十二章　近几场局部战争中的装备维修保障

　　第一节　海湾战争装备维修保障 …………………………………… 189
　　　一、海湾战争概况 ………………………………………………… 189
　　　二、海湾战争多国部队装备维修保障体系 …………………… 191
　　　三、海湾战争中应用的主要装备维修保障信息系统和保障装备 … 193
　　　四、海湾战争装备维修保障的主要做法 ……………………… 197
　　第二节　科索沃战争装备维修保障 ………………………………… 199
　　　一、科索沃战争概况 ……………………………………………… 200
　　　二、科索沃战争北约装备维修保障力量 ……………………… 201
　　　三、科索沃装备维修保障的主要做法 ………………………… 205
　　第三节　伊拉克战争装备维修保障 ………………………………… 206
　　　一、伊拉克战争概况 ……………………………………………… 207
　　　二、美英联军装备维修保障力量 ………………………………… 208
　　　三、伊拉克战争装备维修保障主要特点及做法 ……………… 211
　　第四节　叙利亚战争装备维修保障 ………………………………… 213
　　　一、叙利亚战争概况 ……………………………………………… 213
　　　二、叙利亚战争俄军装备体系及运用 ………………………… 214
　　　三、叙利亚战争装备维修保障主要特点及做法 ……………… 216

第五节　局部战争装备维修保障对我军的启示 …………………… 218
　　　　一、必须加强装备维修保障指挥体系建设 …………………… 218
　　　　二、加快推进装备维修保障信息化建设水平 ………………… 218
　　　　三、构建海外装备维修保障体系 ……………………………… 219
　　　　四、开展智能化装备维修保障研究与建设 …………………… 219
参考文献 ……………………………………………………………… 220

建 设 篇

第一章

装备维修保障思想

装备维修保障作为保持战斗力持续生成的决定性因素，是部队装备建设的重要内容，具有军事和经济的双重效益。装备维修保障思想是军事装备思想的重要组成部分，是关于装备维修保障地位、作用、建设、运用、管理等基本问题的理性认识，也是装备维修保障活动实践经验的理论总结，属于对装备维修保障活动最高层次的认识。装备维修保障思想既来源于装备维修保障活动实践，又指导着装备维修保障活动实践，遵循着实践—认识—再实践的认识和指导过程。随着高新技术的迅猛发展和军事高技术装备的大量使用，装备维修保障思想也面临着越来越多的新问题需要研究探讨。

第一节 装备维修保障思想剖析

装备维修保障思想具有自身的一些基本特点，对其从理论上进行剖析，对于准确把握其特点具有重要意义。

一、历史性和现实性

装备维修保障思想既具有历史性，又具有现实性，是历史性和现实性的统一。

历史性，就是要从装备维修保障发展历史，人们对装备维修保障认识的过程来把握装备维修保障的本质特征。任何一种关于装备维修保障的思想、观点，都是在装备维修及其在军事领域应用的历史发展中逐步形成、发展起来的，也只有在这种历史的发展中去把握、去认识，才能真正形成系统的装备维修保障思想。例如，新的装备维修保障思想只有在装备维修保障的历史发展中才能形成。如果割断装备维修保障思想形成和发展的这种历史的连续性，就不可能真正认识和把握装备维修保障思想的整体内容。

现实性，是指人们对装备维修保障的认识既离不开历史的积累，更离不开现实的客观实际。只有在特定的装备维修保障实践出现和发展之后，人们才能对装备维修保障形成特定的认识。例如，旧的装备维修保障思想是在传统的装备维修保障体系的基础上形成和发展起来的，它是装备维修保障思想的最初形式，也是当时装备维修保障发展现实的理性反映。新的装备维修保障思想是建立在新的科学技术，特别是以机械化、信息化装备为主体的装备维修保障体系之上的，是人们对新时期装备维修保障及其发展规律的高度概括。随着高技术的飞速发展，信息化装备大量产生及发展，装备维修保障思想也不断更新和发展。

由此可见，任何装备维修保障思想既具有历史的连续性，也具有现实的规定性。在装备维修保障发展的不同历史时期，人们对装备维修保障有不同层次或程度的认识，所形成的装备维修保障思想也具有不同的特点。因而就形成了具有历史连续性和现实规定性的古代装备维修保障思想、近代装备维修保障思想和现代装备维修保障思想，构成了一个完整的装备维修保障思想体系。坚持历史性和现实性的统一，从历史发展中探索装备维修保障发展的一般规律，立足实际情况探索装备维修保障发展的特殊规律，是装备维修保障思想研究的基本出发点。

二、理论性与实践性

装备维修保障思想既是对装备维修保障实践的经验总结和理论概括，又对装备维修保障实践具有十分重要的指导作用，是理论性和实践性的统一。

装备维修保障思想理论性和实践性的统一，首先反映在理论来源于实践。装备维修保障思想作为一种理论形态的东西，它具有特定的概念、范畴和逻辑规律，并由此形成特定的思想体系，具有很强的理论性。但一切真正反映装备维修保障规律的装备维修保障思想，都是装备维修保障实践经验的总结和升华。各种装备维修保障思想，或者是自身的装备维修保障实践经验的总结概括，或者是对间接的装备维修保障实践经验的抽象提炼。装备维修保障思想理论性和实践性的统一，不仅反映在理论来源于实践，同时也反映在它能为从事各项装备维修保障实践活动提供科学的指导。装备维修保障思想可以为装备维修保障的发展提供科学的方法论，从而使装备维修保障实践活动减少盲目性，增加科学性，少走弯路，减少失误，指导装备维修保障的顺利发展，提高装备维修保障的效益。在装备维修保障思想指导下的装备维修保障实践又是不断发展的，新的实践需要新的思想去指导，从而推动装备维修保障思想不断发展。特别是当装备维修保障实践发生重大变革，原有的装备维修保障思想难以完全适应新的装备维修保障实践时，装备维修保障实践对新的装备维修保障思想转变产生强烈的要求，并成为装备维修保障思想发生重大变化的契机。

装备维修保障思想理论性与实践性的统一,还表现在装备维修保障实践对装备维修保障思想具有检验作用。装备维修保障思想只有通过军事斗争或装备维修保障建设的实践,才能得到检验。接受装备维修保障实践检验的过程,也就是装备维修保障思想得以发展的过程。实践、认识、再实践、再认识,如此循环往复,才能推动装备维修保障思想不断向前发展。

三、继承性与创新性

装备维修保障思想既具有继承性,又具有创新性,是继承性与创新性的统一。

装备维修保障思想的继承性,是对装备维修保障思想遗产中具有普遍真理意义的部分保留、吸收和借鉴。创新性是在继承的基础上,通过对新的装备维修保障实践的科学概括而实现的理论创新和对原有理论的丰富、完善和修正,装备维修保障思想就是在继承与创新的统一中不断发展的。

任何一种装备维修保障思想都是在继承前人的军事思想和实践中发展起来的。没有继承,装备维修保障思想就会失去基础;没有继承,装备维修保障思想就不会形成严谨的逻辑体系。然而,军事实践是不断发展的,人的认识能力也是不断提高的,适用于一定发展时代和人们认识水平的装备维修保障思想,随着时间的推移,不可避免地会遇到越来越多的新情况、新问题,从而需要对新的装备维修保障实践经验作出新的概括、总结,以适应新的需要,这就决定了装备维修保障思想必须不断创新发展。装备维修保障思想不能停留在传统冷、热兵器时期装备维修保障思想的水平,信息化条件下的装备维修保障思想则应适应高技术战争的发展需求。继承体现了装备维修保障思想的历史连续性,创新则体现了装备维修保障思想的历史进步性。

第二节 装备维修保障思想的类别

经过多年的发展、积累和升华,装备维修保障思想已经形成了基本体系,并构建成后装保障思想体系中的分体系,大致可分为装备维修地位作用思想、装备维修建设思想、装备维修管理思想、装备维修运用思想等类别。

一、装备维修保障地位作用思想

客观地认识装备维修保障,全面地评价装备维修保障的作用,准确定位装备维修保障的地位,是装备维修保障地位作用思想的核心问题。

不同的历史时期,不同的战争,不同的军事装备和技术水平,其装备维修保障也是不尽相同的,由此产生了各种各样的装备维修保障地位作用思想。古代战争,使用的是冷兵器,装备维修保障相对简单得多,作用不很明显。因此,装备维修在战争中的地位不高。近代战争,热兵器成为主战兵器。热兵器的技术含量逐步增大,技术结构愈加复杂,对装备维修保障的依赖性也越来越大。不仅战时离不开装备维修保障,就是平时也需要随时随地实施装备维修保障。一旦失去了有效的装备维修保障,热兵器的杀伤破坏作用甚至还不如冷兵器。于是在热兵器战争中,装备维修保障的地位作用有了大幅度的提高。军事家开始将较多的注意力放到了装备维修保障上。现代战争,高技术武器正在成为主战兵器。这类军事装备技术含量空前增大,无论是平时还是战时,可以说寸步离不开装备维修保障。

与过去的军事装备相比,现代军事高技术装备在侦察监测能力、突防能力、命中精度、毁伤威力、机动能力、生存能力等方面都有显著的提高。由于装备维修保障工作的好坏直接关系到其战术性能的发挥,装备维修保障工作也更加复杂。例如,海湾战争中,多国部队共有20多个种类,40多个型号的3000多架飞机,每架飞机平均需要几十名技术人员提供维修保障。部队人员编制中,维修人员数量有了大幅的提升,而且还在增加。如何实施有效持续的装备维修保障,已经成为军事指挥员考虑的重点问题,有时甚至是核心问题。在现代战争尤其是信息化条件下局部战争中,由于大量使用高技术装备,使战争具有机动范围广、节奏快、强度高、消耗大和军事装备损伤多等特点,因而对装备维修保障的要求更高,依赖性更大。以美军为代表的西方国家在推进军事装备现代化过程中,十分重视装备维修保障建设,把其作为军事战略的重要组成部分,经过不断改革,建立了完善、高效、可靠、一体化的装备维修保障力量,在打赢海湾、科索沃、阿富汗等高技术局部战争中发挥了重要作用。例如,在历时42天的海湾战争中,多国部队出动飞机109870架次,平均每天出动2612架次;每架飞机每天平均飞行少则2~4小时,多则十几小时,但各型飞机完好率平均达92%,良好的维修保障保证了部队出动强度和持续作战能力,为战争胜利提供了有力支撑。在现代战争中,装备维修保障已成为战争力量的重要组成部分,是影响战争进程和结局的重要制约因素,高效的装备维修保障已成为打赢信息化条件下局部战争的重要支撑。可以说,现代高技术战争既是打军事高技术装备,又是打高技术、高效率的装备维修保障。

今天,并非所有人都能认识到装备维修保障应有的地位作用。传统的观念会带来认识上的差异,造成认识的误区,不利于对装备维修保障地位作用形成正确的认识。研究装备维修保障地位作用思想,目的在于针对不同的历史时期、不同的条件下,正确地评价和定位装备维修保障。若不能正确地认识未来战争装备维修保障的地位作用,平时就不可能正确地进行装备维修保障建设,战时就不可能有效地实施装备维修保障,去赢得战争的胜利。

二、装备维修保障建设思想

战时的装备维修保障能力和水平,主要取决于平时的装备维修保障建设程度。如何建设适应未来信息化战争需求的装备维修保障力量,是装备维修保障建设思想的核心问题。这方面主要包括建设原则、建设方向、建设目标、建设任务的确定,建设方针政策和途径的选择,建设力量的投入和使用,维修人才队伍建设,建设环境与国家建设、军队建设环境相适应等内容。装备维修保障建设思想是装备维修保障建设的指导,从根本上决定着装备维修保障建设的未来。立足现实和科学技术的进步,着眼未来可能发生的信息化战争需求,去建设装备维修保障力量,是装备维修保障建设思想的出发点和落脚点。

装备维修保障建设与军事装备建设并行(同步)的思想,是装备维修保障建设思想的重要内容,并行(同步)建设思想有利于指导军事装备建设尽快形成战斗能力和保障能力。军事装备建设周期比较长,一部大型军事装备从立项研究到定型列装一般都需要十多年或更长时间。如果等新军事装备列装后再考虑其装备维修保障建设,形成战斗力和保障能力的时间会更长。从军事装备使用效益讲,很不合算,是一种极大的浪费。并行(同步)建设思想的优势在于能够大大缩短建设周期。将维修装(设)备并入军事装备体系一起考虑的思想,是装备维修保障建设思想的重要内容。军事装备一体化构成、一体化建设的思路是一条正确的思路。维修装(设)备作为军事装备一体化构成的重要部分,必须纳入这个大体系中,求得合理和配套的建设。

三、装备维修保障管理思想

管理具有普遍性,管理出效益,管理决定着装备维修保障效益的好坏。装备维修保障管理实践,产生了装备维修保障管理思想,可以转化为科学的装备维修保障管理,促进装备维修保障获得好的效益。装备维修保障管理思想主要包括:管理观念、管理概念;管理模式认定,管理方法和手段的选择运用,管理目标和效益的认可等思想。管理具有相通性,因此开放性强。装备维修保障管理思想虽然具有自身的特点,但是也很容易吸取、采纳其他领域和行业的管理思想精华。在高层次的管理思想层面,相通性更强。

军事装备全系统、全寿命管理思想,是装备维修保障的重要依据。装备维修保障管理是实施系统全寿命管理的主要手段和重要内容,因此,在装备维修保障管理中,应当自始至终贯穿全系统、全寿命管理思想。只有这样,装备维修保障管理才能产生更大的效益。

法制化管理思想,是装备维修保障管理思想的又一重要组成部分。装备维修保障涉及面宽、层次较多、关系复杂，且技术性、专业性、系统性强，实施严格的法制化管理，有助于装备维修保障管理的科学化、制度化、标准化，避免错误、失误和事故的发生。

信息化管理思想，是信息时代赋予装备维修保障管理思想的新内容。信息化管理思想包含着三个方面的含义：一是积极采用最先进的信息管理技术和手段；二是优化管理程序，使管理更简捷有效；三是实现全员、全程、实时管理，显著提高管理效益。

四、装备维修保障运用思想

装备维修保障运用思想，主要包括：装备维修保障运用的特点规律、基本原则；对各种要素的整合和协调；装备维修保障由平时向战时转换的指导，军事装备维修保障与作战的关系，运用的目的、效果；维修力量的体制、编成、配置、补充、恢复、重组等，维修模式的选择，维修指挥的方式，维修方案的选择，实施维修遇有被动不利情况下对策等。装备维修保障运用思想，属于针对特定对手、特定条件，目的性明确，对抗性极强的思想；也是装备维修保障思想中最为重要、最活跃的思想。

装备维修保障运用思想的生命力在于继承和发展的有机结合。上一次战争的装备维修保障运用思想不一定适用于下一次战争。随着高新技术的发展和新军事变革的推进，装备维修保障运用的内在功能和外部条件也在发生着很大的变化。这也促进了装备维修保障运用思想的发展和创新。

第三节　传统装备维修保障思想

装备维修保障思想有一个发展和演变的过程。概括地说，传统的维修思想是：装备的安全性与各系统、部件、附件、零件的可靠性紧密相关，可靠性又与装备的使用时间直接有关，而且在预防维修与可靠性之间存在着根本性的因果关系。因此，必须通过按使用时间进行的预防维修工作，即通过经常检查、定期修理和翻修来控制装备的可靠性。预防性维修工作做得越多，装备越可靠。翻修间隔期的长短是控制装备可靠性的重要因素。这是种以定期全面翻修为主的预防维修思想或定时维修思想，"翻修期控制"直到现代维修思想确定之后才逐步退出历史舞台。其合理部分作为一种维修方式保存下来。因高额的维修成本，翻修期长短与装备安全的关系问题迫使人们对传统思想进行重新评价，得出几点认识：

（1）传统的定时维修只适用于一些简单零部件和有支配性故障模式的复杂零部件。它们的故障往往集中出现在某一平均工龄附近，给出一个上龄限制，对其可靠性可以起到有效控制的作用；给有安全性后果的零部件一个安全寿命，给有重大经济性后果的零部件规定经济寿命,也是必要的。但是绝大多数零部件的故障发生时间沿着时间轴均匀分布,并不集中出现在某一平均工龄,因此,企图通过使用时间来控制其可靠性是不能奏效的。

(2)零部件的可靠性与安全性的联系,通过余度设计、破损安全设计和其他方法可以削弱和切断。这样,关于故障全部影响安全性的假设就不符合现代装备的实际情况。真正有安全性后果的故障不到20%。

(3)装备的固有可靠性和安全性水平是有效维修所能达到的最高水平。维修的作用是保持这一水平。如果采取了一切可能的预防措施仍然发生问题。那就证明装备的固有能力不足,唯一的办法就是更改设计。

(4)预防性维修必须根据零部件的故障规律及后果,采取有针对性的维修方式,不是预防工作做得越多越好。如果预防工作超过了一定限度,反而会使零部件的可靠性下降。

纵观装备维修保障发展的历史,可以看出在现代装备维修保障思想产生以前,传统的装备维修保障思想的主要代表是"事后维修思想"和"以预防为主的维修思想"。

一、事后维修思想

事后维修思想的含义是:在装备发生故障后再进行维修;通过维修来排除故障,从而恢复装备的技术状态。事后维修思想是装备维修保障发展过程中合乎逻辑的一种朴素的唯物主义思想。事后维修是非计划的、被动做出反应的维修。它虽然具有一定的局限性,但在生产力低下、技术水平落后的冷兵器和热兵器初级发展阶段,却是一种比较经济实惠的维修方式。

(一)产生发展过程

从冷兵器时代到20世纪40年代以前,受当时生产力水平、军事装备水平及其对维修需求的制约,装备维修保障的建设与发展漫长而缓慢。在冷兵器时期,兵器对维修的要求不高,人们也没有意识到维修有多重要,也就不可能提出维修概念。但是人们仍对装备维修产生了一些朦胧意识。如,孔子提出"工欲善其事,必先利其器",实际上就暗含有做好装备维修的意思。这个思想不仅在当时,而且在后世都对战争的准备和保障有重大影响。这时期维修的主要内容是为保持兵器锋利而进行的简单维护和修理,并主要通过兵器持有者个人进行。火器时代后,由于火器结构较冷兵器要复杂得多,其维修工艺和技术要求也高得多,一般需要掌握某种专业技术的工匠和一定的维修设备进行维护和修理,所以这一时期的装备维修保障主要以专业人员维护和修理的方式进行。19世纪初,新火器的出现,使掌握近代科技知识以及受过专业训练的维修人员和制式的机械维修设备,成为装备维修保障不可缺少的客观条件。但是,在大多数管理人员的头脑里,预防装备的故障并非头等大事。同时,大部分装备的设计余量很大,这就使装备比较可靠且易于修复。因此,除了简单的清洁、维护和润滑等日常检修工作外,不需要进行什么系统的维修,对维修人员技能的要求也比今天要低。这一时期主要实行故障发生之后进行的恢复性检修方式——事后检修,此阶段的特点是操作人员常常兼做检修人员,装备的保养维护未受到重视,维修的概念尚未完全形成。

(二)主要内容

事后维修思想基本适应当时装备构造比较简单、维修技术手段比较落后的客观实际,是当时的维修实践在人们头脑中的客观反映。其维修对象是简单装备;维修目标是恢复装备功能;维修观念认为:装备使用时间长就会出故障,故障后要修理,修理是技艺活动,不需理论指导;维修方式采用故障后修复;维修方法主要采用防锈、换件、原件修复;无维修理论指导。

事后维修思想今天虽然已不再是占据主导地位的维修思想,但它在装备维修保障活动中仍然具有一定的适用性。这种思想主张充分利用零部件或系统的寿命,对一些非致命性故障采用事后排除的维修方法。在装备维修的某些领域,仍在沿用这种思想,如:装甲车辆的履带板通常是在出现裂纹后才予以更换;车辆的摩擦片也往往是在不符合技术要求时才进行修理。

二、以预防为主的维修思想

以预防为主的维修思想的含义是:在装备发生故障前就进行维修;通过维修来预防故障,从而保证装备的技术状态。以预防为主的维修思想是在人们对故障原理再认识基础上产生的。其基于这样一个概念,即复杂装备中的每一部件都有一个"正常的工龄",达到此工龄就必须翻修,以确保安全性和使用可靠性。

(一)产生发展过程

20世纪40年代以后,人们发现机械化时代装备维修保障的故障规律通常是:装备的机件要工作—工作必磨损—磨损出故障—故障影响工作并可能危及安全。尤其是第二次世界大战的爆发,战争带来的压力增加了对各种装备的需求,到了20世纪50年代,所有类型装备的数量都更多且更复杂,装备开始依赖于维修。这使人们想到可能并且应该预防装备故障,进而形成了预防性维修的概念。因此,为了尽可能保证每个机件安全可靠,就应在发生故障前进行维修。这样,以预防为主的维修思想即应运而生。

(二)主要内容

这一时期人们认识到装备维护检修的重要性,形成了主动防止故障发生的预防性维修的思想,建立了事先维修的简单措施,此阶段检修工作从日常生产中渐渐分离出来,形成了相对独立的专门从事维修的人员配置。

其维修对象是机械装备;维修目标是保持或恢复装备功能;维修观念认为:故障规律符合浴盆曲线,定时翻修很重要,维修需要理论指导、需要资金投入;维修方式采用定期维修、故障后修复;维修方法主要采用拆装和原件修复;以维修工程理论为指导。

根据这种思想,装备维修要广泛采取各种预防性措施,以减少发生故障的可能性和事后排除故障的困难。由于人们认为机件磨损主要是时间的函数,所以定时维修就成了贯彻以预防为主维修思想的主要方式。以预防为主的维修思想,改变了事后维修的被动性,在保证部队完成作战、训练和其他任务的过程中发挥了积极作用。

然而,实践发现"以预防为主"的维修思想也有一定的局限性。在定期维修过程中会产生一系列不良后果。其主要表现是:

一是需要直接经验的指导,只能提出一般性的维修原则和要求,缺乏针对性的内容;只着重解决装备维修中的具体问题,局限于维修技术的研究而忽视了装备维修的整体,缺乏对维修管理的研究。

二是只反映了人们对机件磨损的一般认识,只能消除因机件磨损而产生的故障,不能避免因疲劳、损坏、锈蚀、老化、人为差错等原因所造成的大量随机性故障;刻板地采取定时定程维修和离位分解检查的方法,造成了维修工作"一刀切"的盲目现象,工作量大,时间长,费用高;如美国海军正在开展的"水面舰艇维修工程分析",取消了舰艇计划维修系统中大量不必要的预防性维修,据统计,维修总费用降低了40%左右,但装备系统出现故障的概率并没有显著的提升,关键故障的概率几乎没有增加。

三是频繁的拆卸使维修的针对性差,导致装备可靠性下降,甚至人为地潜藏了一些故障隐患。根据国外资料统计,由于维修本身造成新故障的事例很多。很多企业和部队均有类似的经验教训,本来很稳定的设备一经维修后反而出现了很多故障,甚至会导致设备的寿命减少。大型高精尖设备,零件很多,各种零件之间连接又特别牢固,每次拆装都要损坏一部分零件,并使很多零件受到外力冲击,使设备总体寿命下降。

第四节 现代装备维修保障思想

现代装备维修保障思想是在20世纪60年代以后逐渐产生的,其主要代表有以可靠性为中心的维修思想和全系统全寿命的维修思想等。现代装备维修保障思想是建立在综合分析装备可靠性的基础上,根据不同零部件的不同故障模式和后果,采用不同维修方式和维修制度的科学维修思想。它的实质就是采用最经济有效的维修,对装备可靠性实施最优控制。主要体现在以下几个方面:

第一,现代维修思想是以可靠性为中心。要正确认识和处理装备设计与维修之间的关系,必须以可靠性为中心搞好维修品质设计,要采用各种先进的设计思想和制作技术,从根本上改善和提高装备的可靠性、安全性。

第二,要以保持和恢复装备的可靠性、安全性等水平为总目标,确定正确的维修方针。既要通过与维修人员合作,把各类装备的所有零部件均置于维修监控之下,又必须区分重要零部件和一般零部件、简单零部件和复杂零部件,只做那些十分必要的维修工作。

第三,制定以可靠性为中心的维修方案。装备的维修方案是具体地对某一件装备实施预防性维修的指导性技术文件,是维修保障设计的一项重要内容,运用决断分析技术加以实施。

第四,装备维修部门应以可靠性控制为主要目的建立装备维修信息系统,收集和处理故障信息和维修信息,为维修的优化和装备的改进提供必要的数据。

一、以可靠性为中心的维修思想

以可靠性为中心的维修思想的含义是:根据装备的可靠性状况进行必要的维修;通过维修来控制或消除使装备可靠性下降的各种因素,保持或恢复装备的可靠性。其维修对象是复杂机电装备;维修目标是以最低的费用保持装备的可靠性、安全性;维修观念认为:维修方式多种,应根据故障的特点、规律和后果综合决策;维修方式采用定期维修、视情维修、故障探测、故障后修复或改进性维修等多种形式;维修方法主要采用表面工程技术、故障诊断技术、状态监测技术和测试技术等。

在过去的几十年中,维修领域的变革也许比任何其他管理学科的变革都要大。这种变革是因为需要维修的装备数量和种类大为增加,也是由于设计更为复杂、维修技术不断更新以及对维修体制和维修职能的认识进一步深化的结果。随着工业领域的变革进程异常迅猛,越来越多的装备故障具有严重的安全性后果和现实性后果,同时维修费用也开始成为装备保障费用中第二位甚至最高的成本构成,在军事领域中,可靠性和可用性已成为关键性的因素。

随着可靠性理论和先进测试设备在维修活动中的应用,人们对大量的维修资料和数据进行了统计和分析,逐渐认识到:装备出现故障是可靠性下降的结果;在装备的全寿命过程中,引起可靠性下降的因素是多种多样的;维修的主要任务就是要控制影响装备可靠性下降的各种因素,达到保持和恢复装备可靠性的目的。

(一)产生和发展过程

以可靠性为中心的维修思想是随着人们对装备故障规律认识的深化,于 20 世纪60年代以后逐渐产生的。1960年,美国联邦航空局和联合航空公司双方的代表组成维修指导小组,对可靠性与拆修间隔之间的关系进行了研究。由于可靠性工程、维修性工程、故障物理学和故障诊断技术等新兴学科的相继出现,以及概率统计和管理科学的新发展,不仅积累了维修经验,而且还取得了足以进行科学研究的实践数据和资料。在此基础上,1961年11月7日颁布了《联邦航空局/航空工业可靠性大纲》,大纲中指出:"过去人们过分强调控制拆修间隔期以达到满意的可靠性水平,然而经过深入研究后深信,可靠性和拆修间隔期的控制并无必然的直接联系。因此,这两个问题需要分别考虑。"这个研究成果对于传统维修观念"机件两次拆修间隔期的长短是影响可靠性的重要因素"是一个直接的挑战,定期维修的效果受到质疑。接着,人们尝试将各种可靠性大纲中所学到的东西综合起来,以研究出一种通用的制定预计性维修大纲的方法。1965年首次出现了一种初始的"逻辑决断图"方法,经完善后,1968年7月出现"MSG－1手册:维修的鉴定与大纲的制定",首次提出定时、视情和状态监控的三种维修方式,用于制订B－747飞机预防性大纲,这是以可靠性为中心的维修理论实际应用的第一次尝试,并获得了成功。20世纪70年代初,美国军事装备的维修费用以相当惊人的幅度增长,而与此同时采用MSG－2的民航维修费用却下降了30%,因而引起美国军方的注意,美国国防部明确命令在全军推广以可靠性为中心的维修。20世纪70年代后期RCM开始在美国陆、海、空三军装备上获得广泛应用。到20世纪80年代中期,美国陆、海、空三军分别就RCM的应用颁布了标准和规范。美国国防部指令和后勤保障分析标准中,也明确把RCM分析作为制定预防性维修大纲的方法。为了更好地应用RCM,美国三军除制定明确的指令和标准外,还制定了各自的RCM工作规划。1978年,美国联合航空公司的诺兰等受国防部的委托发表了《以可靠性为中心的维修》专著,该专著对故障的形成、故障的后果和预防性维修工作的作用进行了开拓性的分析,首次采用自上(系统)而下(部件)的方法分析故障的影响,严格区别安全性与经济性的界限,提出多重故障的概念,用4种工作类型(定时拆修、定时报废、视情维修和隐患检测)替代3种维修方式(定时方式、视情方式和状态监控方式),重新建立逻辑决断图,使以可靠性为中心的维修又向前迈进了一大步。从此人们把制订预防性维修大纲的逻辑决断分析的方法统称为RCM(Reliability－Centered Maintenance)。20世纪80年代以后,以可靠性为中心的维修理论又有了进一步的发展。1980年,西方民航界吸收了RCM的优点,将"MSG－2"修改为"MSG－3",1988年又修改为"MSG－3修改1",1993年再次修改为"MSG－3修改2";1984年美国国防部发布指令DoDD4151.16《国防设备维修大纲》,规定采用以可靠性为中心的维修。美国三军借鉴MSG和MSG－3法,分别制订适用于本军种飞机与其他装备的军用标准或手册。RCM不仅被军事领域所重视,而且在商界也具有广泛的应用。进入20世纪90年代后,RCM逐渐在工业发达国家兴起并应用于生产设备的维修管理。1991年,英国Aladon维修咨询有限公司的创始人John Moubray在多年实践RCM的基础上出版了系统阐述RCM的专著《以可靠性为中心的维修》,结合民用设备的实际情况,在RCM和"MSG-3修改1"的基础上,提出了"RCM2",十余年来为40多个国家的1200多家大中型企业成功地进行过RCM的咨询、培训和推广应用工作,已在许多国家的钢铁、电力、铁路、汽车、地铁、海洋技术、核工业、建筑、食品及药品等行业广泛应用。我国的航空维修理论研究起步较晚,20世纪70年代中期以前一直沿用苏联的体制和方式方法,虽然在传统的"安全第一、预防为主"维修思想的指导下进行了多次组织制度的改革并取得了一定的效果,但仍然没有突破苏联的早期模式。1979年,我国民航和空军首先引进了以可靠性为中心的维修,取得了较好的效果。随后,海军、陆军和各工业部门也逐渐开展了研究和应用。1989年5月,原航空航天工业部发布了航空工业标准HB6211《飞机、发动机及设备以可靠性为中心的维修大纲的制订》,并运用于轰炸机和教练机维修大纲的制订。1992年国防科工委颁布了国家军用标准GJB1378《装备预防性维修大纲的制定要求与方法》,该标准在海军、空军及火箭军部队有关装备上的初步应用取得了显著的军事、经济效益。

(二)主要内容

以可靠性为中心的维修思想有以下要点:

一是装备维修的全部工作要以可靠性理论为基础组织进行。大到维修时机、维修范围、维修标准与规范等,小到一个零件修复后的可靠性,一个项目的诊断检查标准等,都要以保证和提高装备的整体可靠性为根据来拟订。

二是装备可靠性是由设计、制造和使用三方面共同努力实现的,提高可靠性也需要三方面合作。维修可以保持和恢复军事装备的可靠性,并且可以为设计制造部门提高装备的可靠性提供极有价值的信息。

三是装备维修后的可靠性指标是评价维修质量最科学的方法。其主要解决了在现行的使用背景下,装备的功能及相关的性能标准是什么;什么情况下无法实现其功能;引起各功能故障的原因是什么;各故障发生时会出现什么情况;各故障在什么情况下至关重要;做什么工作才能预计或预防各故障;找不到适当的主动性维修工作应怎么办等七个问题。

主要内容包括:

1. 关于定时维修的作用

传统的维修观念认为,装备老,故障就多,故障主要是耗损造成的,故障的发生与使用时间有关,到达一定使用寿命后故障率迅速上升,必须进行定时维修,以预防故障的发生。以可靠性为中心的维修理论认为,定时维修对某些简单装备的故障预防是有用的；但对大多数复杂装备而言，定时维修不仅对故障预防的作用甚微，相反还会带来早期故障和人为差错，增大了总的故障率。

2. 潜在故障与功能故障

以可靠性为中心的维修理论提出潜在故障的概念，潜在故障是一种指示功能故障即将发生的可鉴别的状态，有明确的潜在故障概念，通过定义潜在故障来开展视情维修，利用潜在故障来防止功能故障的出现，使设备在不发生功能故障的前提下得到充分的利用，达到既安全又经济的使用目的，这正是现代维修理论的一个重要贡献。

3. 隐蔽功能故障与多重故障

隐蔽功能故障是指正常使用设备的人员不能发现的功能故障；多重故障是指由接连发生的多个独立故障所组成的故障事件，它可能造成其中任一故障不能单独引起的后果。多重故障与隐蔽功能故障关系密切，如果隐蔽功能故障没有及时被发现和排除，就会造成多重故障的可能性，产生严重的后果。所以，可采取加大对隐蔽功能故障的检测频率，来及时排除隐蔽功能故障，防止多重事故的发生。

4. 针对不同的故障后果采取不同的对策

预防故障的根本目的不仅限于预防故障本身，而且在于避免或降低故障的后果。要不要进行预防性维修工作，不是受某一故障出现的频率所支配，而是由其故障后果的严重程度所支配的。1978 年，诺兰发表的 RCM 逻辑决断法将后果分为安全性、隐蔽性、使用性和非使用性四种。1990 年，Moubray 发表的 RCM2 中将环境性后果并列于安全性后果中。我国 1992 年的国家军用标准 GJB 1378《装备预防性维修大纲的制定要求与方法》从明显功能故障和隐蔽功能故障两方面，将严重故障后果分为安全性后果、任务性后果、经济性后果、隐蔽安全性后果、隐蔽任务性后果和隐蔽经济性后果六种，针对不同的故障后果，采取不同的对策。如果故障后果严重，则需竭尽全力防止发生；如果故障后果甚微，则不必采取任何措施，直到故障出现以后再排除即可。

5. 关于预防性维修的作用

传统的维修观念认为，预防性维修能提高设备固有的可靠性水平，而以可靠性为中心的维修理论认为，设备的固有可靠性是设计和制造时赋予设备本身的一种内在的固有属性。预防性维修工作能够防止设备固有可靠性水平的降低，但不可能把可靠性提高到固有可靠性水平之上，最高只能保持或达到固有可靠性水平，要想超出这个水平，只能重新设计。

6. 预防性维修工作的基本思路

旧维修观念认为，对可能出现的任何故障都要做预防性维修工作，维修工作做得越多，越能够预防故障，但实践证明，维修工作与所得效果并不成正比。而以可靠性为中心的维修理论则是按照故障的后果,由维修工作的技术可行性及效果,来确定预防性维修工作。"技术可行"是指该类维修工作与设备或机件的固有可靠性特性是相适应的;"有效果"是指该类维修工作能够产生相应的效果。

以可靠性为中心的维修思想在以下方面取得了较大的效果:

一是增大了安全和环境的完整性。在考虑故障对于使用的影响之前,先考虑每种故障模式的安全性和环境性影响。这意味着如果无法彻底排除这些故障,就要采取措施将所有可辨别的与设备相关的安全性与环境性危险降至最低水平。通过把安全性设法融入维修决策的主要过程中,也改善了人们对安全性的态度。

二是提高了装备的使用性能(数量、质量和保障)。确认所有维修都有其价值,并且为确定在各场合哪种维修最为合适提供了准则。通过这样做,使我们确保选择最有效的维修工作,而且在维修无法起到作用的情况下采取合适的措施。

三是提高维修的效率。通过注重最有效的维修活动,保证在维修上所耗费的一切是用在最有效的地方。如果正确地运用到现行的维修系统中,可将各阶段分派的日常维修工作降低 40%~70%,另一方面,如果制定一个新的维修系统,其最终确定的工作负荷要比采用传统方法所制定的系统低得多。

四是延长了贵重产品的使用寿命。这是因为注重了视情维修技术的应用。

五是提高了修理人员的主观能动性。这将提高人们对在使用环境下装备的了解程度,同时也产生了维修问题及其答案的"所有权",也意味着对问题的解答更持久。

为了实现以可靠性为中心的维修,必须改变单一的定时维修方式,转而采用定时维修与视情维修相结合的方式;必须以原位检测取代离位检测作为主要的故障检测方法;还必须建立完善的维修情报资料收集和分析系统,为维修决策提供重要信息和可靠依据。

(三)以可靠性为中心的维修发展动态

RCM 最初应用于飞机及其航空设备,后应用于军用系统与设备,现已广泛用于其他各个行业,如核电企业、电力公司、汽车制造厂等,逐渐扩展到企业的生产设备与民用设施。综合来看,其发展主要动态如下:

1. 更明确的 RCM 分析过程判据标准

进行 RCM 分析,首先应对设备的功能、功能故障、故障原因及影响等基本问题有清楚明确的定义,通过"故障模式及影响分析"(FMEA)对设备进行故障审核,列出其所有的功能及其故障模式和影响,并对故障后果进行分类评估,然后根据故障后果的严重程度,对每一故障模式做出"是采取预防性措施,还是不采取预防性措施待其发生故障后再进行修复"的决策。此外,还应明确如果采取预防性措施,应选择哪种办法。

2. 对安全与环境性后果更加重视

RCM 认为，故障后果的严重程度影响采取预防性维修工作的决策，即如果故障有严重后果，就应尽全力设法防止其发生。反之除了日常的清洁和润滑外，可以不采取任何预防措施。

3. 预防性维修工作的分类更加科学

当前的 RCM 理论把预防性维修工作定义为预防故障后果而不仅仅是故障本身的一种维修工作，这样的定义使预防性维修的范畴大大扩展。这样就把预防性维修分为两大类：一是主动性工作，是指为了防止产品达到故障状态，而在故障发生前所采取的工作，包括传统的预计性维修和预防性维修，定期恢复、定期报废和视情维修等；二是非主动性工作，是指当不可能选择有效的主动性工作时，选择非主动性对策处理故障后的状态，包括故障检查、重新设计和故障后修理。

4. 对 RCM 逻辑决断图进行改进

重要功能产品的逻辑决断分析是系统的以可靠性为中心的维修分析的核心内容，它是应用逻辑决断图来确定各重要功能产品需做的预防性维修工作或其他处置。自 20 世纪 60 年代以来，先后出现的逻辑决断图已有十多种，现在主流的逻辑决断图相比于以前的逻辑决断图有几点改进：增加了对环境问题的考虑；使用技术可行性和有效果，代替传统的决断准则用语——适用性与有效性；增加了各项具体工作的技术可行性和有效果的详细准则；把故障检查看作是非主动性工作，排在各项主动性工作之后。

5. 注重 RCM 实施过程的管理

尽管 RCM 的应用属于技术层面的问题，但它产生的结果对装备的使用以及维修制度产生直接的影响，没有决策部门的支持参与，RCM 的推广应用不可能取得理想的结果。当前在 RCM 的实施过程中比较注重加强管理，具体表现在：成立 RCM 指导小组，负责 RCM 分析的管理与协调工作及技术推广、人员培训工作，并对装（设）备 RCM 分析小组给予技术支持；组织 RCM 培训。

6. 强调数学模型对 RCM 决策的支持作用

RCM 是一种复杂的系统工程方法，为保证成功的实施，不仅需要有一套科学的方法理论作指导，还需要方便有效的技术工具（模型）作基础，当前的 RCM 研究和应用非常注重数学模型的支持作用。

二、全系统全寿命的维修思想

全系统全寿命的维修思想的含义是：要把装备维修保障作为一个整体，从装备维修保障发展和使用的纵（全寿命）横（全系统）两个方面来综合考虑。人们不仅对装备的运行成本，也对维修成本和管理成本产生了关注，引入了装备的寿命周期成本的概念,从管理的层面提出了大量的维修管理策略模型,对维修的经济性提出了较高的要求。

全系统的要点是:要将装备维修保障视为由维修对象、维修手段、维修体制、维修制度和标准等要素组成的系统,科学地分析系统内部各要素之间的关系和系统与外部其他系统之间的相互联系。要全面地考虑军事装备的维修性与战术技术性能、可靠性、测试性、安全性、保障性之间的联系,从而保证装备"先天"就具有良好的维修设计特性。要在装备研制的同时规划和筹措维修保障的有关要素(如维修人员、设施、设备、器材和技术资料与相关软件等),力求在装备列装的同时建立相应的保障系统。要在横向研究整个装备维修保障体系的构成及其维修保障需求的基础上,结合平战时装备维修的需要,统一规划和建立装备维修保障体制,制订维修制度和标准等。

全寿命的要点是:着眼于军事装备的全寿命过程,以降低装备维修保障的全寿命费用、提高其可靠性、可使用性为目的,在装备由论证到退役的各阶段分别进行相关的维修活动。在装备论证阶段,要确定装备的可靠性和维修性要求,并为装备选择相应的维修保障方案。在装备研制阶段,要制订一套维修保障规划,同步研制各项维修保障资源。在装备生产阶段,要同步制造出维修所需要的各种保障资源。在装备使用阶段,则要在装备列装部队的同时,建立、健全相应的维修保障系统,适时进行装备维修,最大限度地保持和恢复军事装备的固有可靠性和使用可靠性。同时,收集并分析装备可靠性、维修性以及维修保障的数据资料,向有关部门提供维修性改进设计的建议;必要时还应对维修保障系统进行调整。在装备退役阶段,则应适时调整、撤并相关维修保障的子系统。

过去各国军方在武器系统发展过程中,由于研制部门通常只关注开发费用,没有从降低寿命周期总费用的角度出发开展装备研制,导致武器系统服役后的使用和维护费用居高不下,报废处理费用越来越高。此外,由于主战装备和保障装备的配套发展没有得到足够重视,导致装备服役后不能得到及时保障,影响了战斗力的形成。为解决这一问题,以美军为代表的发达国家军方在装备发展中,开始全面贯彻落实全寿命全系统思想,先后推出了"寿命周期费用""全拥有费用"等新的思想。寿命周期费用是指装备论证、研制、生产、使用、保障和退役处理费用的总和。据美军的研究,在大型装备的寿命周期费用中,方案论证阶段的费用约占3%,研制阶段的费用约占12%,两者合计仅占15%,但这两个阶段的决策却对90%~95%的寿命周期费用具有决定的影响。因此,在装备立项论证阶段强调开展寿命周期费用分析,已经成为外军装备发展的普遍做法。寿命周期费用是装备发展和使用中直接涉及的费用,而全拥有费用还涉及一些间接的费用。强调全拥有费用比强调寿命周期费用更有意义。如对于某一特定的武器系统,可能开发自己独有的保障设备,建设独有的保障基础设施,其寿命周期费用最低,而使用现有的保障设备和设施却费用较高,但对于全军而言,为其专门建造保障设备和设施不一定有利于对全部资源的最合理利用。

三、主动维修思想

美国等西方发达国家在以可靠性为中心的维修(RCM)、视情维修(Condition Based Maintenance,CBM)等现代维修理论基础上提出了主动维修的思想(PaM),并已被广泛接受。主动维修是针对可能引起装备产生故障的"故障源"而采取的维修和管理活动,是防止材料退化和并发性能退化的第一道防线,其主要目的是发现和纠正任何可能导致装备故障的操作或运行状况,并从根源上避免故障的发生。

由此可见,主动维修是独立于事后维修、预防维修、视情维修之外的,以系统稳定性理论为基础、以故障源分析为主要途径、以监测诊断技术为支撑、以故障源消除为目的的全新的维修思想。主动是相对于被动而言的。维修从事后维修发展到预防维修,直至视情维修的过程,是维修主动性不断提高的过程。但是,预防性维修与视情维修是在系统或零部件发生故障(至少是发生初始故障,如系统或部件材料和性能发生退化)后,为应对这种故障而采取的被动维修活动,是在故障发生后(至多是在系统材料和性能严重退化之前)去发现它的。而主动维修是在故障发生(至少是再次发生)之前通过对能够引发故障的根源性因素进行主动监测,消除不稳定因素,从而达到从根源上消除故障的目的,而不是故障发生后的被动监测。因此,主动维修与其他维修的区别不仅仅在于维修时间或时机的问题,更重要的是维修理念由被动向主动的根本性转变。

作为独立于事后维修、预防维修、视情维修之外的全新的维修理论,主动维修具有其鲜明的特点:

(1)从针对的故障上看,主动维修预防的是"条件性故障"。主动维修理论认为,非偶发性故障的发生、发展要经历一个过程,这个过程是和时间相关的。按故障发展过程,故障可以分为条件性、初始性、临近性、突发性和灾难性故障。其中,条件性故障是指故障的预警状态,这时没有引起材料或性能的退化,但如果这种状态继续存在,最终会导致功能性故障的发生;初始性故障指通过可行的探测手段,能够探测出材料退化的早期迹象,但用户凭感官还无法发现机器性能方面变化的状态;临近性故障指由于显著的材料退化造成性能严重退化的状态。此时,有经验的用户凭感官可以发现这种退化。突发性故障是由于材料和性能加速退化造成功能部分损害的状态;灾难性故障状态下会突然并完全停止操作,以及功能彻底受到损害。由此可见,主动维修对条件性故障进行修复,就可以截断故障发展的进程,更早地把故障消灭在萌芽状态。

（2）从监测诊断特征参数来看，特征参数的选择范围更加广泛。监测诊断是主动维修得以实施的最重要步骤和条件之一。设备或系统故障根源的复杂性，决定了其监测参数的多样性。因此，主动维修除了监测其他维修所需监测的参数以外，还需监测系统所处的外部环境、介质以及其他非分析产品，如：液压油、润滑油或气体的物理、化学性质、渗漏、温度、汽蚀等各种问题。

（3）从故障修复或纠正措施上看，主动维修要排除故障诱因，对故障诱因进行保养、更换、修复、改进、替换等。如：更换液压油或润滑油脂、不兼容的材料，充氮，改进过滤网或冷却器件等；其他维修对发生功能故障或潜在故障的零部件、元器件或单元进行保养、更换、修复、改进、替换等。

（4）从适用范围和对象看，必要性、经济性、可行性要求是实施主动维修必须具备的三个条件。主动维修监测诊断特征参数种类繁多，数据处理复杂，要求必须具有先进的检测技术及数据处理技术，以便能准确地判定可能引起故障的诱因，并在装备的材料和性能退化之前及时采取措施进行维修，恢复和保持系统的稳定运行状态。因此，主动维修的实施比其他维修方式都要复杂，实施主动维修首先要看故障影响、故障后果是否有必要；同时，要看是否有适用的、经济的、有效的"主动维修"措施，过早的"主动维修"措施有可能使零部件的寿命无法得到充分利用。所以，它特别适用于可靠性要求比较高的关键设备或部件。

主动维修作为一种全新的维修理论，它的出现大大丰富了维修理论体系，拓展了传统的维修概念。主动维修思想在传统故障定义的基础上，提出了"条件故障"的概念，即将故障产生根源的存在也定义为一种故障状态。这种状态是传统故障的预警状态，这时没有引起材料或性能的退化，但如果这种状态继续存在，最终会导致功能性故障的发生。例如一个包括轴承与润滑系统的机械系统，现在只考虑其滑油被灰尘污染的情况。在这里，灰尘污染作为其故障的根源性因素，当滑油被灰尘污染时系统发生了条件故障。如果不进行处理，任其发展，滑油的润滑效果就会下降，甚至滑油中的污染物颗粒起到了磨料的作用，造成轴承的磨损，这时系统就发生了初始故障，再不进行维修，将影响到系统功能的实现，进而发生临近性故障、突发性故障直至灾难性故障。主动维修理论的提出，使维修从传统的恢复系统被破坏的性能，或防止材料退化，拓展到消除故障根源的范畴，维修手段与方法更加多样。下面以某设备主机齿轮箱为例，说明这种维修方式的区别。如果维修人员等到齿轮箱发生故障不能工作时才对它进行维修，那这种维修工作就属于事后（损毁）维修；如果根据齿轮箱的可靠性分析，它的故障是一种工龄相关故障，那么在其即将发生故障之前，定期对它实施拆修，更换零部件及滑油，这种维修工作就属于预防维修；如果采用监测手段对其工作状态进行监控，在其出现故障特征（初始故障：材料和性能退化，但还不严重时）时对它进行拆修,更换零部件及滑油,这种维修工作就属于视情维修的范畴;如果经过分析确定滑油的污染(污染稳定性的破坏)是齿轮箱频繁发生故障的原因(故障源),对滑油的污染度进行监测,在发现其污染度超过一定标准时,对滑油进行更换或改善过滤,从根源上防止齿轮箱故障的发生,这种维修工作就属于主动维修的范畴。在这里维修已经不再是传统意义上的4R处理,即拆开、修理、换件和重装,而是真正的技术和管理活动的总和,因为主动维修实施亦即"修理"条件故障的过程,主要是在装备设计或管理中完成的,而不是在工厂里反复重复进行的修理工作,从而给维修的概念赋予了新的内容。

在美国海军中已被采用并称为"具有生命力的以可靠性为中心的维修"。通过在大西洋舰队的航空母舰上的实验证明,主动维修具有以下三方面作用:解决装备(设备)反复出现的故障;重新设计安排现有的维修活动;增加少量的、易于支配的、效率高的资金投入,便可大量减少装备(设备)总的维修费用。PaM就是针对可能引起设备产生故障的"故障源"而采取的维修和管理活动,其主要目的是发现和纠正可能导致设备故障的操作或运行状况。它要求在设备的材料和性能发生损耗或降低之前就必须采取措施进行维修;要求操作管理者必须有更强有力的监测诊断技术作支持,以便及时发现并纠正可能导致严重故障的故障源。主动维修的有效实施能保证机械设备和系统最高的可靠性和最长的使用寿命,从根本上避免故障的发生,大幅度提高维修保障的及时性、有效性和经济性。机械设备的主动维修包括污染控制、泄漏控制、流体的化学稳定性、流体的物理稳定性、穴蚀控制、热稳定性、磨损控制及力学稳定性等许多方面。在主动维修思想指导下,管理就是维修,维修也是一种管理活动。主动维修的前提是要及时全面地掌握设备的技术状况,因此对监测诊断技术的应用提出了更高的要求,必须从新的角度、更高的层次上理解、认识和实施监测诊断技术。

第五节　新时期装备维修保障思想

20世纪末至今,随着信息化装备的快速发展,开始了以信息技术为基础,以装备状态检测和故障诊断为技术手段的预知性维修,应用各种先进的检测技术和计算机分析处理方法,使人们能够及时准确地了解设备的实际运行状况,从较盲目的预防性维修,到根据设备运行状态检测结果,进行有针对性的维修。此维修方式反映出先进的科学技术,特别是信息技术对于装备维修保障领域产生着巨大的推动和促进作用。为了进一步在保证装备的可靠性、安全性的同时,提高部队的维修保障能力,装备维修保障思想有了新的发展趋势。以预计性维修与健康管理理论、战损评估与修复理论、信息化维修保障理论等为指导,提出了快速感知维修需求,实施信息化维修,缩短维修时间、提高维修效率、节约资源、保护环境、提高效能等新的维修观念,促进了装备维修保障的快速发展。

一、绿色维修思想

21世纪全球经济高速发展,与此同时,对自然资源的任意开发和对环境的无偿使用造成全球的生态破坏、资源浪费和短缺、环境污染等重大问题。为了保护地球环境,1992年联合国环境与发展大会将环境与发展问题结合起来,将可持续发展,即低消耗、低污染、适度消费的模式,作为全人类生存和发展的新模式,并赋予这种模式一个形象的名字"绿色"。装备作为产品,对其维修实质上是一种再投资、再生产。此外,装备以及更广泛意义上的产品或资产维修又是资源的一种再利用,通过维修延长使用寿命,减少废弃物和污染物,将减少对环境的危害。所以,"变坏为好,变废为宝"是维修的本意。然而,传统的维修方式是粗放型的,仅仅是"为维修而维修"。只要是能达到"能使装备保持、恢复到其规定技术状态"的目的,而不管维修时所采用的手段是否具有破坏性,所采用的材料是否环保,维修过程是否对环境、人员有害,以及产生的废料、废渣是否得到适当的处理等。因此粗放型的传统维修是资源浪费型环境、污染型环境以及非人性化维修方式。因为维修过程中也存在着节约资源和减少污染问题,即如何使维修工作的各个环节贯彻节能环保、注重人员健康的问题,所以绿色维修概念应运而生。绿色维修是从节省资源、预防减少污染、保证人员健康的角度出发,采用相应的材料、技术、方法,以达到环保式的维修。绿色维修是集约型的,是更合理、更环保、更人性化的维修思想。它的特点是:节省能源、资源,降低维修费用,缩短维修时间;尽量采用环保型的能源、材料、技术和方法;维修过程不产生或很少产生污染、废弃物,维修造成的破坏少;重视维修人员的安全健康问题。它的形成和发展与其他装备维修思想或概念是相辅相成的,它的作用是给现有维修理论、概念赋予绿色的内涵,使其更注重环保,促进装备的可持续发展。其目标是:以最少的资源消耗,保持、恢复、延长、改善设备的功能;避免产生废物和污染环境;符合社会和公众利益及政府法规。

绿色维修思想主要含义包括以下几方面:①装备的合理正确维修就是保护环境,是社会持续发展的需要,应当把环境意识贯穿于整个维修工作中;②建立和实施故障的环境准则,把对环境的损害作为装备故障的主要判据,危害环境的故障是通过维修要预防和排除的重要对象(在新RCM中已将环境危害作为安全性后果);③通过各种技术和方法(如寿命周期评估LCA)鉴别、分析并采取措施消除维修过程对环境可能的损害;④把对环境影响作为维修质量及其验收的准则;⑤实现绿色维修首先在于产品设计,绿色设计必须包含绿色维修设计特性;⑥产品维修性必须将减少维修对环境影响作为主要目标,即"绿色维修性"的概念。

贯彻绿色维修思想具体来说主要立足于以下几点：①绿色维修基础理论及技术基础，其包括绿色维修涉及的基础理论以及考虑环境影响时维修理论中部分概念的拓展，绿色维修有关的管理和技术法规，涉及环境和资源消耗等方面的检测监测技术手段等。它们是研究绿色维修的理论或技术基础。②绿色维修与维修性设计。产品使用中的维修能否达到"绿色"的要求，归根结底取决于设计，包括绿色维修方案设计、维修性设计、维修工艺设计等。要在一般维修和维修性设计的基础上，突出考虑环境因素的影响，针对节能、节材、无污染提出和确定指标要求，研究如何形成满足这些要求的维修方案、维修性设计。完整地说，绿色维修设计还应当包括维修工艺过程的设计，工艺设计是在研究和选择维修作业技术基础上进行的。③绿色维修分析。实现绿色维修和维修性设计方案，确定维修策略并规划维修资源，需要进行多方面的分析工作。要在一般维修分析的基础上，形成绿色维修分析技术、综合权衡技术。④绿色维修与维修性评价。产品是否达到或可能达到绿色维修要求需要评价，包括绿色维修活动评价以及绿色维修性评价。需要建立相应的评价指标和具体的评价方法。⑤绿色维修作业技术。绿色维修（作业）技术主要是为降低或消除装备使用阶段进行维修活动所产生的环境影响所应用的各类维修方法和技术手段。包括绿色维修材料、表面工程技术、机加工技术、零件清洗技术、热处理技术以及其他先进维修技术等。⑥绿色维修支撑技术。绿色维修支撑技术指采用信息技术，设计和开发的各类维修辅助系统和工具，以提高维修的效率、降低维修的能耗和物耗，包括绿色维修信息管理系统、绿色维修材料选择系统、绿色维修工艺规划系统等。

在绿色维修中，通过先进的维修技术措施，发展三"Re"工程，即 Reproduction（再制造）、Recycle（再生）、Reuse（再利用），可以使磨损设备重新修复如新，老旧设备得到更新改造，报废设备得以起死回生。如：绿色再制造工程为适应可持续发展、节约资源、保护环境的需要，逐渐形成新兴的研究领域和新兴产业。在绿色再制造工程中，采用新技术、新工艺、新材料等技术措施对许多废旧装备进行维修，可以取得较好的经济效益和社会效益，例如：采用表面工程技术进行维修，不仅可以有效修复表面磨损状况，恢复性能，修旧如新，而且可以改进其技术性能，提高其耐高温、耐磨损、耐腐蚀、抗疲劳、防辐射的能力，延长其使用寿命，节省材料、能源和费用。

二、再制造工程的维修思想

随着 21 世纪的到来，以优质、高效、节能、节材为目标的先进制造技术得到了飞速发展，对环境保护和资源可重复利用有了深入认识，以设备产品零部件维修和再制造为主的研究越来越多，特别是符合可持续发展战略要求的再制造研究得到了格外重视,再制造工程的维修思想就是在此基础上产生和发展起来的。

装备再制造工程是指以装备全寿命周期理论为指导,以废旧装备性能实现跨越式提升为目标,以优质、高效、节能、节材、环保为准则,以先进技术和产业化生产为手段,进行修复、改造废旧装备的一系列技术措施或工程活动的总称。简言之,装备再制造工程是废旧装备高技术修复、改造的产业化。该思想的基本要旨是:当一个产品发生故障后,通过合理有效的维修过程,一方面要把产品恢复到正常工作状态;另一方面通过对设备零部件的改造、改装、革新、发明等措施在实施维修的过程中形成一种"再制造"的效果,获得设备或产品的新性能、新发展。再制造工程的维修思想,更加强调实施维修过程中的创新能力。它对使用、维修和操作人员的素质提出了更高的要求。再制造的重要特征是再制造后的装备质量和性能达到或超过新品,成本只是新品50%,同时节能60%,节材70%,对环境的不良影响显著降低。

装备再制造是先进制造的组成部分,也属于绿色制造;同时,装备再制造也是装备维修的组成部分,是维修发展的高级阶段。1989年6月,美国国会两院通过了一项不经总统签署即可获得执行的共同决议,要求国防部将更多的重点放在对现役军用装备的再制造上,并将再制造作为一个过渡手段,以在财政预算有限、新装备配备时间延迟,以及新装备费用高昂的情况下维持装备的战备完好率,特别是用来延长现有装备的服役寿命。隶属于美国国家科学研究委员会的"2010年及其以后国防制造工业委员会"制定了2010年国防工业制造技术的框架,提出达到未来所需制造能力的战略,并将武器系统的性能升级、延寿技术和再制造技术列为目前和将来国防制造重要的研究领域。美国波士顿大学的防御武器研究部门,专门研究包括航天飞机在内的各类装备再制造产品的经济性数据。

美军B-52战略轰炸机1948年设计,1962年生产,经过1980年、1990年两次再制造技术改造,到1997年时平均自然寿命还有13000飞行小时,可服役到2030年。美军自2000年起,在五年内完成了269架阿帕奇直升机的再制造,今后十年继续完成750架的再制造。再制造后该直升机成为美国现役武装直升机中战斗力最强、性能最先进的一种机型。

2000年,美国陆军启动了坦克装备综合管理计划,主要目的是通过再制造将M1A1系列坦克恢复成新品状态,该计划是在军方资金不足的情况下,为维持大约7000辆"艾布拉姆"系列坦克的运转而采用的一个替代方案。美军M1A2坦克是M1系列的再制造改进型。1985年8月,美国陆军将368辆M1坦克再制造升级成M1A2型,1996年至2000年的5年间,又有580辆M1坦克被再制造成M1A2型。

当前,再制造开始融入表面工程,通过一系列先进表面工程技术的创新应用,使废旧发动机的旧件利用率由72%提升到90%,而且耐磨损、耐腐蚀等性能得到大幅度提升。

三、以网络为中心的维修

在未来信息化战争中,作战主要是双方信息和信息化武器的对抗,整个战争机器的运转主要依赖于信息。因此,信息化战争中的装备维修保障活动也必须紧紧围绕信息来展开。在网络技术的推动下,各种装备维修保障信息已经基本实现共享,推动着装备维修保障向网络化方向发展。为了更好地保障21世纪的主战装备,有效地支持未来的信息化战争,美国海军在进入21世纪之后,率先提出了"以网络为中心的维修"思想,并首先在潜艇上付诸实施。2010年以前,"以网络为中心的维修"成为美军各军种的装备维修保障指导思想。其实质是最大程度地利用互联网和军用通信网络,使装备维修保障机构和人员能够通过安全的网络化设施解决装备维修保障问题,达到降低维修费用,提高装备维修保障效率的效果。"以网络为中心的维修"与目前正在发展的远程支援维修有一定的关系,但又不完全相同。远程支援维修实质是提供远程直接维修保障。尤其重要的是,紧紧围绕"网络中心战"这种新的作战思想,还包含着在更高层次上对装备维修保障工作的整体筹划。

"以网络为中心的维修保障系统"具有以下几种能力:①远程诊断。从远方的地点向装备上的"故障诊断子系统"发出指令,使其运行系统/子系统级的诊断程序,以便对装备出现的故障进行评估。通过远程诊断可以获得有关装备故障的大量信息,专家可根据这些信息提供切实可行的解决方案。②预防性维修的远程设备。从远方对装备上出现故障的子系统开展维修保障前的准备工作(主要是检查),以方便预防性维修过程的实施。③远程测试和鉴定。使用现代化的信息技术,从远方对装备的子系统进行测试和鉴定。④远程软件更新。远程下载软件并提取装备在使用过程中积累的数据,通过网络向装备提供软件更新服务,以支持装备上的设备改装和改进工作。⑤远程维护装备的配置数据库。实施"以网络为中心的维修"后,对于装备上的硬件,可以由装备上安装的摄像机拍摄所有的系统和设备的数字图像,利用软件可以确定这些数字图像的实际尺度。这些信息通过网络直接传输到维修保障中心的装备数据库中。

对于装备上的软件配置,可以通过网络下载统一版本的软件,可有效避免不同装备使用多种版本软件的现象。实施以网络为中心的维修保障后,将带来以下潜在好处:

节省维修保障费用。在"以网络为中心的维修"系统投入应用后,可大大减少对现场装备进行一般性检查和修理任务量,因此可显著简化检查流程,减少相关的费用。未来的检查过程为:用摄像机对需要检查的区域进行拍摄,然后将视频剪辑发送给相应机构,利用软件确定这些区域的尺度。装备的采办项目经理还能够根据这些视频图像更好地关注尚未落实的变更情况,有效地消除不必要的设计修改,从而减少与设计变更有关费用。

有利于培训和指导。"以网络为中心的维修"思想非常有利于装备维修人员进行有效的在岗训练。只经过最低程度培训的人员能够很方便地将自己负责维护的系统与未来的"以网络为中心的维修"系统连接起来,获得指导。"以网络为中心的维修"系统还允许维修人员直接访问原始设备制造商,以解决重大的维修保障问题,增强发现和修复故障的能力。

可缩短故障处理时间。按照美军当前的装备维修保障作业体制,只有在装备出现技术问题,并且装备维修保障中心接到申请后才能派出相关的技术人员到现场解决问题,申请过程和人员的行程消耗了大量的时间。"以网络为中心的维修"系统能够提前发现将要出现的故障,及早准备足够的修理资源,及时派出训练有素的装备维修人员。这些都能节约大量的时间。装备维修保障中心的专家对现场的装备维修保障人员提供指导,能够避免大量的人为差错,节省因这些错误所导致的返工时间。由于专家的指导是实时提供的,而且同一个专家能够同时为处于不同地点的其他装备提供维修指导,因此使整个作战部队的维修工作总时间显著缩短。随着"以网络为中心的维修"系统的性能不断完善,计划性维修工作周期将越来越短,逐渐被实时的装备维修方式所取代。

简化装备维修文件。实现"以网络为中心的维修"后,将能够根据实际情况,及时更新"交互式电子技术手册"的内容,清除其中很少使用或者已经不再使用的内容。

四、基于状态的维修

传统的预防性定期维修在应用中存在着欠缺。20世纪70年代以来,由于测试技术、仪器、信号分析和计算机技术的进步,以及设备的状态监控技术、故障诊断技术和维修分析决策技术的迅猛发展,出现了以设备状态监测与故障诊断技术为基础的基于状态的维修(Condition Based Maintenance, CBM),并显示出巨大的优越性。20世纪90年代,各国非常重视维修的经济可承受性,并使之成为武器系统研制和保障的重要指标之一。为此,美军近年来提出并不断发展了"基于状态的维修"思想。

基于状态的维修是一种先进的新型维修思想,它通过对设备状态进行在线或离线监测,诊断设备的故障机理并准确预测设备的剩余寿命,进而判断设备的维修需求。能更精确地对设备进行维修管理,它在制定维修策略时考虑了系统运行的状态及设备间由于制造过程、使用保障过程等原因造成的差异,尽可能在其发生故障前进行维修。由于其能够掌握装备(设备)的现行技术状态,运用数据分析与决策技术预测装备(设备)的寿命,实施"精确"维修,所以能够有效地减少停机时间,节约维修费用,延长设备的使用寿命,提高设备的完好率和可用度。

实施"基于状态的维修"的前提条件是确定设备的当前状态。目前,美军装备维修保障机构主要通过以下三种基本途径来确定设备的状态:一是通过嵌入设备内部的传感器和计算机;二是通过与设备的接口相匹配的便携式传感设备,"读取"嵌入式传感器的信息;三是利用人工的测量仪器和仪表。

近年来,美军进一步推出了"增强的基于状态的维修"概念。"增强的基于状态的维修"是指综合利用先进的机械化、信息化技术提高装备维修保障效能。"增强的基于状态的维修"能够促进业务过程的一体化和调整,可极大地提高保障系统的反应能力。最终目的是在装备全寿命周期中以较低的价格提高其作战可用性和战备水平。目前,美军正在对相关的指南、项目、技术和过程进行评估,以便将"增强的基于状态的维修"纳入到需求和采办的审查/批准过程中。

总之,新时期的装备维修保障思想是人们对装备维修活动的认识不断深化的结果。它把现代科学理论,如系统工程、管理科学、概率论与数理统计理论等,与人们对维修活动从已有的认识和总结融为一体,充分考虑装备的可靠性、维修性和经济性,注重用科学统计的方法来认识维修规律,强调维修的针对性、灵活性、效率和效益,因而可以更科学地反映维修的客观规律,指导维修实践。新时期的维修保障思想是对传统和现代维修保障思想的继承和发展。它的产生和应用是装备维修保障由经验维修向科学维修转变的重要标志。

第二章

装备维修保障体系

装备维修保障体系,是军队为实施装备维修保障工作而建立的组织体系,主要包括装备维修保障系统的机构设置、隶属关系、职责权限划分等。装备维修保障体系可以从多个角度进行分类,按军种,可划分为陆军、海军、空军装备维修保障体系等;按层次,可划分为战略、战役、战术装备维修保障体系;按任务性质,可划分为平时和战时装备维修保障体系;按使用范围,可划分为通用和专用装备维修保障体系。科学高效的装备维修保障体系,是装备维修保障工作运转的组织基础。用系统论的方法和理论,研究装备维修保障体系建立的依据要求、外部环境、运行规律,同时借鉴军事强国构建装备维修保障体系的方法路子,对于预测装备维修保障体系发展趋势,加强装备维修保障体系建设,提高装备维修保障能力具有十分重要的意义。

第一节 装备维修保障体系建立的依据和要求

装备维修保障是多因素支配的军事活动。建立科学的装备维修保障体系,必须全面考虑有关的依据和要求,进行综合分析、科学论证、正确决策,并根据装备维修保障的内外部环境的发展变化而调整完善。

一、装备维修保障体系建立的依据

装备维修保障体系应当依据一定历史条件下的国家经济实力、科学技术水平、军事战略、维修保障目标、军队体制编制、装备发展水平等因素来确立。

(一)国家经济实力和科技水平

装备维修保障是以国家经济实力和科技实力为后盾的保障活动。国家经济实力的强弱和科技水平的高低,直接制约着装备维修保障资源的获取和有效运用。如果所确定的装备维修保障体系脱离了本国当时的经济实力和科学技术水

平,那么这种体系就会成为一种没有可靠经济基础和科学技术基础的体系。它不仅难以发挥其应有的作用,而且会阻碍装备维修保障任务的完成。就一般规律而言,经济实力越强、科学技术水平越高的国家,其装备维修保障力量的机动速度就越快,保障机构就越精干,保障能力就越强。相应地,它就可以减少保障层次、保障环节和保障人员。与此相反,经济实力弱、科技水平低的国家,由于其装备维修保障力量的机动速度慢、保障效率低,往往就要以增加装备维修保障环节的方式来提高保障的时效性,以增加装备维修保障人员的方式来提高完成保障任务的能力。美军近年来装备维修保障供应环节逐步减少、周期不断缩短、储备量不断降低的事实就证明,雄厚的经济实力和先进的科技水平是装备维修保障体系不断优化和装备维修保障效益不断提高的重要支撑。因此,国家经济实力的强弱和科学技术水平的高低,不仅决定着军事装备的现代化程度,而且也决定着装备维修保障体系的形式。

(二) 军事战略

国家军事战略是指导军队建设和作战全局的方略,对军队规模结构、体制编制、装备发展、管理体系、教育训练等有直接影响。军队装备维修保障系统是军队后勤装备保障系统的一个子系统,必须服从军事战略全局,为军事战略目标服务,满足军队作战对装备维修保障的需求。目前,世界各国,特别是发达国家军事战略纷纷向信息化方向调整,军队装备维修保障体系也发生了根本变革,指挥管理体系向扁平网状发展,保障体系向一体化方向发展,保障力量编成向多功能、模块化方向发展。因此,应根据既定的军事战略不断调整、优化装备维修保障体系。

(三) 军队体制

装备维修保障体系,不仅是军队体制的组成部分,而且是军队体制在装备维修保障方面的具体反映。装备维修保障体制与军队体制具有一致的目标,都是保持和提高军队的战斗力,进而打赢战争。装备维修保障体系只有与军队体制相适应,才能保证装备维修保障活动顺利地开展,才能有利于军队战斗力的提高。一般情况下,有一级军队体制,就应有一级装备维修保障体系。这样,装备维修保障能力就容易适应本级部队担负任务的需要,使本级部队指挥员的决心建立在可靠的技术与物质基础之上,使军事需求在装备维修保障上得到及时、准确、迅速的反应,从而确保军事活动的正常进行。另外,装备维修保障体系与军队体制并不需要完全一一对应。本着精干、灵活、高效的原则,装备保障体系也可以减少一些中间层次,这在平时装备维修保障任务较少的情况下,利于节省保障资源;在战时装备维修保障任务繁重时,可实施直达保障,提高装备保障时效。因此,军队体制对装备维修保障体系有着规范性的制约和指导作用,装备维修保障体系的确定应当遵循与军队体制相一致的原则。

（四）维修保障目标

装备维修保障的根本目标就是要充分发挥各种装备维修力量的整体效能,有效地保障军队作战和其他军事行动的需要。装备维修保障体系要与装备维修目标相适应,利于装备维修保障目标的实现:一是总体结构要与装备维修保障目标相适应。装备维修保障体系的总体结构,应便于装备维修保障实现宏观上集中统一与微观上自主灵活的有机结合,保证保障目标的实现。二是横向结构要与装备维修保障目标相适应。应优化各层次装备维修保障机构及功能,使各层次的装备维修保障要素各职能部门职责明确,横向有机协调,便于发挥各层次装备维修保障要素整体功能。三是纵向结构要与装备维修保障目标相适应。既要合理简化装备维修保障指挥管理层次,又要合理确定装备维修保障指挥管理跨度,以提高装备维修保障效率,实现装备维修保障目标。因此,装备维修保障体系建立和完善的过程中必须始终体现装备维修保障的目标。

（五）装备发展水平

装备维修保障活动与装备紧密结合,没有装备就无从谈起装备维修保障。军队所拥有装备的数量和质量,对装备维修保障机构和环节的设置、装备维修保障部（分）队的建立,以及各项制度的制定等,都有着重大的影响。必须充分考虑目前装备的现状,以保障新型装备为主,同时兼顾保障老装备的需要;同时,还要科学预测装备的发展趋势,建立装备维修保障体系应具有一定的前瞻性,在总体上与装备的发展水平相适应。随着装备技术水平的不断提高,使得装备维修保障体系和装备体系都得到相应的发展。当前来看,主要是随着信息技术在装备领域的广泛应用,装备维修保障的信息化水平也需要大大提高,从而引起装备维修保障体系新的变革。因此,装备维修保障体系的建立,必须与装备发展水平相适应。

二、装备维修保障体系建立的要求

确立装备维修保障体系,必须满足未来作战对装备维修保障的各方面要求,有利于维修保障整体效能的提高,有利于维修保障信息的快速流动,有利于维修保障体系的精干高效,有利于维修保障体系的平战结合。

（一）有利于装备维修保障整体效能的提高

未来战争是体系与体系的对抗。也就是说,装备维修保障必须有整体性更强的体系结构,组成军队装备维修保障的各个职能系统应结合更为紧密、协调;装备维修保障系统与作战系统应有效融合为一体;各军兵种装备维修保障之间的关系要进一步密切,保障行动协调一致;装备维修保障部（分）队编成应进一步合成化、多功能化和模块化。未来战争要求军队提高整体作战效能,也必然要求军队增强整体装备维修保障的效能。而整体维修保障能力的构建,关键是使军队装备维修保障系统生成结构力。结构力是军队装备维修保障能力的重要构成要素,具有与人力、物力、财力、信息力等同等重要的地位,并是这些要素形成合力的黏合剂。结构力产生于部队装备、保障理论、保障物质与保障人员等要素的科学合理的整合。确立装备维修保障体系的目的,就是谋求一种科学的结构形式,以生成比原有的体系更强大的保障能力,提高整体效能。

(二) 有利于装备维修保障信息的快速流动

机械化时代军队纵长横窄的树状装备维修保障体系,信息流程长,流速慢,抗干扰能力差,已难以适应信息化战争要求。高速度、高强度、高效能的信息化战争,要求军队装备维修保障体系的确立与变革,必须使信息这一关键构成要素能在装备维修保障组织体系内快速、顺畅、有序的流动并得到高效的利用。这一要求带有根本性,它是实现装备维修保障组织体系精干高效、形成体系结构的整体性、提高整体保障效能的有效途径,是实施军队装备维修保障体系转型的根本目的,也是实现保障有力、打赢信息化战争的重要保证。能否实现装备维修保障信息的快速流动与有效利用,是衡量装备维修保障体系优劣的最重要指标。

(三) 有利于装备维修保障体系的精干高效

随着军事装备和作战指导思想的不断发展,战争的节奏在明显加快,能够用于筹划和组织指挥装备维修保障的实际时间也在相应地缩短。这就从客观上对装备维修保障提出了快速、高效的要求。所以,无论是确定平时的装备维修保障体系,还是确定战时的装备维修保障体系,都必须贯彻精干、高效的原则。精干、高效,就是要求凡不利于提高装备维修保障效能的部门、层次、系统、人员和制度等都一律取消。对于那些影响保障效能的中间环节,要尽可能减少。这是因为环节过多、层次过多的装备维修保障体系,不仅会造成机构重叠,配置密集,而且往往会增加矛盾,导致互相推诿,成为延误保障时间的重要原因。精干、高效,就是要求必须设置的装备维修保障机构不能臃肿。无论是装备维修保障机关还是装备维修保障部(分)队,都不能人浮于事。如果装备维修保障机构过于庞大,不仅会过多地占用兵力,而且机动困难,跟不上部队的行动,影响对部队的保障。应当主要在提高人员素质上下功夫,在提高工作效率上挖潜力,在改进维修保障手段水平上做文章。

(四) 有利于装备维修保障体系的平战结合

在高新科技迅猛发展、战争爆发突然性不断增大的情况下,建立平战结合的装备维修保障体系,对于提高平战转换的速度和应急保障能力具有重大的意义。平战结合的装备维修保障体系,就是要尽可能使平时的装备维修保障体系与战时的装备维修保障体系相一致或者相衔接。其目的是提高装备维修保障平战转换的速度和质量,提高平时尤其是战时的装备维修保障效益。

第二节　主要军事强国装备维修保障体系

装备维修保障体系,受多种因素的影响和制约,并呈现出多种多样的形态。主要军事强国的装备维修保障体系不尽相同,即使是同一国家,不同历史时期的装备维修保障体系也不尽相同。在当今世界上,具有代表性的主要军事强国的装备维修保障体系主要有以下几种:

一、美军装备维修保障与后勤保障合一的体系

美军采取的是装备维修保障与后勤保障合二为一的体系模式。装备维修保障由国防部统一规划、三军分别按层次组织实施。

（一）国防部及各军种部

国防部是美军装备维修保障工作的最高领导机关。美军的装备维修保障主要由负责采办、技术与后勤的国防部副部长分管,主要任务是制定全军的装备维修保障工作方针政策,发布装备保障指令或指示,对全军装备保障工作实施宏观管理。国防部国防后勤局下设6个专业机构（主要是一些物资补给中心）,负责国防部通用装备及物资器材保障的统一领导和组织实施,该局平时和战时为军种部和联合作战司令部执行任务提供通用物资补给,也为国防部内其他部门、联邦机构、外国政府、国际组织以及其他指定机构提供物资补给。该局负责三军520万件通用物资器材以及装备的采购、储存和发放工作,包括三军装备维修保障所需的零配件,以及电子器材、工程器材、工业品等8大类。在2004年,每天处理的申请数量高达54000件。

陆、海、空军军种部负责各自本军种装备和专用物资的采购、供应。美军各军种部的部长直接领导本军种的装备保障工作,各军种的参谋部（海军为海军作战部）负责从作战指挥和保障角度指导装备维修保障工作,制定有关政策和实施管理。各军种部下设的器材司令部负责本军种各种装备与器材的采购、供应、使用管理和维修。战区陆军是战区作战司令部下属的陆军部队司令部。战时,美军战区各军种部队的通用物资补给通常由战区陆军负责。为了对战区的物资补给实施指挥,战区陆军司令部所属的基本指挥所、战役指挥所中通常设有物资补给指挥与管理机构,并拥有一定数量的隶属或配属的物资补给部队。

（二）陆军

陆军装备维修保障力量分为三级,第一级为陆军器材司令部下设的五个大修基地,第二级为战区陆军持续保障司令部下辖的持续保障旅,第三级为旅战斗队维修保障力量。

五个大修基地按装备类别划分,主要负责装备的大修和升级改造。分别是托比汉纳陆军基地、安尼斯顿陆军基地、莱特肯尼陆军基地、红河陆军基地和科珀斯克里斯蒂陆军基地。这些基地规模大、人员多、设施全,具有非常强大的修理能力,同时,它们又是综合性基地,除完成基地级维修保障工作外,还具有物资器材储存、处理和销毁等多项功能,是相应业务部门的装备维修保障中心。

陆军战区级保障力量主要是战区持续保障司令部领导的持续保障旅,负责物资供应、运输保障、装备维修等。因受援部队的级别不同,持续保障旅的任务也不同。提供战役层次支援时,该旅的任务是支援机动、部署、再部署和基地保障。当支援一个师的作战行动时,旅的任务是向受援部队提供后勤保障。持续保障旅可根据任务、可获取的部队与保障资源,以及时间与民事考虑因素实施模块化编成,下设一个固定建制的特种部队营,可辖三至七个综合功能(战斗持续保障营)或专业性多功能营(如油料营)。

军、师两级维修保障力量,伴随战区陆军机构改革,军与师两级不再辖保障力量,而只是一级后勤组织计划环节。根据需要,军可对持续保障旅进行指挥控制,可迅速转换成实施应急行动或持久行动的联合特遣部队或地面部队司令部。经适当的联合能力加强,师可以担当联合特遣部队或地面部队本部。师部可常辖四至六个旅战斗队。

目前,美国陆军作战旅包括三种类型:重型旅战斗队(HBCT)、步兵旅战斗队、斯特赖克旅战斗队(Styrker Brigade Combat Team,SBCT),每个旅战斗队编有一个旅保障营。重型旅战斗队编制3735人,旅保障营编有1140人,是重型旅战斗队中人数最多的营。旅保障营由营部和营部连、一个配送连、一个野战维修连、一个卫生连和四个前方保障连等组成。配送连的任务是提供补给和运输保障,野战维修连负责为旅战斗队提供野战级别的维修保障,前方保障连的职责是为重型旅战斗队的其他各营提供各种类型的直接保障。步兵旅战斗队编制各组成部分的职责与重型旅战斗队旅保障营的职责类似。斯特赖克旅战斗队保障营下辖四个连,营部和营部连、配送连、野战维修连和医疗保障连。野战维修连包括连部、维修控制排、轮式车辆修理排、维修保障排,以及五个战斗修理组。

(三)海军

美国海军维修保障力量大致可以分为三层:各系统司令部所属力量、舰队力量和海军基地力量。海军装备维修保障由海军海上系统部组织和协调,由舰艇上的维护修理或操作人员、海上修理船、基地修船厂等舰船装备维修保障机构具体实施。舰艇装备维修保障分岸基装备维修保障和海上装备维修保障。岸基装备维修保障分为三级:舰艇级装备维修保障,由舰艇操作人员或专业技术人员在舰艇使用过程中实施;中继级装备维修保障,由岸上装备维修保障站和海上机动装备维修保障分队具体组织实施,主要对舰艇定期进行难度较大的中修,或更换大型部件和总成;基地级装备维修保障主要由海军的7个修船厂和3个舰船修理机构负责实施,主要进行舰艇的大修、换装和改装。海上装备维修保障分为两级:作战部队装备维修保障为一级,主要由作战部队的专业技术人员负责实施;海上中级装备维修保障为二级,由海军派出装备维修保障船和高级专业技术人员对长时间在远海区执行任务的舰船进行维修保障。

(四) 空军

空军装备维修保障由空军器材司令部组织和协调,由空军各技术与后勤中心、海外战区航空队、空军联队编制内的装备维修保障中队等单位具体实施。空军装备维修保障分为两级:建制装备维修保障(机场装备维修保障),通常由建制内的装备维修保障中队在机场维护保养工作区实施,主要进行飞机的小修;仓库级装备维修保障,由空军部所属的5个基地级后勤(维修保障)中心,分别对不同的飞机和导弹以及航空设备进行中修和大修。

近年来,随着美军全球信息系统的建立与广泛应用,美军装备维修保障的信息化水平大大提高,装备维修保障体系也正在不断变革。例如,美军海外战区部队的装备器材物资供应原先要经过"师—军—战区—国内"四级请领,现在国内可以从本土把装备器材物资通过海空运输及时补充给海外的军、师(旅)、团部队,减少了海外战区这一环节,大大提高了保障效率。可以预见,在今后一段时期内,美军装备维修保障的有关做法仍将是世界各国学习和借鉴的对象。

二、俄军独立的统分结合装备维修保障体系

俄罗斯武装力量的装备维修保障,是一个独立的保障系统,采取统分结合的体系,分别对通用和专用装备实施维修保障。通常由主管装备的国防部副部长组织领导,总装备部下属的总导弹军械部、总汽车装甲坦克部和各兵种勤务部门,负责全军通用技术装备和武器的维修保障。各军种均设一名主管装备的副总司令,负责本军种通用装备的维修保障。战略火箭军、海军、空军和原防空军还另设一名主管工程技术的副总司令,负责本军种专用装备的维修保障。军区(方面军)、集团军设装备副司令,师、团、营、连分别设装备副师长、装备副团长、装备副营长、装备副连长。隶属于装备副司令员(副指挥员)的各勤务主任,按照各自的勤务范围组织实施装备维修保障。直接隶属司令员(指挥员)的各兵种、专业兵勤务主任,负责各自的装备维修保障,并与装备副司令员(副指挥员)协调工作。其他军种的军团(兵团)编入方面军(军区)、集团军或在其地带内行动时,其通用装备的维修保障由方面军(军区)、集团军有关专业勤务主任负责,专用装备的维修保障由本军种负责。

俄军装备维修保障机构分为固定的和移动的两类。固定的装备维修保障机构，如修理厂、兵工厂、基地、修理所、技术保养站、干船坞和棚式船台等，分别隶属于总部和军区（舰队），通常设在长期配置地点的专用建筑物中，利用固定的设备实施装备维修保障。移动的装备维修保障机构分别隶属于部队、军区（舰队）和总部，战时还将设集团军和方面军移动装备维修保障机构。这些移动的装备维修保障机构，主要担负野战条件下（在停泊场和海上）的装备抢救和抢修任务，平时则在长期配置地点，使用必要的设备实施装备维修保障。

俄军将装备维修保障等级区分为小修、中修和大修三级。小修是指通过更换或修复个别零部件，以及进行调整作业来排除故障，主要由装备使用人员和维修保障分队在使用现场进行。中修是指通过更换与修理损坏的（磨损的）零部件，以及对其余部分的技术状态进行规定的检查、检测并排除故障，来恢复军事装备的使用性能，通常由移动的和固定的修理分队、修理部队来完成。大修是指对军事装备进行全面拆卸和故障检查，更换或修理其所有损坏的组成部分，然后进行装配、综合检查、调整和试验，来恢复军事装备的完好状态，使其技术寿命达到或接近规定的水平。属于战略层次的大修主要由总部所属和军区所属的修理机构组织实施，可在所属的固定修理设施中进行固定修理，也可组织所属修理部队进行移动修理。

俄军自1992年组建以来装备维修保障机构，尽管没有打过真正意义上的高技术局部战争，两次车臣战争从总体上讲还带有浓厚的机械化战争色彩，但俄罗斯军事理论界有关现代局部战争的作战理论是非常超前的，对装备维修保障体系的探讨也异常活跃。俄军目前对装备维修保障体系进行了一系列变革，也取得了一定的成绩，主要包括简化装备维修保障层次，分阶段推进联勤保障能力建设，使装备维修保障力量结构、配置更加合理等，有效地提高了俄军装备维修保障能力。俄罗斯的这些动态值得重点关注。

三、日本自卫队集约式的装备维修保障体系

日本自卫队装备维修保障体系虽然与美军相似，但却有其自身的特点。日本自卫队没有设置统管技术与后勤的联合本部，陆上自卫队、海上自卫队、航空自卫队的技术与后勤组织机构也各不统一，使其装备维修保障体系更具灵活性，也更便于迅速由平时体系转入战时体系。日本防卫厅下属的装备部是日本自卫队装备维修保障体系的最高领导机构，负责日本自卫队装备维修保障的基本方针与政策，并监督其实施。日本自卫队参谋部下属的装备部在各自卫队参谋长的领导下，负责制定各自卫队装备的维修保障方针和政策，规定各种装备的维修保障等级区分和技术标准，并监督其实施。海上自卫队、航空自卫队另编技术部，分别负责舰艇和海上自卫队飞机、航空自卫队飞机维修保障的有关工作。

陆上自卫队参谋部直属的5个中央补给处所属的装备维修保障机构,是陆上自卫队参谋部具体实施维修保障的力量。陆上自卫队的军区司令部装备部、师第四部是装备维修保障的管理机关;军区所辖地区补给处和各野战维修部队,师属技术与后勤团和其他分队中的维修人员,是军区和师的维修保障力量;团及分队只编有维修分队。海上自卫队下辖的5个地方队中设有补给所,分别负责其辖区内军事装备的补给和维修保障。航空自卫队航空总队、各航空方面队和各战斗航空团司令部均设有装备部,负责部队装备维修保障管理;航空自卫队参谋部直辖的补给本部各补给处设有维修部,各航空团编有补给维修群,负责空中自卫队装备的维修保障。

陆上自卫队的装备维修保障作业体系分为三类五级。第一类是部队装备维修保障,为第一、第二级,分别由装备使用人员和团及分队维修保障人员实施。第二类是野战装备维修保障,为第三级,由师及军区直辖的野战维修保障部队实施。第三类是后方装备维修保障,为第四、第五级,分别由军区所辖的地区补给处和中央补给处维修部负责实施。日本航空自卫队的飞机装备维修保障分为基地装备维修保障和补给处装备维修保障两类。基地装备维修保障又分为部队装备维修保障和维修队装备维修保障。部队装备维修保障由飞机维修人员负责实施,维修队装备维修保障主要由航空团维修补给群负责实施。

四、英国三军自成体系的装备维修保障体系

英军的装备维修保障体系是一种三军自成体系的模式。陆军的装备维修保障由军需部负责,海军的装备维修保障由舰队支援司令部负责,空军的装备维修保障由供应部负责。战区陆军设修理主任,负责战区陆军的装备维修保障工作。师编有修理主任和野战维修队,独立旅编有军械修理分队,分别负责师和独立旅的装备维修保障。英军的装备维修保障体系平时和战时基本相同,分为三级:第一级装备维修保障由团以下部队负责;第二级装备维修保障由师野战修理部队负责;第三级装备维修保障由基地修理机构负责。

第三节 装备维修保障体系外部环境

装备维修保障体系外部环境,是指所有与体系有物质、能量和信息交换的事物。装备维修保障体系作为从事装备维修保障活动的系统,与战场环境、社会环境、自然环境有着密切的物质、能量和信息交换关系。战场环境、社会环境和自然环境的总和就是装备维修保障体系的外部环境。环境决定了系统的输入和输出,因而极大地影响着系统的功能。系统对环境的趋利避害有助于其功能的发挥。环

境因素的发展变化,对装备维修保障体系的建设和发展具有重要影响。研究装备维修保障体系的环境,就是要分析环境对装备维修保障体系的影响,增强装备维修保障体系对环境的适应能力。

一、装备维修保障体系的战场环境

随着科学技术的飞速发展,各种高技术装备广泛运用于战场,战争形态、作战样式发生了深刻变化,装备维修保障面临着更为恶劣和复杂多变的战场环境。

装备维修保障任务需求量巨大。随着信息化条件下作战远程精确打击兵器大量使用,作战行动在陆、海、空、天同时展开,战场空间呈立体化、多维化。传统意义上的前后方界限日趋模糊,同时兵力投送、远程机动手段也更为先进、快捷,作战力量的活动范围空前扩大。由于高技术兵器打击精度高、毁伤威力大,装备战损率较高;在高速机动和强对抗中,零部件磨损加快、技术装备损坏率增高;装备种类杂,装备损坏机理多,"硬"损伤和"软"故障相互交织;装备新老并存、高中低兼有,集中多种技术、材料和工艺,因此装备维修保障任务艰巨。

装备维修保障难以稳定连续实施。围绕战略或战役企图,同一战争行动可能包括远程机动、边境反击、反空袭、海上封锁、渡海登陆和反恐怖等多种作战样式,同一部队可能先后或交替进行以上数种样式的作战。即使同一作战行动,在不同作战方向、不同时节,装备维修保障的重点也各有不同。现代作战理论都强调打击对方的保障系统,以削弱对方的持续作战能力。装备维修保障机构是敌方打击的重要目标。高技术侦察情报系统在战场上的广泛使用,可全方位、全时空、全天候地进行战场监视,装备维修保障力量和保障活动隐蔽伪装十分困难;远程精确打击兵器进行的长时间、大规模、高精度的综合火力打击,使装备维修保障力量面临严重威胁。

装备维修保障指挥难以顺畅高效实施。战场上,敌方将对我方实施广泛、强烈的电子干扰,并有可能施放计算机病毒破坏我方自动化指挥系统。在扰乱我方作战指挥的同时,也将严重影响装备维修保障信息的获取、传递和处理,在作战和保障过程中,可能在某一时段使装备维修指挥机构、部队和装备维修保障部(分)队之间失去联系,造成装备维修保障指挥与行动的中断和混乱。

二、装备维修保障体系的社会环境

装备维修保障体系的社会环境,即国家的政治、经济、科技和教育等因素的总和。社会环境对装备维修保障体系的构成和发展有很大的影响。

军事活动是实现政治目的的手段。装备维修保障活动作为一种军事活动,存在于一定的政治环境之中,不仅要服从政治要求,为实现政治目的服务,还要依赖政治工作保证装备维修保障活动的顺利实施。政治环境对装备维修保障体系的直接影响主要有三个方面:首先是对组织结构的影响。为保证政治目的的实现和系统的正常运行,通常在装备维修保障体系中设置政治工作部门,配备相应的政治工作人员。其次是对功能结构的影响。装备维修保障体系除军事功能外,还有参加社会经济建设和抢险救灾等辅助功能。装备维修保障人员不仅肩负着保卫祖国的神圣使命,而且是社会主义建设的一支重要力量。第三是对组织体制的影响。我国装备维修保障体系的责权结构,采用政党组织的集体领导与首长分工负责相结合的组织体制。

社会经济是装备维修保障体系建设和发展的物质基础。经济实力决定装备维修保障的建设规模和整体发展水平,从而也决定装备维修保障系统发展建设所能获得的经费支持和资源保障。只有经济实力强大的国家,才能研制和引进各种性能先进的装备和保障装备,建立起高效能的装备维修保障体系。没有足够的经济实力,装备维修保障体系难以具备较高的技术水平。因此,必须适应经济环境的这种变化,积极探索装备维修保障体系发展建设的新路子,抓住机遇,推进装备维修保障体系现代化建设不断向前发展。

科技与教育环境是指国家科学技术与国民教育的总体发展水平。科学技术是第一生产力,是促进经济和社会发展的重要基础和首要力量,在一定意义上说,生产工具和其他社会活动手段就是科学技术物化的结果。装备作为人类的一种特殊社会活动的手段和工具,也是科学技术物化的直接结果。科学技术的进步不仅是装备形成和发展的基本前提,也是推动装备维修保障发展变革的动力。提高装备维修保障能力,实现装备维修保障现代化,必须依靠科技进步,不断提高装备维修保障人员的科技素质和装备维修保障建设的科技含量,使现代科学技术转化为先进的装备维修保障资源。推动科技进步,教育是根本。装备维修保障体系人员来自社会,其整体科学文化素质直接受国民教育水平的影响。要充分利用社会的教育资源和人才资源,提高装备维修保障人员队伍的整体水平。

三、装备维修保障体系的自然环境

装备维修保障体系的自然环境,主要是自然地理环境和气象环境。装备维修保障活动的自然领域十分广阔,自然环境对装备使用和装备维修保障有直接的影响。

我国幅员辽阔,军事活动分布全国各地,地理位置有的处于内陆,有的在沿海;地形从平原到海拔几千米的高原,还有丘陵、盆地、沙漠、岛屿;气候条件差别和变化很大。这些不同的自然环境条件,对装备使用和装备维修保障的影响各不相同,装备维修保障体系必须根据战场自然环境的特点,有针对性地进行装备维修保障力量建设,合理确定装备维修保障工作的内容和重点,努力减少自然环境条件的影响。在部队机动作战时,新的战场自然环境与原驻地的环境条件会有很大差别,需要预先采取措施,适当调整装备保障资源配置,对装备维修保障人员进行针对性训练,尽快适应新的环境。

第四节　装备维修保障体系运行

装备维修保障体系运行,是指体系为完成装备保障任务而进行的一系列活动,是体系实现目标的动态过程。装备维修保障体系结构、功能和环境对体系的影响,只有通过体系的运行才能得以体现。根据系统论的观点,在体系结构确定的情况下,改善体系的运行能增进体系的功能。体系的运行也称为体系的运行机制。因此,在掌握体系结构、功能和环境有关理论的基础上,进一步研究装备维修保障体系的运行条件、运行过程和运行机制,可以从体系的动态性和静态性的结合上,加深对装备维修保障体系活动规律的认识。

一、装备维修保障体系的运行条件

装备维修保障体系的运行,是体系为实现其功能所进行输入、输出和内部转换的过程。体系需要接受环境的输入,有了输入才存在内部转换的对象,产生转换过程,完成了转换后,产生输出并作用于环境,体现体系的功能。因此,装备维修保障体系运行的首要条件,必须不间断地与外部进行物质、能量和信息资源的交换。体系的启动必须输入装备保障需求信息,装备的类型、数量、技术状况和维修保障需求是确定体系投入运行的人力、物力、财力的基本依据,也是确定实施装备保障的起始条件。体系运行中,每个环节和每一时刻都离不开信息的流动和交换,否则体系运行就会失去控制甚至停滞。未来信息化战争的装备维修保障,各种保障资源的需求量和消耗量大、时效性强。输入体系的各种资源,经过体系内部的运作过程,转化为现实的装备维修保障力。

装备维修保障体系实现内部转换,必须依赖于体系内部的协调运作,因此,装备维修保障体系运行的第二个条件,是体系内部相协调,即体系的结构、功能、体制必须与体系要达到的总目标和各项具体目标互相匹配和协调一致。其中,体系结构要素中的人员要素,是体系运行的主体,人员要素条件是保证体系运行的关键。凡参与运行的装备维修保障体系人员,必须按照体系的体制编制进行合理配置,并具备与其岗位职责相适应的素质和能力,其个体行为和群体行为的表现必须满足体系行为规范的要求,行为的结果必须保证体系运行目标的实现。

另外,装备维修保障体系的运行,还必须是体系与环境相互作用并与环境相适应。一个体系只能在与环境的相互作用过程中才能体现其功能。就像一件武器，当它闲置不用时，是无所谓功能的，只有当它投入战斗中，它的潜在功能才能转化为现实的功能。因此，装备维修保障体系的运行，必须是体系与环境相互作用并与环境相适应。装备维修保障体系的外部环境时刻处于变化之中，为了保证体系的有效运行，体系全体成员尤其是各级领导干部，必须时刻关注体系的环境的各种变化，审时度势，加强预测，采取适应环境变化的针对性措施，努力改善体系运行条件，主动应对。当前，智能化战争浪潮正在引发战场环境的重大变化，我国社会主义市场经济的发展也对装备维修保障体系人力、物力、财力的运作产生深刻影响。装备维修保障体系运行应该如何适应这些深刻变化，是体系发展建设面临的重要问题。

二、装备维修保障体系的运行过程

装备维修保障体系的运行过程，是从接受环境信息开始，直到输出环境所需要的保障行为为止的全过程。其中包括体系接受环境信息、指挥管理、保障作业、质量控制等活动过程。这些活动过程可以概括为两个基本过程，即技术过程和指挥管理过程。装备维修保障是技术过程和指挥管理过程的辩证统一。

装备维修保障体系运行的技术过程，是指对装备维修保障、装备维修保障教育训练和装备维修保障科学技术研究等功能活动采取技术性措施的过程，是装备维修保障最直接、最具体的实践活动。

装备维修保障体系运行的指挥管理过程，是指各级装备维修保障部门和功能管理机构，为实现体系运行的总目标和各子体系运行的具体目标而实施指挥管理活动的过程。装备维修保障指挥管理的基本内容包括计划、组织、指挥、协调和控制。指挥管理过程的核心是体系运行的最优化问题，即以最少的投入获得最佳的运行效益。

装备维修保障体系运行的最终目标，就是通过装备的合理调配和正确使用与维修，最大限度地满足部队对装备种类、数量的需求，并保持与恢复装备的完好并处于随时可用状态。在装备维修保障体系运行的过程中，对最终目标起直接作用的是装备维修保障体系运行的技术过程。但是，技术过程如果离开计划、组织、指挥、协调和控制，即离开指挥管理过程，就不能正常进行。技术过程是指挥管理过程的基础，是指挥管理过程的工作内容和对象，对指挥管理过程有决定的作用；指挥管理过程是技术过程形式、目的和意志的体现，是技术过程的"上层建筑"，对技术过程有能动作用。这两个过程互相依存，缺一不可，有机结合成为一个统一整体，构成了装备维修保障体系运行的基本过程。指挥管理过程与技术过程的辩证统一，是装备维修保障的基本特征。

装备维修保障体系运行的技术过程,随着装备的发展和维修保障需求的变化,处于不断发展变化的状态。装备维修保障体系的运行,指挥管理过程与技术过程互相适应的情况是相对的,不适应的情况是绝对的。指挥管理者的任务就是要根据技术过程的发展变化,相应改革和完善指挥管理过程,使其与技术过程相适应。只有技术过程和指挥管理过程两个车轮同时协调运转,装备维修保障能力才能不断提高。

三、装备维修保障体系的运行机制

装备维修保障体系的运行机制,是指体系在趋向目标的运行过程中,各组成部分和各要素之间的相互联系、相互作用的机理。运行机制对体系的运行效益有重大影响。下面重点阐述装备维修保障体系运行的调控机制、评价监督机制和激励约束机制。

（一）调控机制

装备维修保障体系在运行过程中,由于内部和外部因素的变化和综合影响,经常会产生各种偏差和问题,调控机制就是针对运行中出现的这种情况,适时地对运行过程进行调节和控制的功能活动,以保证体系按照既定目标稳定有序地运行。

信息是进行调控的依据和前提。构建装备维修保障体系的指挥管理信息体系,是体系运用调控机制的基础。装备保障指挥管理信息体系是采用先进的信息化技术,为体系运行过程调控及时提供准确有效的信息,并按照调控的要求进行信息处理、传输和反馈。

调节机制就是在装备维修保障体系运行过程中,对体系内部和外部的各组成部分、要素和环节之间出现的不协调现象和问题进行调整和化解。特别是在战时装备维修保障中,要依据战场形势的变化和作战指挥员的指示,迅速调配装备,调整装备维修保障力量部署,组织战伤装备的抢救和抢修。要灵活运用计划调节、随机调节、领导调节和协商调节等形式,及时排除干扰,化解矛盾,使装备维修保障体系保持协调运行。

控制机制就是在装备维修保障体系运行过程中,及时获取反馈信息,与运行目标进行比较,确定出现的偏差,分析产生偏差的原因,当偏差超过允许范围时,灵活运用预先控制、监督控制和反馈控制等控制机制,及时纠正偏差,保证体系沿着正确方向运行。为了实现有效控制,必须建立科学的控制体系。现代化自动控制体系是一个闭合的监督反馈体系,包括监督和控制两条基本线路和一个控制中心。

（二）评价监督机制

装备维修保障体系运行的评价和监督,是对体系运行过程和效果进行全面的估计、检查、测试、分析和评审的方法和制度。运用评价监督机制的核心是建立运行目标的评价指标体系和运行过程的检查监督制度。

装备维修保障体系的运行具有军事和经济双重效益,必须对体系运行进行严格的检查监督。决策的失误、运行的失调和环节的疏漏,都将对作战任务的完成和保障资源消耗产生严重影响。因此,要强化体系运行的监督职能,健全监督制度,特别是对运行过程的质量监督和经济性监督,应作为检查监督的重点。

（三）激励约束机制

装备维修保障体系运行的激励机制,是激发装备保障人员的自觉性、积极性和创造性的有效手段。运用激励机制,通过对装备保障组织机构或个人的利益需求的正确引导,可以对体系运行产生强大的驱动力。激励有精神的和物质的两种方式,在实践中应该把两者结合起来。精神激励主要是通过思想政治工作,实行表彰和奖励,以增强装备保障人员的责任感、荣誉感和成就感。物质奖励主要是提高物质生活待遇,改善工作和生活条件。

在装备维修保障体系运行中,约束机制是通过适当的行政和技术管理手段,限制或制止影响体系有序运行的消极因素和短期行为。无论是技术过程还是指挥管理过程,装备保障人员受各种消极因素的影响,会出现行为差错,导致严重后果。因此,必须将装备维修保障人员的行为限制在体系运行许可的范围之内。运用约束机制：首先是要加强教育,培养高尚的思想品德和优良的维护作风,提高装备维修保障人员的自我约束能力；其次是运用条令条例和装备维修保障法规进行强制性约束；第三是通过专业训练和实践锻炼,养成正确的操作行为和良好的工作习惯。

激励机制和约束机制是相辅相成和交替并用的行为管理机制。基于装备维修保障体系运行过程的复杂性和环境的艰苦性,运用激励约束机制,是装备维修保障体系有效运行的有力保证。

第五节　装备维修保障体系发展趋势

随着人类战争形态由机械化战争向信息化、智能化战争的转变,装备维修保障体系也在不断调整、更新。考察并分析装备维修保障体系的发展趋势,对于确立我军装备维修保障体系建设的目标和途径具有重要的现实意义。从世界各国军队装备维修保障体系改革情况来看,主要有以下发展趋势：

一、组织结构更加优化合理

适应军队转型需求,各国军队普遍重视装备维修保障组织结构的优化,以达到全面提高装备维修保障效能的目的,并使保障系统各部分的结合更加紧密,各部分的比例关系更加合理,力量编组更加灵活。

首先,在装备维修保障组织的总体结构上,通过战略、战役、战术 C^4I 系统,把各军兵种装备维修保障机构、保障装备、保障平台和所有保障力量联为一体,使其能紧密配合、协调行动,充分发挥整体保障效能。例如,美军把物质资源补给功能与运输功能完全结合为一体,构建了一个装备补给运输系统化、信息化和智能化的垂直分发系统,使保障效能大幅度提高。

其次,为了适应未来战争装备维修保障的需要,装备维修保障力量构成将进一步调整。其变化发展的趋势是:在军队整体力量中,战斗人员的比例下降,装备维修保障人员的比例上升;在装备维修保障力量的总体构成上,现役力量的比例下降,预备役和地方力量的比例上升,军队封闭型的保障体系将变为军民一体化的开放性保障体系;在军兵种装备维修保障力量的对比上,陆军保障力量的比例下降,海、空军及新增兵种保障力量的比例上升,单军种装备维修保障体系,将变成诸军种联合一体化装备维修保障体系;在装备维修保障力量所处的状态上,固定保障力量的比例下降,机动保障力量的比例上升;在装备维修保障人员中,一般技术人员的比例下降,高技术人员的比例上升;在装备维修保障资源方面,传统的低效、高耗、粗放型的保障资源比例下降,高效、低耗、集约型的保障资源比例上升。

再次,随着战争形态的变化和军队组织结构的调整,军队装备维修保障力量编组将向基地化、多功能化、模块化等更加科学、灵活实用的方向发展。基地化,就是根据军队装备维修保障工作分工越来越细,科技含量越来越高,专业技术越来越多和越来越复杂,装备维修保障训练任务越来越繁重等特点,建立各类装备维修保障训练和保障基地,统一组织全军各部队(包括地方预备役力量)的专业训练,为编组多功能的保障部(分)队准备各种"构件"。多功能化,就是根据信息化战争多军兵种联合作战的特点,改变传统的按专业组建保障部(分)队的方式,把经过基地化训练的职能单一的各种专业单元构建组合成规模、类型、保障能力各不相同的综合保障体。模块化,就是根据信息化战争战场需要,将多功能化的保障模块进行随机拼装组合或分解,"积木"形式编组并进行合成训练,以提高在各种组成方案情况下完成特定保障任务的能力。

二、力量结构更趋多元一体

随着军事技术、军事装备和战争形态的发展,军队力量结构变得更加复杂化、多元化,信息战部队、航天部队、新概念武器部队、机器人部队将成为军队重要成员。装备维修保障力量体系构成中,将增添对这些部队装备遂行保障任务的力量,其构成更加复合多元化:一是既有机械系统维修保障力量,又有信息系统维修保障力量。装备维修保障将以"硬件"平台维护和修理为基础,通过"软件"系统维护和修理,确保保障效能的有效释放。在继续加强机械系统维修保障建设,提高机械系统维修保障力量工作效率的同时,更加注重信息系统维修保障力量建设。二是既有传统装备维修保障力量,又有新式装备维修保障力量。装备维修保障体系将不仅包含有对各种传统装备维修保障的要素,还包括对各种新式装备实施维修保障的要素。在继续加强对传统装备的维修保障,确保这些装备形成并保持战斗力的同时,强化对各种新式装备的维修保障,为保障战争胜利创造条件。

信息化战争,是体系与体系的对抗,诸军兵种联合作战将成为基本的作战样式。诸军兵种装备维修保障力量的界限逐步模糊,现役、预备役和地方动员力量之间联系更加紧密,使装备维修保障力量结构更趋一体化:一是诸军兵种装备维修保障力量更趋综合一体。各兵种装备维修保障力量相互渗透、相互融合,以"联动化"的保障行动为战争胜利奠定坚实基础。此外,通过诸军种装备维修保障综合一体化形式,耦合不同军种装备维修保障力量作用,增强装备维修保障对一体化联合作战体系的适应性,将成为该领域变革的一个重要方向。二是现役力量与预备役、地方动员力量更趋综合一体。改变把预备役作为"后备力量"的传统观点,强调现役与预备役装备维修保障力量协调发展,并依托一体化的情报信息网络及指挥控制系统,实现装备维修保障情报信息共享和保障作业过程的横向一体化。此外,将军队装备维修保障力量与地方动员装备维修保障力量有机结合起来,打破原有力量结构和指挥体系框架,按照保障范围和保障重点统一部署,共同完成装备维修保障任务。例如,美军正在推广"一体化后方维修计划",即把现役和预备役部队的全般支援、基地仓库和承包商等维修力量,都置于陆军器材司令部、海军海上系统司令部和空军器材司令部的统一管理之下,统一分配和组织装备维修工作。

三、作业体系更趋层级简化

机械化战争时期,受军队组织体系层次的影响,装备维修、供应的环节较多,各级保障任务交叉重叠严重,装备维修保障体系显现"横窄纵长"状态。进入信息化战争时代,军队装备维修保障力量规模精简要求整合保障环节,信息化装备技术密集需要调整保障任务,军事信息系统又为减少保障环节提供了支撑,装备维修保障体系将逐步实现"横宽纵短"。海湾战争之后,美、俄等军队都处于信息化转型期,虽然装备维修、供应的层次环节各有不同,但从总体上看,都在传统的"三级维修保障"基础上加快向"两级维修保障"转型。在装备维修上,"基层级(小修)→中继级(中修)→基地级(大修)"三级与"现地(机场)→支援(仓库)"两级维修相结合。美国陆军在1999年对新装备试行现场级、支援级两级维修,并经过伊拉克战争的检验。现场级,由原来的基层级和直接支援级组成,采用换件修理方法;支援级,由原来的全般支援级和基地级组成,由军、战区、各军兵种维修机构和承包商按照国家或军用标准实施,承担单位必须经过资格认证。目前,两级维修体系已纳入美国《国家维修纲要》。在各军兵种中已采用三级维修的装备仍保持不变,新装备采用两级维修体系。俄军根据现代战争和新型装备的发展需要,正对传统的小、中、大修体系进行改革,以增强部队现地抢修能力为重点,逐步弱化中间环节,强化基地的综合维修能力。

四、保障制度更加科学完善

随着战争形态向信息化、智能化的发展,信息技术在军事领域的广泛运用,已经引发装备维修保障组织结构的革命性变革。装备维修保障组织结构硬件形态的变化,必将牵引相关法规制度等软件的发展,使装备维修保障体系的法规制度更加科学完善:一是装备维修保障的规模、结构和各部分组成的职能、相互关系和保障分工等发生变化,从而牵扯出许多新的问题需要相应的法规制度予以解决。例如,装备维修保障组织体系向小型化、一体化、多功能化和模块化发展,需要相应的法规制度对装备维修保障小型化的目标、一体化的程度、多功能化的要求、模块化拼装的程序和方法等有关问题进行规范,以保证装备维修保障组织体系按照多功能、快速、高效等作战需求进行模块组合。二是军队装备维修保障体系向着三军一体的方向发展,必将使军队内部的、单一的军兵种保障职能和相互关系,演变为多军兵种保障一体的职能和保障关系模式,使装备维修保障单纯按隶属关系保障,演变为隶属关系和平行关系兼有的保障。需要制定相应的法规制度,对这种新型保障运行机制所牵扯出来的一些新问题予以规范。三是智能化战争装备维修保障中,更加先进的装备维修保障指挥手段及保障作业手段的运用,必然要求形成一系列配套的制度。首先,以提高保障指挥效率为根本目的,建立系统配套的装备维修保障指挥制度,确保装备维修保障指挥的高效实施。其次,建立系统配套的智能诊断制度,使复杂的故障诊断变得简便易行。最后,建立系统配套的远程支援制度,确保远程支援这一技术性强、难度大的装备维修保障活动顺利实施。

第三章

装备维修保障训练

装备维修保障训练是指军队为提高装备维修保障人员素质和部队整体装备维修保障能力而进行的装备维修保障理论及相关专业知识教育、装备维修保障技能教练和装备维修保障演练等活动,是部队军事训练的重要组成部分,包括部队装备维修保障训练、院校装备维修保障教学、预备役装备维修保障训练等。装备维修保障训练的对象主要涵盖了担负装备维修保障任务的士兵、军官,各级保障(装备)机关,参谋机关、后勤(联勤)机关分管有关装备维修保障部门,装备维修保障部(分)队,装备维修保障训练机构,相关院校以及遂行装备维修保障任务的临时编组单位、地方支前编组单位等。装备维修保障训练是部队装备维修保障能力生成和提高的基本途径,是推进装备保障建设全面发展的重要抓手。积极开展装备维修保障训练,促进装备维修保障训练向信息化、联合化、智能化转变,是保障打赢未来战争的迫切需要。

第一节 装备维修保障训练的本质及特征

装备维修保障训练的本质是装备维修保障训练理论与实践中一个带根本性的问题,是装备维修保障训练所固有的,能够透过装备维修保障训练现象被人们所认识的,决定其性质、面貌和发展的根本属性。其基本内涵对于确立装备维修保障训练的指导思想、训练体制、训练的组织领导与管理、训练的目的和内容、程序和方法,具有重要的指导意义。随着社会的进步,科学技术的发展,以及装备的更新和作战方式方法的变革,装备维修保障的地位和作用发生了深刻的变化,对装备维修保障能力和人员素质既提出了新的要求,也赋予了装备维修保障训练以新的内涵,进而使装备维修保障训练的本质特征、分类和任务出现了新的发展与变化。全面认识与准确把握装备维修保障训练的本质与特征,对于科学把握装备维修保障训练的特点和规律,具有重要的理论和现实意义。

一、装备维修保障训练的本质

装备维修保障训练,是根据装备建设的总体要求,围绕保持、恢复和改善装备战术技术性能所采取的技术性和管理性措施的组织、计划、指挥、控制和协调等活动而进行的理论教学、技能训练和综合演练等活动。其成效关乎作战和训练任务的遂行,关乎装备发展、管理、保障等任务的完成。研究和探索装备维修保障训练的本质问题,应坚持从整体分析入手,明确其内涵,分析其要素,把握其特征,考察其地位和作用,从而认清装备维修保障训练与整个军事活动的关系、与军事训练的内在联系与区别,以及构成装备维修保障训练本质的系统结构与功能。

装备维修保障训练作为军事训练的重要组成部分,既有军事训练的一般共性,也具备其自身的本质特性。其根本目的是促进装备的发展、管理和保障建设,提高装备的科研试验、采购、管理和保障的综合效益和整体水平,进而增强信息化条件下军队装备建设水平和作战保障能力,以适应军队建设和未来战争的需要。正确地认识和理解装备维修保障训练的本质,应着重从以下几个方面来分析和把握:

(一)装备维修保障训练是装备维修保障实践的产物

装备维修保障训练作为一种特殊的社会实践活动,其产生的客观物质基础是装备维修保障实践。军队是战争的产物,武器装备是军队战斗力的基本要素。自人类出现战争和军队以来,装备就是战争的工具,装备维修与武器装备相辅相成,共同构成了军队及其战斗力的基本要素。军队作战对武器装备提出能力需求和保障需求,要求武器装备必须具有相应的战斗力和保障力。装备维修从诞生之日起就确立了其保障角色,即为装备的作战使用服务。装备发展的内在要求,作战使用需求变化的牵引作用,这种内在和外在需求的交互作用,使装备维修由一种简单的技艺性活动逐渐发展为一种技术与管理辩证统一的综合性保障活动。随着信息技术的飞速发展及其在军事领域的广泛运用,世界新军事变革加速推进,中国特色军事变革逐步深化,战斗力生成模式正在发生根本性变革。新军事变革,是以人类技术社会形态由工业社会向信息社会转型为基本动因,以高技术特别是信息技术的飞速发展为直接动力,以信息为"基因",以"系统集成"和"虚拟实践"为主要手段,把工业时代的机械化军事形态改造成信息时代的信息化军事形态的过程。其核心是把工业时代适于打机械化战争的机械化军队建设成信息时代适于打信息化战争的信息化军队。就装备维修保障领域而言,随着军事形态的发展,信息化条件下装备高速度、高强度、高消耗的作战需求,要求装备维修具有精确、高效、持续、全环境、一体化的维修保障能力,这将加剧快速增长的装备作战使用需求与装备维修保障资源有限性之间的矛盾,进一步扩大先进的装备与相对滞后的装备维修保障能力之间的不平衡,因而要求不断改善装备维修保障系统整体保障能力,提高装备维修保障综合效益。因此，为适应装备转型建设和装备作战使用的需要，必须强化装备维修保障水平，向管理要战斗力、保障力，这就要求装备维修保障训练也要与时俱进，不断适应形势发展的需要，从而使装备维修保障训练作为军事训练的重要组成部分，成为和平时期最基本的实践活动。

（二）装备维修保障训练是形成和提高装备维修保障能力的根本途径

装备维修保障是理论与实践密切结合的一种创造性活动，是一个从实践到认识，再从认识到实践不断反复的、能动的、创造性的过程。其训练水平高低与武器装备发展、管理、保障能力特别是维修保障能力的形成和提高紧密关联，进而对军队战斗力产生直接的重要影响。

首先，装备维修保障训练是检验装备可靠性、维修性和保障性的重要环节。现代装备维修理论是建立在可靠性工程、维修性工程、保障性工程、系统工程、数理统计、故障物理、故障诊断和现代管理科学等基础上的综合性工程技术应用理论。其核心内容是以可靠性为中心的维修理论（Reliability-Centered Maintenance，RCM）。该理论认为，装备的可靠性既是确定维修需求的依据，又是维修工作的归宿，维修工作必须围绕可靠性的需求来做，一切维修活动，归根结底都是为了保持、恢复装备的可靠性；可靠性、维修性和保障性（Reliability，Maintainability，Supportability，简称RMS）是武器装备的固有属性，对装备的作战能力、生存性、部署机动性、维修人力、使用和保障费用等具有重要影响；装备维修是在对装备设计特性、运行功能、故障模式和故障后果进行科学分析的基础上，运用可靠性理论、逻辑决断、数理统计等新理论、新技术、新方法确定维修的必要性、可行性和有效性，最终制定出实用、合理的维修计划或大纲，从而相对科学地指导和实施维修实践。随着以可靠性为中心的维修理论的建立，该理论在诸多领域得到了广泛应用，并不断发展。20世纪80年代以来，随着武器装备的更新换代和维修实践的深入，对装备维修规律的认识得到进一步深化。人们认识到装备维修是一种综合性的系统工程活动，是技术过程与管理过程的统一，是装备寿命周期过程的有机组成部分，从而逐步形成了全系统全寿命维修思想和全系统全寿命维修管理理论，使装备维修跃升到了一个新的发展阶段。这一新的发展阶段，迫切要求装备维修保障部门与管理者，必须具有基本的可靠性、维修性和保障性素养。素养从哪里来？显然需要从维修管理训练和维修管理实践中来。

其次，装备维修保障训练是装备发展、管理与保障工作的关键。装备维修保障训练既是装备工作的重要组成部分，同时又是各项装备维修保障工作的基础性活动，直接影响并决定着装备发展、管理和保障。随着军事形态的演变和武器装备的发展，装备维修保障力量的基本要素也日趋复杂。装备维修保障力量，通常是由人力、物力、财力、信息、技术等多个因素组成。但从根本属性上进行分析，装备维修保障力量是由实体性要素、附着性要素和运筹性要素三大类要素构成的。这些要素既相对独立,在装备维修力量的构成和运行中起着不同的作用,同时它们之间又相互联系、相互影响,并以这种联系和影响的有机结合促进着保障力的生成和提高。这种有机结合既不是各保障要素的简单相加,也不是各个要素无组织、无秩序的混沌综合,而是各个要素通过相互联系、相互作用而组织化、有序化、集成化的结果,是一种根据一定的分工和协作,按照某种规律和要求进行的有机结合。而实现装备维修保障要素的有机结合离不开科学的管理。管理是各要素发生联系的中介环节,传递着它们之间的相互作用,运筹着它们的具体活动。装备维修保障人员与经费、器材、设备、设施、技术等的联系,不是凭个人的主观愿望,而是通过一定的组织,按照明确的分工和周密的协作,通过一系列管理职能活动才能实现。经费、器材、设备、设施、技术之间,也需要通过装备维修保障(管理)人员的参与与控制下发生关系,各种技术渗透和运用到保障力量各要素及保障活动的全过程,才能发挥保障要素系统的整体功能。装备维修保障力量要素的结合过程,就是管理职能活动的过程,通过计划、组织、控制等职能来组织协调这些活动,使人尽其能、财尽其力、物尽其用,维修保障理论、技术手段发挥其应有的作用,形成装备维修保障系统的整体功能。从这个意义上说,没有装备维修保障职能活动,各种装备维修保障要素只能是潜在的保障力,只有通过管理才能将各种保障要素有机地结合在一起,成为现实的保障系统。特别是近年来,信息和信息技术广泛运用于军事领域,改变了装备维修保障的传统模式,也深刻地改变着装备维修保障力量的构成。只有通过先进的管理和信息手段对被运筹要素进行合理调度,才能改善这些要素的结合状态、运行效率和总体效能,推动装备维修保障由人力密集型向科技密集型、数量规模型向质量效能型转变。

再次,装备维修保障训练是装备维修保障由机械化向信息化转型的基础动力。现有能力是军队转型的基础,转型是形成新的作战能力的保证。当今世界,新军事变革正在更深层次、更大范围内加速发展,战争形态正在由机械化向信息化、智能化转变。军事训练转型既是新军事变革的重要组成部分,也是新军事变革深入发展的动力之一。综观世界军事史,军事训练的发展与转型总是与时代的变迁紧密联系在一起,军事技术的每一次重大变革,都会推动军事训练的创新与发展。20世纪90年代以来,以信息技术为核心的高新技术群的迅猛发展及其在军事领域的广泛运用,引起了军事训练内容、体制、方式等多方面的深刻变革。世界主要军事国家军队纷纷构建一体化的军事训练体制,不断提出新的战略设想和新的作战训练理论,普遍采用实验方法改进军事训练手段,广泛运用战争工程方法对作战进行预测,积极强化多军(兵)种联合训练,从而推动世界范围内的军事训练不断发展。进入新世纪后,为适应信息技术的迅猛发展,世界主要军事国家军队更加积极地推进军事训练的全面转型,普遍加快了军事训练转型的步伐。继美国国防部公布《训练转型战略计划》后,北约也于2003年6月宣布了其组建以来最大规模的改革计划,并相应地公布训练改革方案,其目标是打造一支互通性高、以联合为基本形式、以网络为中心的分布式军队。俄罗斯、英国、法国等许多国家,也纷纷出台了军事训练转型的计划或改革目标。不难看出,军事训练转型正在进入一个持续涌动并向深层次加速发展的新阶段。顺应这一历史潮流,我军也加快了军事训练转变的步伐。装备维修保障训练作为军事训练的重要组成部分,虽然装备维修保障特定的地位、作用、任务决定了其在训练体制、专业技术类别、特定的人员素质等方面有着特殊的要求,但在本质上与军事训练有着诸多共同之处。从普遍意义上讲,装备维修保障训练是按照军队建设的统一要求,依据军事训练的共同规律、原则和方法,结合装备维修保障系统的特点和要求组织实施的。装备维修保障训练的效果和发展方向对军队整体战斗力的形成与发展有着至关重要的影响。因此,装备维修保障训练只有服从服务于军队建设的大局,服从于军事训练方针,认真执行军事训练的共同性法规,切实遵循军事训练的基本规律,坚决完成军事训练的统一任务,努力实现军事训练的基本目标,才能保证装备维修保障训练的正确方向。从特殊意义上讲,现代战争特别是信息化和一体化战争对装备维修保障能力提出了很高的要求,因此,军事训练必须强调训练结构的整体性、训练目标的一致性和训练实施的协调性,装备维修保障训练必须与全军军事训练的发展相对同步,以此为信息化条件下联合训练打好基础,并达到提高联合作战装备保障能力的目的。与此同时,装备维修保障训练必须与全军军事训练有机结合,不仅要为装备维修任务的完成加强训练,培养装备维修保障专门人才,同时还应当在通用人才上实行统一训练,以提高军事训练的整体效益,增强联合作战在人才知识、能力等方面的融合性。从上述意义上,装备维修保障训练转型在我军由机械化向信息化转型特别是装备保障转型的历史进程中,发挥着不可或缺的作用。

(三)装备维修保障训练是具有特定要求的军事训练

装备维修保障在作战和装备保障中所具有的特殊作用,决定了装备维修保障训练是具有特定要求的军事训练,是军事训练的延伸和具体化,具有很强的针对性。装备维修保障训练紧密结合装备维修保障活动的特点和要求,有明确的目的、具体的任务以及特定的训练对象和特定的内容,并在装备维修保障系统采取特殊的方法和手段组织实施,以满足对作战任务和人才素质、能力,以及对相应知识和技能的特殊要求。装备维修保障训练的特殊性突出表现在以下几个方面:

1. 装备维修保障训练立足于特定的任务

练为战是军事训练亘古不变的法则,生成现实战斗力是军事训练的基本功能与核心价值所在。从武器装备自身发展历程看,武器装备本身有其不变的要素,其中最为基本的要素至少有五个方面,即杀伤能力、运动能力、防护能力、保障能力以及装备的指挥与控制能力(这一点在现代条件下尤为重要)。从作战能力(广义战斗力)构成的基本要素看,作战能力主要由杀伤力、机动力、防护力、信息力、指挥控制力、保障力等构成。只是在不同的时代里,它们各自在作战能力系统中的地位体现有所不同。杀伤力、机动力、防护力、信息力、指挥控制力、保障力之间,是互相联系、互相依存、缺一不可的。从战争实践来看,任何一种基本能力的弱化,都将直接影响军队整体作战功能。战争与装备维修保障之间存在着密不可分的关系,这种关系主要通过装备维修保障的作用体现出来。人类社会进入工业社会以来,各种先进武器大量装备部队,维护、保养、维修枪械、火炮等武器装备的技术要求越来越高,有些内容已经远远超出使用部队的能力范围,必须由专业化的武器装备修理单位和工厂来完成。由此,军队对武器装备的保障日益重要,地位更加突出,从而使武器装备保障成为保障力中的一个重要组成部分。进入21世纪,由各种现代武器装备支撑的现代战争,无论从气势和规模看,还是从强度和深度看,同以往战争相比,都不可同日而语,现代战争规模更加庞大复杂,对装备保障的依赖越来越大,对武器装备保障力的要求越来越高。军队作战能力能否发挥到最佳状态,在很大程度上取决于各种保障是否到位,保障力直接影响到整体作战能力的发挥。从这个意义上讲,如果说装备维修保障训练的直接目的和任务是提高装备保障力的话,其根本目的和任务则在于保障作战能力的有效发挥。

2. 装备维修保障训练作用于特定的装备维修保障系统与新型军事体系的有机融合

从外部环境和内部需求看,当前和今后一个时期我军装备维修保障训练面临的最直接、最严峻的挑战,是由世界性的新军事变革加速发展带来的。这场新军事变革,萌发于越南战争后期,在马岛战争中初露端倪,在海湾战争中出现转折。经过多年的发展,特别是科索沃战争、阿富汗战争、伊拉克战争和叙利亚战争等几场高技术局部战争的推动下,新军事变革正在进入一个新的质变阶段,很可能发展成为一场波及全球、波及所有军事领域的深刻的军事革命,最终形成以信息化为基本特征的新军事体系。世界各主要国家军队为适应新军事变革的发展,明显加快信息化建设步伐,军队的武器装备、组织形式、指挥手段和作战方式等已经并正在发生着重大变化,牵引和推动着包括装备维修保障训练体系在内的军事体系建设产生根本性变革。应对这一挑战,进入新世纪以来,作为军事训练的重要组成部分,在装备维修保障领域,我军也相应提出了逐步构建理论先进、机制完善、内容全面、方法科学、法规健全、保障有力的信息化条件下装备维修保障训练科学体系的战略目标。当前和今后一个时期,武器装备更新换代的步伐逐步加快,大批高新技术含量较高的新型武器装备相继列装部队,但多代并存、机械化装备与信息化装备并存的局面短期内难以有根本性的改观。针对这一现实,迫切需要深化信息化条件下装备维修保障训练体系建设的基础性、整体性研究,从宏观视角把握信息化条件下装备维修保障训练体系及其建设的特点和规律,增强决策的科学性;从微观视角深层次把握信息技术推动装备维修保障训练体系演化的作用机理,提高结论的普适性;从反思的视角把握外来经验的特点与利弊,增强成果的可移植性;从认识层面解决信息化条件下装备维修保障训练体系建设"应该如何"的问题,从实践层面强化信息化条件下装备保障训练体系建设"怎样如何"的问题,从知行合一的融合上解决装备维修保障训练领域研究中存在的"实践情结"有余、"学术情结"不足,"物化研究"有余、"人化研究"不足等问题,从而加快装备体系成系统、成建制形成战斗力、保障力步伐。

3. 装备维修保障训练具有特定的训练对象与目标

装备维修保障训练的目的是培养装备维修保障人才,锻造一支满足形势发展需要的装备维修保障人才方阵。当今时代,人才的重要性更加凸显,成为第一战略资源。应该说,人才培养就是立国、立军之本,更是强国、强军之举。每逢军队建设面临重大转型或调整的时期,人才培养问题总会率先进入人们视野,甚至成为关注的焦点。人才培养问题不是新课题,但在不同的历史条件下,人才问题往往与当时的时代主题密切关联,并不断被赋予新的内涵。从训练对象的角度看,装备维修保障训练以装备维修专业部(分)队、各级装备维修保障机关和院校相关教研部门与人员为特定的训练对象,包括个体训练和整体训练两大基本类别。个体训练包括军官训练和士兵训练,整体训练为建制单位训练。从训练目标看,装备维修保障训练目标是装备维修保障训练所要实现的预期结果。随着中国特色军事变革的进一步深入,我军武器装备的自主创新能力不断增强,新型武器装备不断涌现,武器装备的更新换代步伐在不断加快。武器装备整体结构在得到优化的同时,武器装备的系列化、通用化矛盾将进一步加剧,故障发生机理和模式将更趋复杂,装备维修力量将发生结构性调整,装备维修力量的信息要素、人力要素、物力要素已经并正发生着深层次变化,这一系列深刻变革将促使装备维修保障任务更加艰巨、装备维修保障时效空前提高、装备维修保障空间更加扩展、装备维修保障资源日趋多元,时代的发展在对装备维修保障提出了新的要求的同时,相应地对装备维修保障训练提出了新的要求。装备维修保障训练目标也需要适时作出及时的调整,切实提高训练对象的组织指挥和协调控制,最大限度地提高装备维修保障的整体效能,切实满足我军履行历史使命、完成和遂行多样化军事任务的需求。

4. 装备维修保障训练具有特定的训练内容

训练内容历来是训练领域最活跃的因素,因而成为训练的核心,其创新与发展影响和主导着训练方法手段、管理保障、体制机制等诸多要素的创新与发展。纵观军事训练发展史,不同时代的训练内容,无不反映着当时的战争形态和作战形式;而战争形态或作战形式的重大变革,又会很快在军队的训练内容中体现出来,装备维修保障训练同样如此。20世纪70年代特别是80年代以来,以美国为代表的世界主要军事国家普遍加大了装备维修改革的力度,引发了装备维修保障的一系列变革,装备维修保障流程得到优化、信息化管理手段得到运用、装备维修新材料及新技术得到广泛采纳。近年来,为了适应信息化战争和信息化装备发展的需要,世界主要军事国家普遍加大了装备维修的改革和技术引进力度,具体体现在战地维修任务直接外包,全面推行综合支援维修,大力推广应用基于装备状态的维修,不断改进装备故障诊断与预测技术,全面推进维修保障管理信息化、自动化,加强对装备维修保障的集中统一领导等方面。当前和今后一个时期,我军同样面临着创建信息化条件下装备维修保障训练内容体系,切实构建起与一体化联合作战特点、多样化军事任务需求相适应,与武器装备、体制编制和科学技术发展相协调,与作战条令、装备条例等法规制度建设相衔接的装备维修保障训练内容体系,回答和解决好信息化条件下装备维修保障训练"训什么"和"如何训"的问题。特殊的训练内容体系决定着特殊的训练形式和方法,装备维修保障训练有别于军事训练的其他方面,在外部形态上主要表现在训练内容、训练程序和训练方法手段上的不同。

二、装备维修保障训练的特征

装备维修保障训练特征是其训练本质的外在表现形态。分析研究装备维修保障训练的特征,既有助于加深对装备维修保障训练本质的理解,又有利于全面认识和把握装备维修保障训练规律,从而更加有效地指导和组织实施装备维修保障训练实践活动。

(一)训练目标具有指向性

作为人类实践活动之一,任何军事训练都具有指向性的特点。装备维修保障训练目的的指向性,是装备维修保障工作和军事需求对装备维修保障训练的基本要求和必然反映。装备维修保障活动使命、任务和特点,决定了装备维修保障训练在指向性方面与其他军事训练的区别,具有特定的针对性:一是训练从装备维修保障具体工作上看,不同军种、不同兵种部队和专业兵配备的武器装备各不相同,对装备维修保障的具体要求差异较大。不同的装备维修保障训练对象在掌握共同的基础知识上,最关键、最实用的是要掌握与所从事装备维修保障工作任务相适应的知识和技能。二是从军事斗争需求上看,军事斗争的对象、内容和形式各不相同,军队面临的作战任务、作战环境和作战样式各不相同。装备维修保障训练必须针对未来信息化局部战争的需要,提高装备维修保障训练内容的科技含量,突出信息化武器装备维修保障训练;针对特定的复杂战场环境,突出适应实战需要的装备维修保障训练;还要针对部队完成多样化军事任务的需要,进行非战争军事行动的装备维修保障和保障训练等。尤其是要针对一定时期内可能发生的局部战争及其特点,围绕军事斗争准备的迫切需求,突出使命性课题的装备维修保障训练,用作战任务牵引装备维修保障训练,用装备维修保障训练促进装备管理和保障的战备建设,切实解决战时装备维修保障和保障的重点、难点问题。因此,不同的装备维修保障工作和军事斗争需求的差异性,对装备维修保障训练提出了不同的具体性要求,以此确定相应的装备维修保障训练目的和训练内容,采取各种训练手段来展开和进行,才能保证装备维修训练目的与效果相统一。

(二)训练对象具有层次性

装备维修保障训练对象的层次性,是指受训对象因在军队所处岗位、担负职责和受训起点等不同,而在装备维修保障训练中表现的客观属性。装备维修保障训练对象与其他军事训练对象一样,都具有一定的层次性:一是从受训者在军队中所处的岗位上看,有武器装备(含保障装备)的维护人员,装备保障部(分)队的指挥员,各级保障机关的首长和参谋人员。二是从受训对象的组织形式和相互关系上看,有单兵(单车、单舰、单机)、分队、装备保障部队等。三是从受训人员在军队的身份上看,既有士官和士兵,也有军队的生长干部和在职军官、文职人员。事实证明,不同的装备维修保障训练对象,有不同的训练内容和训练要求,所要达到的训练水平和效果也有很大不同。因此,组织实施装备维修保障训练,必须针对不同对象设计不同的训练内容、规定不同的训练要求、安排不同的训练时间、采用不同的训练方法、按照不同的组织形式进行。

(三)训练内容具有系统性

装备维修保障训练内容的系统性,是指针对不同训练对象需要和不同训练目的要求,经过科学组织而形成有机联系、宽度和深度适宜的装备维修保障训练知识和技能体系:一是装备维修训练内容是一个由多层次构成的知识和技能体系。装备维修保障训练内容,通常由装备理论知识、作业技能练习、合成训练和综合演练,甚至在近似实战环境下的联合演习等构成的完整体系。只不过需要根据装备维修保障训练对象和任务的不同,在装备维修保障训练内容的具体选择和结构比例上有所不同。装备维修保障训练内容如果不具有系统性,训练的盲目性和随意性就会很大,就很有可能偏离甚至背离训练目的。二是组织实施装备维修保障训练,必须高度重视围绕具体训练目的选择和确立训练内容的架构。一方面,要以军事战略方针统揽装备维修保障训练,使装备维修保障训练内容与训练目标相统一,与训练的指导和规划相协调,符合军事战略方针的要求。另一方面,要加强顶层设计,依据条令、条例、训练大纲等法规,严格规范装备维修保障训练各项内容,坚持依法治训、按纲施训,保证装备维修保障训练内容的落实。同时,应当按照装备维修保障训练内容的需要,选择相应的训练组织实施方式和方法,加强训练领导,强化训练管理,确保装备维修保障训练内容与训练效果的统一。

(四)训练组织具有科学性

装备维修保障训练组织的科学性,是指严格按照装备维修保障训练的规律办事,用科学的领导方法、科学的训练理论、科学的管理形式来组织训练,实现训练决策、组织协调、计划管理、统计分析、考核评估的科学化。一方面,装备维修保障训练组织的科学性,是军事训练内在规律性的客观反映,是推动装备维修保障训练健康、稳定发展的关键因素。在信息化战争条件下,装备维修保障训练的内容复杂、技术含量高、施训难度大、训练过程长,需要运用高超的组织领导艺术、科学合理的教练方法、先进适用的训练手段,才能取得预期的训练效果。另一方面,装备维修保障训练组织的科学性,需要提高装备维修保障训练组织领导的科学化水平。在教法、学法、练法、演法、考法等各个方面,既要符合装备维修保障训练的客观实际和受训者的认识规律,又要符合装备维修保障和保障等技能的形成规律,使装备维修保障训练的每项内容、每个环节、每个步骤、每个行动,都有科学的依据、严格的标准、合理的做法,力避盲目性和随意性。同时,必须坚持科技主导,努力把最新的科技成果和管理理论运用到装备维修保障训练中去,大力发展基地化、模拟化、网络化和院校化的训练,充分运用现代装备维修保障训练技术手段,增强装备维修保障训练效果,以装备维修保障训练科学技术的进步,不断推动装备维修保障训练水平的全面提高。

(五)训练实施具有渐进性

装备维修保障训练实施的渐进性,是指装备维修保障训练需要遵循由易到难、由简到繁、由低到高、由浅到深的规律,有计划、有步骤地组织实施。装备维修保障训练是一项能力生成和转移的实践活动,不仅对象众多、内容各异,而且构成复杂、组织困难,只有按照循序渐进的认识与实践规律,才能达到预期目的。一是反映在装备维修保障训练内容上,就是按照由基础到应用,由原理、构造到试验、采购和使用,由维护和技术到战术、战役乃至战略装备保障研究和演练,由初级课目到高级课目进行优化组合,形成科学合理的内容体系,使受训者逐渐扩展有关装备维修保障和保障的知识和技能。二是反映在装备维修保障训练规模上,就是按照由单项、单兵、单件装备的训练,到各级装备保障建制单位直至诸军兵种保障部(分)队的联合训练,成梯次逐级扩大。三是反映在装备维修保障训练过程上,就是从基础训练、分队合练到综合演练,依次递进,连贯实施,从而不断巩固和提高受训者的知识和技能,形成管理保障能力,进而巩固和提高部队的整体战斗力。

（六）训练过程具有周期性

装备维修保障训练表现为一种周期性的反复进行的实践活动。一方面，装备维修保障训练是"理论知识—技能—高科技知识—新技能"的周期上升过程。随着军事高科技和新型武器装备的发展，装备维修保障训练的任务、内容和手段不断演变，形成了由知识向技能、由低级向高级螺旋式周期递进的过程。另一方面，装备维修保障训练的新知识和高技术含量大，客观需要一个不断反复学习的过程。受训者对装备原理、构造和维护知识的掌握，组织和实施装备维修保障和保障技能的获得，全系统、全寿命装备维修保障能力和综合保障能力的形成，都不是一蹴而就，往往需要经过多次反复和长期积累，才能不断地得到巩固和提高。尤其是信息化条件下作战行动快速、紧张激烈、战场环境恶劣，而且装备复杂，保障难度大，管理要求高，对装备的维护人员以及担负装备维修保障和保障任务的指挥员和保障人员的智能、技能、体能、心理等要求高。因此，受训对象只有经过反复的刻苦磨炼，尤其是在艰苦复杂的环境中反复摔打，才能真正熟悉军事装备基础理论知识和装备维修保障理论知识，更好地掌握装备维修技能，以及组织实施装备维修保障的基本技能。此外，由于军队装备维修保障工作系统人员和部队人员的流动性更替、武器装备换装更新的影响，也要求装备维修保障训练要周期性地反复进行，以保证军队始终保持良好的装备维修保障水平和能力。

第二节　装备维修保障训练的基本原则

装备维修保障训练的基本原则，是组织装备维修保障训练总体上必须遵循的基本准则和要求，是装备维修保障训练指导思想在实际指导活动中的具体化。从全局性、方向性和长期性的重要作用来看，装备维修保障训练应以新时期军事战略方针为依据，以保障打赢信息化条件下一体化联合作战为目标，坚持以观念更新为前提，以改革创新为动力，加强科学谋划，注重协调发展，发展训练手段，创新训练方法，完善训练内容，不断提高装备维修保障能力。

一、强化观念更新

观念，是引领装备维修保障训练的灵魂。先悟者明，先算者胜。转型期的装备维修保障训练，离不开思想观念的更新。受思维方式的习惯性、知识水平的陈旧性、固有经验的局限性、探索创新的风险性等影响，人们往往会用传统的价值观念和标准，审视新思想新事物，束缚自己手脚，影响创新发展。因此，组织实施装备维修保障训练首要的是思想观念的转变，一定意义上，其更新的程度和范围，决定着装备维修保障训练的深度和广度。传统观念是在长期实践经验基础上积累形成的,打破一个旧观念往往比建立一个新观念更困难,必须勇于挑战自我、否定自我,进而战胜自我。观念更新更是一个长期复杂的过程,与装备维修保障实践互为作用。观念引领实践,实践催生观念,二者只有在多次碰撞、反复互动中不断升华,才能推动装备维修保障训练不断实现新的提升和飞跃。在可以预见的将来,随着外部条件的变化和我军军事变革的深化发展,我军面临的新形势新任务新环境对装备维修保障训练会不断提出新的更高的要求。组织实施装备维修保障训练,必须进一步强化与时代相适应的新观念。

（一）确立新的"战争预实践观"

"一流军队设计战争,二流军队应付战争,三流军队尾随战争"。海湾战争以来,世界主要军事强国普遍把军事训练作为战争的"预实践",通过军事训练进行充分的战争设计和演示论证,按照"预实践"论证的战争样式和行动方法来打仗,而且以绝对优势取得胜利。如越南战争后,美军提出了"空地一体作战""非对称、非接触、非线式作战""快速决定性作战""震慑作战"等新的作战构想,并以此为指导进行了三次训练转型,通过训练转型带动军队全面建设转型。美军在海湾战争、科索沃战争、阿富汗战争和伊拉克战争中取得的胜利,就是训练转型和军队建设转型成果的直接体现。实践证明,通过军事训练"预实践"来主导和打赢未来战争,已成为新军事变革的发展趋势。这种趋势的主观动因是战争谋划思维的根本性转变,即由"仗怎么打,兵就怎么练"转变为"兵怎么练,仗就怎么打"。因此,必须确立战争预实践的观念,加强装备维修保障理论和训练实践创新,使装备维修保障训练真正成为未来战争的预实践,力求做到"兵怎么练,仗就怎么打",在富有创新的预实践中取得装备维修保障训练的成功。

（二）全面树立"信息主导观"

现代作战,信息是核心要素,是其他作战要素的融合剂,制信息权已成为战争制高点。曾任美军参谋长联席会议副主席的比尔·欧文斯曾经指出,新一代军官能否成功,美国能否成功,取决于这些军官能否更好地认识,更彻底地理解信息时代,取决于他们能否果断摆脱工业时代陈规俗套的束缚。在装备维修保障训练实践中,信息同样也处于主导地位。一方面,信息系统是装备维修保障训练的技术支撑平台,通过信息系统才能使各种武器和作战系统与保障装备实现联通和融合;另一方面,信息资源已成为装备维修保障训练实施的基本保证。因此,必须强化信息主导的观念。把信息知识、信息系统应用技能、信息战理论作为装备维修保障训练的基础内容,全面提高官兵的信息素质;把信息优势的发挥、信息系统的运用、信息处理的速度和信息素质的高低,作为衡量训练质量的重要指标,促进装备维修保障训练从内容到质量标准向信息化条件下装备维修保障训练转变。

(三）切实落实"复合发展观"

开展信息化条件下装备维修保障训练,并不是对机械化条件下装备维修保障训练的全盘否定,而是继承和发展,二者不可能截然分割。机械化条件下装备维修保障训练的部分内容和方法等在信息化条件下仍然适用,只不过在主要内容、组织形式、质量标准和保障模式等方面有着特定的更高的要求。因此,组织装备维修保障训练的过程,也是一个推进装备维修保障训练向信息化条件下转变的过程。在这一过程中,要坚持循序渐进、复合发展,既要抓好机械化条件下装备维修保障训练,为向信息化条件下装备维修保障训练转变打牢基础;又要加强改革创新,加快向信息化条件下维修保障训练转变的步伐。

(四）确立新的"训练指导观"

转型期组织实施装备维修保障训练,在指导上要求更加强调宏观调控,更加注重精细管理,更加依赖信息技术,更加追求快捷高效。这就要求在组织装备维修保障训练的进程中,必须摆脱条块分割、自成体系、政出多门、各自为战的羁绊,进一步确立一体设计、上下贯通、左右协调、整体推进的大训练理念;必须克服传统意义上不同程度存在的组织方式复杂繁琐、兴师动众、成本高效益低等弊端,探索信息化条件下简便灵活、远程多方、集约高效的新型组织方式;必须改造以人力控制、手工操作为主的粗放式管理模式,实现统一性、针对性和灵活性的有机结合,推动装备维修保障训练向科学化、标准化、精细化发展。

(五）确立新的"能力生成观"

机械化条件下,生成整体装备维修保障能力强调诸军兵种建制单位的逐级合成;信息化条件下,生成整体维修保障能力更加强调保障要素、保障单元和保障体系的高度融合。当前和今后一个时期,组织实施装备维修保障训练,核心是信息主导,关键是体系融合。确立新的能力生成观,必须从根本上冲破观念壁垒、体制壁垒、技术壁垒,以统一的信息系统为支撑,将分散独立的保障要素、保障单元融合起来;以作战需求为牵引,探索组建带有实验性质的综合保障分队,把诸军兵种保障力量融合起来;以联保联训为主线,将各军兵种、各层次、诸要素训练融合起来;以形成和提升联合行动保障能力为目标,积极探索军政、军民联合训练的有效途径和方法,将政军民力量和资源融合起来,逐步形成一体化的大联合保障体系,为实现训练由量变到质变的信息化跨越夯实基础。

二、注重科学谋划

装备维修保障训练实践离不开科学谋划,必须根据机械化信息化双重历史任务落实的实际进程和发展水平,在新的更高的起点上谋划装备维修保障训练。

（一）瞄准制高点

实现军事训练水平与中国特色军事变革、军队信息化建设进程相适应，与完成军事斗争准备、应对多种安全威胁相适应，是站在时代发展的高度，着眼履行历史使命，对军事训练提出的新要求，是军事训练必须瞄准的"制高点"，同样是作为军事训练重要组成部分的装备维修保障训练需要瞄准的"制高点"。组织装备维修保障训练，必须全面审视和理性设计，从宏观上制定出切实可行的战略发展规划，才能保证装备维修保障训练方向正确、思路清晰、操作性强。要突出宏观设计的前瞻性，着眼世界新军事变革大势，把握信息化建设的可能发展，对装备维修保障训练进行超前设计。要突出宏观设计的针对性，着眼打赢信息化条件下局部战争和应对多种安全威胁，逐步构建信息化条件下装备维修保障训练体系，积极推进装备维修保障训练向信息化方向健康发展。要突出宏观设计的可操作性，以顶层设计统揽装备维修保障训练行动，以分层设计细化转变的任务、目标与要求，确保宏观设计落实到具体实践中。要突出宏观设计的科学性，把机关的谋划设计与专家的研究论证结合起来，把部队的实践探索与院校、科研、生产单位的理论和技术创新结合起来，从而为装备维修保障训练提供系统规范的发展依据。

（二）找准切入点

练为战是装备维修保障训练永恒的主题。随着信息技术的迅猛发展，武器装备信息化步伐的加快，未来战场空间更加复杂，电磁环境更加恶劣，陆海空天电"五维一体化"的趋势更加明显。开展实战背景下的装备维修保障训练，既是装备维修保障训练的突破口，也是促使装备维修保障训练尽快进入实践的具体举措。组织装备维修保障训练，要把实战背景下的综合保障演练作为切入点和抓手，进一步弄清"实战"背景下装备维修保障训练"是什么""训什么""怎么训"等问题，以复杂环境下维修保障为重点，以多样化军事任务课题为载体，广泛开展适应性、研究性、对抗性、检验性训练，推动信息化条件下装备维修保障训练理论、内容、方法手段、保障条件不断创新，以局部突破带动整体发展。要坚持一切训练活动都紧密联系使命任务，紧紧围绕提高实战装备维修保障能力设置训练课题、安排训练内容、创造训练环境，切实提高保障机关和装备维修保障部（分）队的谋略水平、提高装备维修保障的组织指挥能力和在严峻战场环境条件下的维修保障能力。贴近实战的原则，是训练目的与训练效果高度统一的结果，是装备维修保障训练的基本要求。

（三）抓住关节点

在人类社会由工业社会向信息时代深化发展的过程中，科学技术的迅猛发展不仅深刻改变着战斗力生成模式，促使基于信息系统的体系作战能力成为战斗力的基本形态，而且也在深刻改变着装备维修保障能力生成模式，使人的科技素质特别是信息素质具有更加重要的意义。组织实施装备维修保障训练，必须坚持科技兴训，依靠科技进步特别是信息技术的进步，促进装备维修保障能力的转变和提升。必须坚持信息主导，确立新的保障能力标准，把装备维修保障训练的基点，从传统的以保障机械化装备为主逐步转到以信息化武器装备为主上来。必须突出维修保障这个重点，加强经常性的装备维修保障训练，形成与作战需求和完成多样化军事任务相适应的装备维修保障能力。必须强化联合训练，进一步走好跨军兵种联通联动联演之路，探索生成和提升装备维修保障能力的新方法。

三、保持协调发展

作为军事训练的重要组成部分，装备维修保障训练是与军队现代化发展全局紧密相连且庞大复杂的系统工程，不仅与中国特色军事变革、履行新的历史使命、军队全面建设等各个领域具有广泛而深刻的联系，而且装备维修保障训练系统内部各个要素、各个层次相互依存、相互制约。因此，开展装备维修保障训练，必须遵循装备维修保障训练发展的客观规律，站在时代发展的大背景下把握装备维修保障训练的内外关系。

（一）正确把握军事训练转变与装备维修保障训练的关系

当前，世界主要军事强国都高度重视军事训练转变，普遍把军事训练转变作为军队转型的重要举措，世界性的军事训练转变浪潮席卷寰宇、不可逆转，当代中国军事训练转变风起云涌、势不可当。一方面，军事训练转变的进程加快，不断给装备维修保障训练提出新的要求，装备维修保障训练必须紧紧围绕军事训练转变的大目标，确立转变的具体目标、任务和要求，保证转变方向的一致性，并适时将军事训练成果渗透到装备维修保障训练之中，优化装备维修保障训练体系诸要素，提高装备维修保障训练效益；另一方面，装备维修保障训练作为军事训练全局中的因素之一，也是推动军事训练转变深入发展的重要动力，其转变的成效与步伐，将在全局上影响和制约着军事训练转变的进程。要充分发挥装备维修保障训练对军事训练转变的促进作用，把装备维修保障训练作为检验创新理论、论证体制编制、验证武器装备效能、锻造新型军事人才的基本平台，在训练的"实验室"中，提出转变需求、检验转变成果、寻求转变对策、校正转变方向，不断为军事训练转变乃至中国特色军事变革的深入发展注入新的活力。

（二）正确把握装备维修保障训练与履行使命任务的关系

装备维修保障训练只有在转变中主动适应形势和任务的发展变化，才能紧跟时代要求，始终保持与使命任务相一致的目标指向，获得不竭的发展动力。近年来的实践证明，开展装备维修保障训练，只有着眼有效履行我军历史使命，以形成信息化条件下核心装备维修保障能力为出发点和落脚点，不断拓宽训练领域，拓展训练内容，突出抓好使命课题训练，重视非战争军事行动任务的保障训练，才能使训练水平基本满足应对多种安全威胁、完成多样化军事任务的需要。当前和今后一个时期,大国博弈更加激烈、军事形势更加复杂,可预见、不可预见的因素同时存在,一定程度上增加了装备维修保障训练的困难。这就要求组织实施装备维修保障训练必须超前设计、留有余地、机动灵活、协调推进。

（三）正确把握装备维修保障训练内部诸要素的关系

装备维修保障训练是一个内部结构复杂但又联系紧密的整体,某一要素、某一层次的发展滞后,必然会不同程度地影响装备维修保障训练的整体推进。在装备维修保障训练的实践中,必须统筹处理好训练领域各方面的关系:一是统筹主要战略方向与其他战略方向的关系。坚持以军事斗争准备为龙头,重点方向重点保障、急需方向先行保障的原则,集中保障力量和资源突出抓好担负主要作战任务部队的装备维修保障训练,同时重视其他方向部队和遂行非战争军事行动、完成多样化军事任务装备维修保障能力的提升。二是统筹战略战役、合同战术训练与技术战术基础训练。战略战役训练要突出装备维修保障体系的构建、维修保障力量的动员、维修保障力量编组及指挥与协同;合同战术训练要突出维修保障单元、维修保障要素的内部集成训练;技术战术基础训练要把最需要最实用的基本能力练好练精练过硬,实现各层次训练的有机衔接。三是统筹院校教育与训练。院校教育是人才培养的主渠道,重在系统学习知识;部队训练是培养人才的实践课堂,重在形成实践能力。要整合院校教育与部队训练的资源,以部队训练需求牵引院校教育改革,以院校教育发展推动部队训练创新,做到资源共享、优势互补、合力育人。四是统筹各军兵种训练与联合训练。各军兵种训练是联合训练的基础,联合训练是有机融合诸军兵种保障能力的高级训练形式。军兵种要把联合作战装备维修保障的基本知识、基本技能渗透到训练全过程,突出军兵种间的相互通联、支援等内容,为联合训练夯实基础;联合训练要充分考虑军兵种训练的特殊性,加强联合专项训练、联合实兵演练,努力提高部队的联合保障能力。

（四）正确把握和处理稳妥推进与跨越发展的关系

有什么条件打什么仗、练什么保障,是我军优良传统,也是装备维修保障训练亘古不变的基本法则。随着武器装备持续更新,装备维修保障训练投入不断加大,装备维修保障训练条件逐步改善,为装备维修保障训练奠定了一定的基础。但同时也应该清醒地看到,我军机械化建设尚未完成,信息化建设初步展开,部队武器装备多代并存、保障资源自成体系、官兵科技素质高低不一、装备维修保障训练起点参差不齐的局面将长期存在。面对我军装备维修保障训练的现状和客观条件,必须立足实际,循序渐进,分步实施,切实把装备维修保障训练的指导建立在国情、军情和部队现实基础上。既要认清目标、坚定信心、不等不靠、大胆实践,又要防止好高骛远、一哄而上、盲目蛮干、急于求成,力求装备维修保障训练的总体要求与部队实际相统一,长远目标与现实需求相统一,稳步推进与适时跃升相统一,确保装备维修保障训练健康发展。

四、突出改革创新

改革创新是装备维修保障训练的动力。装备维修保障训练作为一个不断开拓、动态发展的实践过程,在缺乏战争检验和实战锻炼的情况下,更需要我们以过人的勇气、创新的思维、科学的方法去攻坚克难,推进改革。

（一）强化改革创新意识

创新是开展装备维修保障训练的灵魂。人类社会发展的历史已经并将继续证明,实践发展永无止境,认识真理永无止境,理论创新永无止境。装备维修保障训练作为装备保障领域的重要实践活动,组织装备维修保障训练同样需要解放思想、实事求是、与时俱进,勇于变革、勇于创新,永不僵化、永不停滞。强烈的创新意识是开展装备维修保障训练的动力源泉,只有将积极创新的根真正植于广大官兵思想深处,才能使创新的源头永不枯竭。要教育训练广大官兵解放思想,鼓励广大官兵积极探索,启发广大官兵敢于质疑,引导广大官兵大胆扬弃,使广大官兵始终以发散的思维、开放的心态,拓宽视野,把握趋势,在思维变革中强化创新意识,紧紧抓住装备维修保障训练中存在的突出矛盾,善于用前瞻的思维方式思考和分析,敢于在超常的思路中寻求方法和对策,在解决问题中强化创新意识,坚持用历史的、辩证的、发展的眼光,从不同的角度和层面对现有成果进行大胆扬弃,在推陈出新中强化创新意识。

（二）营造创新环境氛围

改革需要氛围,创新需要环境。历史充分证明,重大的发明创新离不开特定的环境氛围。有关研究显示,人的创新潜质在缺乏激发时,只能发挥20%左右,而在良好的环境激发下,可发挥到80%左右。《孙子兵法》萌生于百家争鸣的文化环境,《战争论》诞生于近代西方启蒙思想文化的兴起之中。实践一次又一次表明,适宜的环境氛围是焕发创造激情、激发原创动力的良田沃土。组织装备维修保障训练,同样需要把营造环境氛围作为一项重要任务,为创新提供条件。要发扬军事民主,倡导"百花齐放",鼓励后装保障战线的广大官兵积极研究训练创新问题,为装备维修保障训练建言献策,营造"激励创新、宽容失败"的文化环境;要积极创造条件,通过制定政策、完善制度、增加投入、改善条件,为官兵的创新活动提供必要的政策支持和物质基础;要坚持以人为本,尊重知识、尊重人才,把部队的创新需求与官兵的成才愿望结合起来,广泛交流人才,合理使用人才,力求人尽其才、才尽其用,使广大官兵的创新欲望和创造活力竞相迸发、充分涌现,只有这样,才能真正把蕴藏在广大官兵中的积极性和创造力充分调动起来、有效发挥出来。

（三）规范改革创新秩序

适应世界军事发展新趋势和我国发展新要求，推进军事理论、军事技术、军事组织、军事管理创新，持续调整改革军队体制编制和政策制度，逐步形成一整套既有中国特色又符合现代军队建设规律的科学的组织模式、制度安排和运作方式，是当前和今后一个时期我军建设的重要战略任务。组织装备维修保障训练，深化装备维修保障训练领域的改革创新，同样需要有效的管理方法以及科学的组织模式、制度安排和运作方式。如果缺乏有效的管理，盲目创新、重复创新、随意创新，势必导致创新方向的偏移，训练资源的浪费，必然影响转变进程的加快。规范改革创新秩序，要按照"理论创新、试点先行、推广运用、形成能力"的基本思路组织装备维修保障训练改革。要规范改革决策机制，组织维修保障训练改革必须进行需求分析、理论准备、专家咨询、综合论证；要规范过程管理机制，运用科学的、量化的方法管理改革，重大改革项目应指定试点单位进行，集中首长、机关、院校和科研机构的集体智慧，解决重点难点问题；要规范成果转化机制，把经过实践检验切实可行的改革创新成果，及时纳入维修保障训练法规，适时进行普及推广。

（四）倡导求真务实作风

求真务实是科学发展的题中之义。在组织装备维修保障训练的过程中，必须把求真务实作为一项重要任务常抓不懈。要确立正确的政绩导向，紧紧围绕实战需要组织装备维修保障训练改革，把是否有利于提高装备维修保障能力作为衡量创新成效的唯一标准，反对形式主义、官僚主义和弄虚作假，确保训练成果经得起实践检验、经得起实战检验、经得起历史检验。要确立正确的效益导向，从实际实效出发，强化成本意识、原创意识和精品意识，克服改革创新不讲科学、不计成本、不重效益的现象。要坚持正确的安全导向，以科学的态度、方法和管理，把创新发展与训练安全统一起来，既要善于规避训练中的安全风险，又要防止和克服因创新风险而消极保安全、降低创新质量的现象。要确立检讨问题的导向，做到勇于正视问题、敢于暴露问题、善于发现问题、妥善解决问题，力戒好大喜功、报喜藏忧。总之，在装备维修保障训练过程中，各级各部门要大力倡导求是之风、科学之风、务实之风，坚持练为战，反对练为看；坚持科学决策，反对主观臆断；坚持遵循规律，反对急躁冒进；坚持从难从严，反对降低标准；坚持注重实效，反对图名挂号；坚持揭露问题，反对文过饰非，通过一次次改革创新量的积累扎实推进和提高装备维修保障训练改革的进度及效益。

第三节　装备维修保障训练内容体系构建

装备维修保障训练内容，不是主观想象的产物，而是依据主、客观条件确定的。

随着武器装备的更新换代,引发了装备维修保障人员知识结构的变化,对装备维修保障训练内容提出了更新更高的要求。要最大限度地从装备维修保障的需要出发,按照实现人与武器装备最佳结合、训练与武器装备最大一致的要求,准确把握装备维修保障及其训练活动的特点,遵循正确的思路,采取科学的方法,构建相对合理和完善的装备维修保障训练内容体系。

一、构建装备维修保障训练内容体系的原则

装备维修保障训练内容是装备维修保障训练的核心问题,研究装备维修保障训练内容设置的根本目的在于建立科学的装备维修保障训练内容体系。而设置装备维修保障训练内容,重要的一点就是明确装备维修保障训练内容的设置原则,即遴选、确定装备维修保障训练科目(课目)等必须遵循的准则。装备维修保障训练内容的设置原则应体现装备维修保障训练方针、遵循装备维修保障训练规律的客观要求,反映未来战争对装备维修保障训练的客观需求,符合装备维修保障训练改革与发展的客观实际。具体说来,装备维修保障训练内容设置应坚持以下几项原则。

(一) 目的性原则

任何事物的发生发展都指向一定的目标,有其目的性。军事训练作为一种重要而特殊的社会实践活动,具有鲜明的目的性。装备维修保障训练作为军事训练的重要组成部分,其根本目的必然服从服务并吻合于军事训练的总目的。与此同时,装备维修保障训练又有它自身的具体目的和直接目的,即实现装备维修保障训练目标。因而,装备维修保障训练内容设置必须遵循的首要原则,就是要符合装备维修保障训练的根本目的,充分体现装备维修保障训练目标与基本任务。也就是说,装备维修保障训练内容设置,必须有明确的目的性。各装备维修保障系统所承担的使命任务各有侧重,在装备维修保障训练总目标下,还有各自的装备维修保障训练具体目标。因此,设置装备维修保障训练内容,必须能够适应装备系统整体素质提高的需要,能够适应装备现代化建设和未来战争对装备维修保障训练的需要;必须能够与各装备维修保障系统的具体使命任务相适应,能够与各自装备维修保障训练目标所需要的基本素质、知识结构和能力要求等相适应。

(二) 体系化原则

从知识管理意义上,装备维修保障训练过程是一个装备维修保障知识获取、共享、转化、创新、应用的过程。从装备维修保障训练内容角度看,训练内容体系是知识和技能的体系。在技术知识综合化特征不断发展和强化的背景下,知识的集成化、体系化特征日益明显,体系化已经成为当今知识的重要属性。如果说抽象是对知识进行的提炼和归类,体系化则是对知识的集成和匹配。体系化的加工对象不

是原生型知识,而是已经完成编码和抽象过程、在实践中使用的知识。因而,体系化不是知识的本原特征,而是在其自身不断进化过程中衍生出来的新特点。就装备维修保障训练内容而言,之所以需要遵循体系化原则,原因在于装备维修保障及其训练活动日益复杂,以单一知识难以实现装备维修保障训练目的;一种知识必须与其他知识匹配、整合在一起,形成系统的整合体才能最终实现装备维修保障训练目的;同时,体系化的装备维修保障知识才能更有利于获取、共享、转化、创新并加以应用。装备维修保障训练内容体系化过程中具有以下基本特征:一是体系化过程是知识的集成过程。随着现代科学技术的发展,过去按照在简单问题中知识的关联性进行的知识分类,难以适应今天解决大量复杂问题的需要。为了满足实际需要,就需要把分散的知识集成、固化、整合在一起。在知识体系构建过程中,很大程度上是不同类型知识的集聚和集成过程。二是体系化过程是知识的进化过程。知识体系的构筑是在以科学技术知识解决实际问题的实践中衍生出来的。随着科学技术知识的发展和社会需求的提高,旧的知识体系开始解构,并吸取新知识形成一个新知识体系。三是体系化过程是知识的标准化过程。在技术知识构筑和实际应用过程中,人们通常把经过多次反复尝试和比较选择确定出的、具有相互匹配和契合关系的技术知识,通过制度和标准设计的形式固化下来。致使产生两个效果:技术知识固化的结果,便是形成相对稳固的技术知识体系;技术知识体系标准化,便构成特定产业的技术标准。四是体系化的过程是知识的社会化过程。在知识由个体走向组织,进而发展成为知识体系的过程中,知识体系构建主体的意志、观念等自然会融入其中,带动知识体系出现社会化现象。因而,技术知识体系是一种社会化知识,其在不断发展进化的过程以及在技术系统中发挥作用时,都必然受诸多社会要素的影响。综上所述,体系化成为构成装备维修保障训练内容的一个基本特征和原则,装备维修保障训练内容的体系化程度成为装备维修保障训练效果的重要变量。

(三) 现实性原则

在实施装备维修保障训练的过程中,如此大量的装备维修保障训练内容,不必要也不可能要求受训者全部接受和掌握。毛泽东同志曾经指出:"任何一级的首长,应当把自己注意的重心,放在那些对于他所指挥的全局来说最重要最有决定意义的问题或动作上,而不应当放在其他的问题或动作上。"这就是说,各级指挥员、隶属部队、各级官兵都有各自的职责和任务,有自己所要重点把握和着力解决的问题。就装备维修保障训练内容而言,对于一名指挥员或部队官兵来说,在一定的时间内,只能根据其担负职务和任务的需要,有针对性地侧重选择其中一部分内容进行科学组合,实施装备维修保障训练。对于部队整体装备维修保障训练而言,在一定时间内,也只能根据其担负的作战装备维修保障任务,有针对性地突出重点,选择某些内容进行严格的装备维修保障训练。因此，装备维修保障训练内容表现出很强的针对性。装备维修保障训练内容不是一成不变的，是随着时代的前进和装备建设的需要而不断发展和更新的，随着装备的更新换代，装备维修保障训练内容也要随之进行变化。针对性的装备维修保障训练内容，不仅是未来装备发展、保障、管理的客观反映，而且是官兵素质结构的重要标志，是提高部队战斗力的基本条件，是组织实施装备维修保障训练的核心依据，是联系装备维修保障系统施训者和受训者的重要纽带。

（四）层次化原则

装备维修保障训练的层次是客观存在的，宏观上有战略装备维修保障训练、战役装备维修保障训练、战术装备维修保障训练三个层次，微观上又可区分为单兵、分队、部队、机关和初、中、高级维修士兵、军官等不同的层次和定位，因此，装备维修保障训练内容设置必须层次化。要根据各主要层次的装备维修保障训练目标，区分设置和科学安排各层次的装备维修保障训练内容，构成层次分明、上下衔接的装备维修保障训练内容体系。

（五）递进性原则

装备维修保障训练内容，要前后衔接、逐步递进。各装备维修保障训练层次，总体上都要按照装备基础训练内容、装备技术训练内容、战术装备维修保障训练内容、战役装备维修保障训练内容、联合作战装备维修保障训练内容、战略装备维修保障训练内容等梯次递进，具体可根据各装备维修保障训练层次要求有所删减。装备维修保障训练内容设置，一般来讲，根据装备维修保障训练对象能力生成规律，要先易后难、先共同后分业、先基础后应用、先技术后战术、先分练后合练，一步接一步、一环扣一环，循序渐进、逐步深入，合理递进、逐步提高。

（六）最优化原则

未来信息化战争，要求保障官兵的知识面应当愈来愈宽，适应能力愈来愈强，装备维修保障训练内容的综合性趋势也愈来愈明显。同时，装备知识量又呈现出迅速发展和增加的趋势，促使装备维修保障训练不断增加新的内容。然而，装备维修保障训练时间却是有限的，时间和内容的矛盾也就越来越突出。如何在有限的时间内，遴选安排最佳的装备维修保障训练内容，就成为装备维修保障训练内容设置的难点。要把组织指挥、军事训练、部队管理、装备建设等诸多学科知识综合起来，构成整体优化的装备维修保障训练内容体系。这个体系，既包括基础训练内容，又包括专业和专项训练内容，它们之间互相作用，互为条件，不可或缺。要紧跟当代科学技术的发展和武器装备的更新变化，不断汲取世界各国部队特别是装备维修保障训练实践中的新方法、新经验、新成果，改革传统的装备维修保障训练内容，淘汰过时的装备维修保障训练内容，补充迫切需要的装备维修保障训练内容,使装备维修保障训练内容始终保持先进性,确保装备维修保障训练内容最优化。

二、装备维修保障活动的领域分析与概念模型

对装备维修保障工作进行全景式分析,是进行装备维修保障活动领域分析和构建概念模型的基础性工作,对装备维修保障工作认识得越深刻,对装备维修保障活动特点规律的认识和概念模型的准确程度就越高。在对装备维修保障工作进行广泛理解的基础上,可以依据CATWOE描述规则,对装备维修保障的各要素进行如下分析:

C:装备维修保障对象、装备维修保障设施与设备;

A:装备维修保障工作者;

T:无序而充满矛盾的装备维修业务工作→有序而协调的装备维修业务工作;缺乏监控的装备数质量状态→实现有效监控的装备数质量状态;低效益的装备维修工作→高效益的装备维修工作……

W:有序、协调是装备维修工作效能的基础和重要保证;良好的装备战技术状态有赖于对装备维修活动的有效监控;

O:本级装备维修保障部门首长、上级装备维修保障机构;

E:装备维修保障组织结构、装备维修保障法规体系、装备维修保障业务发展情况、装备维修业务工作的整体情况、同级其他部门的业务活动特点等。

综合以上信息,可以构建与之相应的概念模型(图3-1所示)以及装备维修保障工作相关建设与发展管理等辅助业务。这些业务相互配合,综合形成装备维修保障工作的主要部分。在这些主要部分的基础上,按软系统方法论的区分,装备维修保障工作还应包括对维修管理业务运行的效能评价,以及装备维修保障整体流程的监控与协调等环节。

综上所述,可以看到,装备维修保障工作内容在构成上存在以下四个方面的显著特点:一是工作类别的多样性。它既包括装备维修计划、装备维修协调、装备维修质量监控与管理等管理活动,也包括具体修理工作及为其提供支撑的建设活动,以及为装备维修保障发展提供支撑的活动等。不同类别的装备维修保障工作,以不同的方式联系在一起形成装备维修保障工作整体。二是工作层次的差异性。这主要是由装备维修保障组织结构的层次性所决定的,不同层次的装备维修保障工作,其内容和方式存在较大的不同。同时,同一层次不同类别的装备维修保障组织,由于工作对象、环境的不同,在装备维修保障内容与方式上的差异也十分明显。三是工作重点的多面性。从总体上看,装备维修保障工作受时间、空间、对象和社会环境等影响较大,在不同的时空条件下,其侧重点是不一样的,呈现多面性。四

是工作内容的延展性。随着装备维修保障工作的对象、方式与方法的变化,装备维修保障的具体内容也会有不同程度的变化,呈现出随装备维修工作领域、装备维修保障视野等方面的延伸而扩展的特点,例如随着信息技术在装备维修保障领域的广泛运用,装备维修信息化建设、装备维修工作的信息管理等都必然成为装备维修保障领域日渐重要的构成要素。总之,在不同的时空条件下,围绕不同的主题,将各类别的装备维修业务按需要进行适当的匹配与组合,便构成了动态、可变的装备维修保障内容体系。

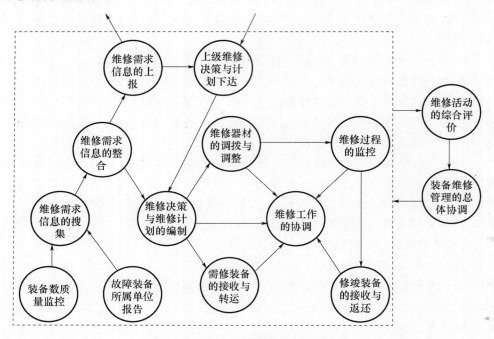

图3-1 装备维修保障的概念模型

以上这四个方面的特点,对于构建适应装备维修保障需要的装备维修保障训练内容体系具有重要的参考价值。

三、构建装备维修保障训练内容体系的基本思路

内容体系,就是指由反映事物不同特征或属性的一系列内在要素相互联系、相互作用所构成的集合。具体地讲,内容体系就是根据某种研究需要,将满足需要并且存在密切逻辑关系的内容组元,按照一定规则组合而成的一个有机整体。

装备维修保障训练内容体系,是指为满足装备维修保障需求,或者说为使受训者获取某种装备维修保障能力而设计的一系列相互联系、相互影响的训练内容的集合。各训练内容的设计是为了实现某一分目标,各个分目标又相互联系,指向同

一训练总目标,各训练内容综合构成了一个有机整体。

训练内容体系的形式即体系结构是主观的,而内容是客观的,它是主观与客观的统一。从形式上看,训练内容体系是由适应某种需要的一系列客观训练内容所组成,从理论上讲,内容体系的组成及组元间的结构形式,基本上能够决定体系的功能;但从内容上看,内容体系的内容是训练主体的训练内容,离开了训练主体,内容体系也就失去了存在的必要。内容体系在内容上则体现的是人的活动,它本质上是以人类活动为主体的事理系统,因而其体系结构也具有事理系统的特性。由于人的能动作用,体系结构并不能完全决定体系的功能。

在训练内容体系中,功能又反作用于结构,功能对结构的反作用是通过人的能动作用实现的。在设计体系功能时,一方面必须强调体系的结构,通过优化结构,使体系具备较强的功能;另一方面,也可以从体系的功能需求来设计体系的内部结构。

装备维修保障训练内容体系结构,是指为了实现装备维修保障训练目标,以装备维修保障需求为牵引,对装备维修保障训练内容组元进行的一系列有计划、有目的的组合。装备维修保障训练内容体系结构,在一定程度上决定了训练体系的功能。通常情况下,当其功能满足装备维修保障需求时,训练内容体系结构具有相对稳定性;当训练体系的功能不能够满足装备维修保障需求时,就必须改善训练内容体系结构,构建具有满足需求功能的新训练内容体系结构。因此,装备维修保障训练内容体系结构具有动态性特征。

依据信息化条件下装备维修保障需求,可从基本装备维修保障任务中提炼出对装备维修保障人员能力和素质要求,根据这些能力与素质要求设计相应的训练内容体系。装备维修保障人员的能力和素质,不仅决定于训练内容体系设计,而且还决定于整个训练组织过程,相同的训练内容,不同的训练组织过程,所达到的训练效果也是不相同的。训练内容体系只是为能力和素质的提高提供了必要条件,而要将理论要求转化为实际能力,必须通过训练实践活动才能实现。因此,训练内容体系构建必须采用基于装备维修保障任务需求,围绕装备维修保障活动,面向整个训练过程的方法,才能保证内容体系的可行性。其基本思路如图3-2所示。

四、构建装备维修保障训练内容体系的基本方法

长期以来,我军装备维修保障内容体系是一种基于任务的设计,它是以我军担负的使命性任务为牵引,围绕任务需求设计相应的训练内容,使参训者通过对训练内容系统地认知、理解及实践,以达到训练任务要求的能力。其基本思路是,依据我军军事战略方针所赋予的使命性任务,将基本任务目标按层次分解,依据各层次训练单元职能区别赋予不同的训练任务。各训练单元依据各自的任务,设计相应的训练内容、训练方法和组织形式。

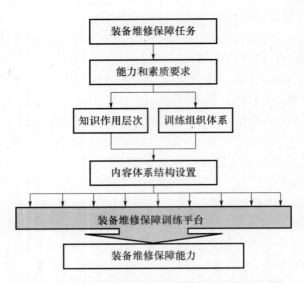

图 3-2 装备维修保障训练内容体系设置思路示意图

基于任务的内容体系设计,遵循的基本原则是层次性原则、递进性原则和连贯性原则。层次性原则,是指根据训练阶段侧重点不同设计几个层次任务,一个大型任务可以有几个中型任务组成,中型任务又有几个小型任务组成。递进性原则,是指任务层次与组合要考虑训练任务的难度,以及参训者拥有知识的多寡等因素,前一个任务完成的质量对后一个任务的完成有影响,训练难易程度是递进的。连贯性原则,是指新旧知识的联系是有机的而不是脱节的,整个训练过程由一条主线贯穿始终。

近年来,围绕打赢高技术条件下局部战争这一目标,我军科技练兵活动开展得如火如荼,取得了显著成效,形成了一系列具有我军特色的战法和训法,在训练内容体系中也突出了相应内容的训练比重。但是,从长远来看,这种内容体系设计虽然能够一定程度上满足特定作战样式的装备维修保障需要,却存在着明显的局限性,当作战样式或任务发生变化时,训练内容体系也要相应地随之改变。训练内容体系的针对性与普适性之间的矛盾难以解决。

信息技术的发展及广泛应用,已使未来战场面貌产生了巨大变化,从作战方式到保障方式都突出了"联通"特性,与之相适应的训练内容体系,也必须突出这一特点。在训练内容体系中,应增加对一体化作战、特种作战、反恐怖作战等理论的研究,增加对非接触、非线性、非对称等新型作战方式的实践探索,加强电磁、网络、太空等高科技领域知识的学习,以及和平时期军队担负的非战争行动的演练;突出演练主要方向、热点地区以及特定条件下的各种作战行动,使训练内容紧贴军事斗争任务;认真梳理近年来全军战法与训法改革成果,借鉴外军训练内容改革的有益做法,使训练内容体系更有利于提高打赢未来信息化战争装备保障能力。在训练组织形式上,应普及基地化、模拟化、网络化、电教化等训练形式,力求使基地建设数字化、模拟系统一体化、网络训练普及化;注重研究虚拟现实技术的训练运用,在高级指挥机构、指挥院校、科研单位和大型训练基地,建立战略、战役、战术和技术仿真实验室,实现作战模拟与首长机关、部队演练的紧密结合。

由于信息化条件下装备维修保障训练具有任务多变、战保一体、平战一致、体系融合、训练内容可扩展性强等特征,在构建训练内容体系时,应当充分体现这些特点。为此,本书提出了"基于任务需求、围绕保障活动、聚焦联合保障、按层分类构建"的设计方法。

基于任务需求,就是以信息化条件下装备维修保障需求为设计基础,将这种任务需求转化为对装备维修保障的能力与素质要求,以此为目标,从宏观上统筹设计具有可操作性的训练内容体系。一般来讲,战场环境不同,作战样式迥异,其装备维修保障任务需求差别很大,因此,装备维修保障训练内容的侧重点也不同,内容体系设计必须强调其针对性。

围绕保障活动,就是必须以装备维修保障活动为中心,树立"战时怎么保,平时就怎么练"的平战一致思想,以联合作战、联合保障理念为指导,紧紧围绕新保障方式与保障手段,设计与之相应的训练内容。从本质上看,装备维修保障系统是一种人类活动系统,遵循人类活动的基本规律和一般方法。在装备维修保障活动的研究中,基于事理的研究方法为装备维修保障实践探索提供了一个新的视角,这一方法从分析人们如何更好地做事的机理入手,对装备维修保障活动过程及规律进行了剖析和总结,对训练内容体系设计具有一定的指导意义。

聚焦联合保障,就是要充分认识到信息化条件下军事训练的发展趋势,在内容体系设计中要始终树立一体化联合保障思想,并将这一思想贯彻落实到装备维修保障训练的整个过程中去。必须认识到,信息化条件下装备维修保障,仅靠军队建制保障已经远远不能满足保障需求,必须拓展保障力量规模与范围,实行部队、院校、基地、地方保障力量的一体化联合保障。实施一体化联合保障,就必须进行一体化联合训练。必须转变观念,进一步改革训练方法机制,设计有利于诸军兵种一体化联合保障训练的内容体系,在整个训练过程中,通过一体化联合保障训练科目的训练,培养团队精神,提高整体装备维修保障能力。

按层分类构建,即依据装备维修保障理论和技能等训练内容的层次即"内容层次"作为一维,将装备维修保障训练内容体系分划为基础训练、专业训练和专项训练、联合训练四个作用层次,其中基础训练内容主要回答"是什么""应当做什么"的问题,专业训练内容主要回答"能做什么""用什么方法做"的问题,专项训练内容主要回答"专项怎么做"的问题,联合训练内容主要回答"联合怎么做"的问题;将装备维修保障训练体制中的训练组织体系作为一维,进而以作用层次为纵轴,以训练组织体系为横轴,将装备维修保障训练内容进行综合梳理和逐次归纳,可以组织成一个完整的、系统的、层次区分清楚、纵横衔接配套、内容体系完备、便于对应运用的装备维修保障训练内容体系,如图3-3所示。

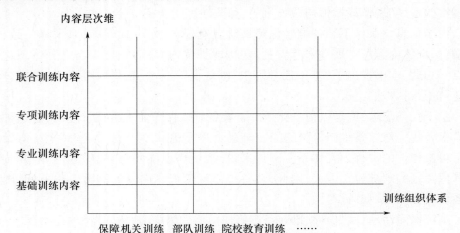

图3-3　装备维修保障训练内容体系框架示意图

"基于任务需求、围绕保障活动、聚焦联合保障、按层分类构建"的设计方法,其特点在于它在强调装备维修保障需求的同时,以装备维修保障活动为中心,将训练重心指向装备维修保障训练过程,紧紧围绕装备维修保障活动设计相应训练内容,从而提高装备维修保障训练的全员性、系统性、适应性与有效性。将图3-3中的每一维展开,可以分别得到装备维修保障训练内容体系的基础训练内容、专业训练内容、专项训练内容、联合训练内容以及保障机关维修训练内容、保障部队维修训练内容、院校维修保障教育训练内容等,在内容层次维与训练组织体系维的交叉点上,可以得到保障机关基础训练内容、保障机关专业训练内容、保障机关专项训练内容、保障机关联合训练内容等。与此同时,也不难看到,每一维的变化与发展,都会相应带来装备维修保障训练内容体系变化与发展的联动。上述内容,构成了一个相对完整、系统开放的装备维修保障训练内容体系。

第四节　装备维修保障训练方法

装备维修保障训练方法,是指为完成装备维修保障训练任务而采取的教与练的方式与途径。不同训练阶段、不同训练对象、不同专业装备、不同训练条件,应有针对性地采取不同的教练方法。装备维修保障训练的教练方法一般有理论学习、基础训练、应用训练、综合性训练和理论研究等。

一、装备维修保障理论学习

装备维修保障理论学习主要是组织受训人员学习相关理论,包括现代科技知识、装备的构造及原理、系统的工作流程、维修管理的组织指挥理论等。在可能的情况下,通常还应当对典型装备进行细致的分析研究,以加深对理论的理解。理论学习一般采取授课、自学、研讨等方法进行。

（一）授课

授课是对受训者传授知识和引导启发的重要方法,在装备维修保障训练中运用十分普遍。系统的理论讲授,有助于受训者在较短的时间里掌握基本概念和基本知识,并通过自学、研讨、练习等方法的辅助,加深对所学知识的理解和掌握。随着科技的迅速发展,装备的种类越来越多,技术含量增大、更新速度加快,装备维修保障的标准更高、要求更严、难度更大。运用授课的方法,可在大范围内快速向受训者教授装备特别是信息化装备原理和结构知识、装备维修保障技术和维修管理知识,从而有利于有针对性地解决装备使用和维修保障中的技术难题和理论难题。组织授课时,应分清受训者层次,把握受训者要求。对装备维修保障军官而言,主要是系统地讲授装备维修保障自动化、物资器材保障与供应自动化,以及快速诊断修复、远程技术支援等方面的知识;对士兵而言,以系统讲授岗位知识为主,以介绍各种装备维修保障新理论、新技术、新工艺为辅。

（二）自学

自学是受训者在施训者指导下,通过独立的学习研究和操作训练活动获取知识的方法。在知识更新加快、部队大量换装的条件下,自学已成为一种简单有效、易于推广的教育训练活动,是装备维修保障官兵学习掌握新知识、新装备的重要方法。开展装备维修保障理论自学,应瞄准未来军事斗争需求,着眼新军事变革和装备科技的发展。通过自学现代管理理论以及机械、光学、电子精密仪器和信息化装备维修知识,弹药器材主动配送知识,以及实时化、智能化装备维修保障知识,努力推动装备维修保障向"快速、精确、综合、高效"的方向发展。

（三）研讨

研讨是以受训者相互研究、讨论为主的一种训练方法,多运用在装备维修保障的短期集训中。研讨方法可以使受训者加深对装备维修保障知识的理解,发展思维能力和表达能力,提高解决实际问题的能力。开展装备维修保障理论研讨,对于装备维修保障军官而言,应以精确化装备维修保障的组织实施、装备维修保障信息化建设、全寿命全系统管理、持续采办与寿命周期保障等内容为重点;对于士兵而言,应以新装备特别是信息化装备故障诊断和故障排除知识与技能为重点。

二、装备维修保障基础训练

装备维修保障基础训练主要是进行装备维修保障理论运用以及装备维修保障活动的计划与组织实施等方面的实际训练,包括单件装备和部件在室内与野外、白昼与夜间、平时与战时的装备维修保障活动的组织实施程序、故障检测与抢救抢修等。基础训练一般采取讲解示范、模拟练习和实装练习等方法进行。

（一）讲解示范

讲解示范是施训者通过理论讲解和实际操作演示,对受训者进行训练的方法,在部队装备维修保障训练和院校装备维修保障实践课程教学中普遍采用。准确地讲解示范,可以使受训者有一个清晰直观的感性认识,避免维修保障训练的盲目性,减少失误,迅速掌握装备使用和维修的要领和方法。在部队装备维修保障训练中,讲解示范要以现有装备内部结构展示、基本原理讲解以及状态检测与故障诊断、修理技能等内容为主,力求讲解效果形象、生动,示范动作简明、准确。院校装备维修保障教育训练中,讲解示范要在讲清、讲透装备维修保障基本概念、基本理论和基本方法的基础上,逐步加大模块化、程序化、自动化诊断修复系统和交互式电子技术手册(ITEM)等先进维修保障手段使用的训练力度。

（二）模拟练习

模拟练习是运用模拟实装的器材和设备进行训练的一种方法。目前,在装备维修保障训练中已逐步推广使用。实物和半实物的仿真模拟器,能够模仿装备的性能、使用和工作状况,生动直观、真实感强,可以反复进行模拟实装的训练,节约训练的时间和资源。组织装备模拟练习,要以新装备特别是信息化装备维修保障训练内容为主。通过在仿真模拟器上反复练习新装备状态检测、故障诊断和故障排除过程,掌握新装备维修保障工作的组织实施、故障机理和内在规律,为野战条件下实施新装备维修保障奠定坚实的基础。

（三）实装练习

实装练习是利用列装装备进行训练的方法,也是目前部队装备维修保障基础训练的主要方法。实装训练可以使受训者准确地学习和掌握装备维修保障的实际组织实施流程和维修技能,有效提高实际装备维修保障工作流程的熟练程度和训练的质量,但也存在着装备磨损大、物资器材消耗大、受场地等条件制约大等问题。组织实装练习,要体现"精练"要求,注重提高训练效益。按照先易后难的顺序,安排维护保养、故障检测、器材管理、野外抢修等实装练习内容,并强调各练习内容动作的规范性,力求以最少的实装练习次数获取最佳训练效果。

三、装备维修保障应用训练

装备维修保障应用训练主要是针对单一兵种整装(如单车、单机、单炮、单舰艇部门或战位)和装备全系统(如指挥控制系统、情报侦察系统、火力控制系统等)进行的维修管理训练,包括整装和全系统的维修保障方面的方案制订、故障检测、维修策略确定、战场抢修组织实施等。应用训练一般可采取整装或单车(单机、单炮)的模拟练习、实装练习和带作战背景的集中合训等方法进行。

(一)单一兵种整装维修保障应用训练

单一兵种整装维修保障应用训练,是一种在基础训练的基础上,按专业分工,进行整装或单车(单机、单炮)集成训练的方法。其目的是使受训官兵从整体上对装备维修保障有一个比较系统、完整的概念,清楚地了解各专业分工和各部件在整装维修保障中的地位和作用。实施整装维修保障应用训练,既要加强对主装备的维修保障训练,也要加强对保障装备本身的维修保障训练;既要加强机械化平台的维护修理和弹药、器材供应训练,也要加强信息系统的状态检测、故障排除训练,重视对计算机软件的调试、监控。通过整装维修保障应用训练,使目标探测、跟踪识别、指挥控制、火力打击、毁伤评估、战场机动、综合防护等装备系统诸性能达到或保持规定状态。

(二)带作战背景的装备维修保障集中合训

带作战背景的装备维修保障集中合训,要求通过在实战背景下的反复演练,培养和提高实际维修保障技能,形成以针对单车(单机、单炮)为单位进行维修保障紧密配合的整体,使维修保障系统各个部分功能充分发挥,达到各部分相加大于总体之和的效能。组织带作战背景的装备维修保障集中合训,在训练方式、内容上,以伴随装备维修保障训练为主,自救互救为辅,减少维修保障层次和中间环节,加快损坏装备部件的修复速度;以修为主,抢修结合,优先对易修复的装备部件和指挥控制、通信情报系统故障部件实施现地修理,对损伤严重、需器材多的损伤部件和火力协调、定位导航等其他功能信息系统故障部件,尽快转移到安全、隐蔽的地域进行集中修理;逐步加大应急抢修训练力度,运用热喷涂、电刷镀、快速粘接堵漏、纳米原位动态自修复等现代应急修复技术,修复装备损伤,体现战时维修保障时间紧、任务重、效率高的要求。

四、装备综合性训练

装备综合性训练是装备维修保障训练的高级形式,是针对部队担负的装备维修保障任务进行的综合性演练活动。这种情况下,装备维修保障训练通常是作为组成部分而融入其中的。从演练性质上说,装备综合性训练包括检验(考核)性综合演练、示范性演练、研究性演练和联合演练；按组织方式，又可分为保障部门自行组织的综合演练，参加合成部队统一组织的综合演练等；按照受训对象，可区分为保障机关综合演练、装备维修保障部（分）队综合演练、保障机关和装备维修保障部（分）队共同参加的综合演练；按军兵种，可区分为联合作战和合同作战装备维修保障综合演练、军兵种装备维修保障综合演练；按照参加演练的层次，可区分为单级装备维修保障综合演练、多级装备维修保障综合演练；按照环境，可区分为室内综合演练、野外综合演练、室内和野外相结合的综合演练等。

（一）检验（考核）性综合演练

检验（考核）性演练是后装保障综合性训练的基本形式，可用于维修保障训练的检查考核，巩固提高维修保障训练成果，增强应变能力或检验战备落实情况。演练通常在年度装备基础训练和应用训练或单个课题训练完成后进行。检验性演练的训练方式分为单方实装演练和对抗演练。通常以参演部（分）队为后装保障演练一方，用少量人员模拟假设敌或标靶显示情况，诱导部（分）队在模拟未来信息化战场、应急机动作战环境等条件下进行装备维修保障演练。目的是巩固提高后装保障基础训练成果，全面锻炼部（分）队，增强其对未来作战装备维修保障的适应性；也可用这种演练检查考核部（分）队的装备应用训练。检验（考核）性演练的要求是不交原案，不搞摆练；情况多变，近似实战；上导下演，按级指挥；组织简便，耗资较少，便于部（分）队普遍组织实施。

（二）示范性演练

示范性演练是根据装备维修保障训练的需要，由参加后装演练的部（分）队演示正确的组织指挥和保障行动，供训练对象观摩的一种演练。其目的是表现演练思想，规范后装综合保障动作，统一组织实施方法。示范性演练通常是事先培训演练部（分）队，经过充分准备后实施。其特点是目的明确，反复摆练，按预定演练情况和动作进行演练。组织示范性演练，应强调设置联合作战背景和应急机动作战环境，突出复杂地形、恶劣气候和夜战装备维修保障特点，以此为标准来规范故障检测、抢救抢修、器材供应和组织指挥等训练内容，增强装备维修保障训练的针对性和适用性。

（三）研究性演练

研究性演练，也称试验性演练，是为了探讨和研究新的装备维修保障理论、新的装备维修保障训练方法，试验新的编制装备，检验装备条令、条例、教材和装备维修保障预案的可行性而进行的一种演练。其目的是获取有参考价值的数据、资料和经验。其特点是研究性强，中心突出，组织复杂。开展研究性演练，应着眼未来信息化战场和军事斗争需求，体现装备维修保障"快速、精确、综合、高效"的特点。重点演练装备维修保障指挥自动化系统的运用，实现对未来战场维修保障信息的实时化获取、智能化传输处理、定量化评估分析,确保装备维修保障指挥及时、有效;重点演练激光、电子等先进检测手段的运用,实现由人工判断到智能检测的过渡;重点演练野战化、系列化、多功能抢修工具包(箱)的运用,确保装备修得快、修得好;重点演练在运和在储器材物资可视化技术的运用,努力实现物资器材的管理、供应的"全维可视,全程可控"。

(四)联合演练

联合演练,即保障机关(部门)及装备部队、后装保障部(分)队等参加联合演习训练,既是后装综合性演练的重要方式,也是考核装备维修保障训练成果的重要手段,同时还是完成联合演习装备维修保障任务,确保联合演习顺利实施的必要举措。参加联合演习训练,参演装备维修保障力量应当充分利用近似实战的演习机会,在保障中实施训练、在训练中实施保障,做到"训战一致,训保一致",确保参演后装机关(部门)、后装部队和装备维修保障部(分)队的保障指挥能力、应急科研能力、装备维修保障能力和战场装备维修保障能力的提高。

五、装备维修保障理论研究

装备维修保障理论研究,主要研究装备维修保障发展、管理、保障及相关理论问题。它是开展装备维修保障训练的一种基本方法,也是体现部队装备维修保障训练实践上升为理论、理论指导实践的一种重要方法。

(一)装备维修保障发展战略研究

装备维修保障发展战略作为装备理论的重要内容,是国家和军队在一定时期内对装备维修保障发展进行的全局谋划和指导。它是根据一定时期内军事建设和军事斗争的需求、国家生产力发展程度和高技术产业发展前景、国防科学技术水平和军费支撑能力等相关条件研究制定的。开展装备维修保障发展战略研究,主要是分析装备维修保障在武装力量建设中的地位与作用,探讨装备维修保障发展的基本规律以及现代装备维修保障的发展特点,分析国家经济、科技发展和军费保障能力对装备维修保障发展的影响,研究装备维修保障发展目标、发展重点和发展途径。研究装备维修保障发展战略,既要提出近、中期发展目标和长远发展目标,还要提出实现目标的途径和措施;既要提出总的发展目标和分系统的目标,还要提出总目标和分目标实现相互衔接的办法。装备维修保障发展战略所提出的思路和对策,必须符合实际,做到思路对头,对策切实可行,确保发展战略在目标期内能够顺利地进行和实现。

(二)装备维修保障体制结构研究

装备维修保障体制结构,主要包括装备维修保障体制的分类、层次、布局、规模和比例等。装备维修保障体制结构作为后装保障建设的重要内容,是在总体上指导装备维修保障发展的依据。组织和引导装备维修保障系统开展装备维修保障体制结构研究,主要是指导制定科学的装备维修保障发展规划、计划,防止因总体情况不明作出错误的决策;研究确定装备维修保障战略的、战役的、战术的和技术的配套结构,防止因各行其是盲目发展;研究解决维修装备发展的系列化,避免出现维修装备型号混乱的现象;参与研究装备研制问题,防止决策程序欠严密、研制周期过长、投入经费过多。装备维修保障体制结构研究特别是参与装备研制,是装备发展过程中的重要环节,是非常复杂的系统工程,涉及经济、科技、军事等诸多领域。因此,必须重视装备可靠性、维修性、保障性等效能分析,注重装备军事需求论证和军事经济效益论证,确保科研成果及时向保障力转化。

(三)装备维修保障领导与管理研究

装备维修保障领导与管理,是指国家、军队对装备维修保障进行的一系列领导管理活动的总称。要求建立装备预研、型号研制、订购生产、使用管理、维修保障之间的有机联系,狠抓可靠性、维修性、保障性和安全性工作,实行全系统、全寿命管理,走出一条投入较少、效益较高的路子。它是装备发展和使用的组织基础和保证,对装备发展和使用的全局及过程具有非常重要的作用。开展装备维修保障领导与管理研究,主要是研究确立国家、军队对装备维修保障决策及实施的组织领导体制,即国家、军队领导和管理装备维修保障的机构设置、权限划分以及相应的组织管理制度的制定;研究装备维修保障战略决策、规划计划、科研生产、装备监造、采购分配、使用维修等。应注重建立科学的领导管理体制,有效地促进装备维修保障的顺利进行。

(四)装备维修保障建设研究

装备维修保障建设,涉及装备维修保障理论、装备维修保障技术、装备维修保障方法、装备维修保障人才等各个方面。其总体目标是:先进的保障理论、完备的法规体系、高效的指挥控制、科学的保障管理、灵活的补给体制、合理的维修机制、配套的保障装备、优秀的人才队伍、显著的经济效益。开展装备维修保障建设研究,应着重抓好部队新装备维修保障建设,对新装备的修理、器材、人才、标准、设施、设备等要素进行综合、系统、配套的研究解决;搞好应急机动作战部队和重点方向作战部队的装备维修保障建设,以装备完好率与可用率、设施设备配套率和专业技术人员称职率为内容,快速形成保障能力;深化信息化战争装备维修保障理论和方法研究,解决装备维修保障力量编成、指挥程序、通信联络、组织实施方法等,从而为建立装备维修保障新的理论体系、指挥体系、保障装备体系和保障管理体系奠定基础。

(五)装备维修保障人才与训练研究

装备维修保障人才与训练的研究是装备维修保障理论研究的重要组成部分,

主要研究装备维修保障人才的使用、培养和教育训练等内容,从理论高度回答装备维修保障人才的发展问题。装备维修保障领域知识、技术、人才密集,需要一大批从事科技与管理等工作的专家型、复合型优秀人才。当前,一场由科学技术革命引发的新军事变革正在兴起,军队机械化与信息化智能化建设对装备维修保障人才提出了新的要求。培养和造就一大批优秀科技英才和管理通才,是一项十分紧迫而艰巨的战略任务。培养高素质新型装备维修保障人才,应运用变革的思路和超前的思维,整体设计,科学实施,努力实现由提高专业技术知识、专业技能水平,向提高信息化素质的跃升;实现由掌握现代军事高科技知识向掌握创新方法、创新能力的跃升;实现由培养装备维修保障人才个体向培养装备维修保障人才群体的跃升。

（六）装备维修保障法规与制度研究

装备维修保障法规与制度研究,主要研究装备维修保障活动中,建立科学合理的制度、标准、程序,以及相关的各个领域、各个层次、各个部门和单位的具体制度。这些相关法规制度的建立和完善,是装备维修保障工作走上法制化和规范化轨道的重要保证。由于装备维修保障活动主体复杂,涉及国家、军队、地方诸多部门和领域,其组织领导和协调工作十分复杂,因此,必须建立健全装备维修保障法规和制度,确保装备维修保障工作正常地开展。应积极组织和引导装备维修保障系统围绕国家军事战略目标的实现,深入开展适应未来信息化战场和装备机械化、信息化建设需要的装备维修保障法规与制度研究,从而为装备发展、管理和保障活动提供基本依据,保障国防和军队现代化建设的顺利进行。

第五节　装备维修保障人才实战化教学培养

习主席站在时代发展和中华民族伟大复兴战略全局的高度,提出了新时代军事教育方针重大历史课题。牢固树立战斗力这个根本的唯一标准,大力推进装备维修保障人才实战化教学培养,形成全部心思向打仗聚焦、各教学环节向打仗用劲的浓厚氛围,着力提高装备维修保障人才打赢信息化战争能力,是贯彻落实新时代军事教育方针,实现人才强军战略的职责所系。

一、正确认识装备维修保障人才实战化教学培养的重大意义

实战化教学,即教为战,是指院校要围绕打仗要求来组织教学,用战斗力标准来评价教学。正确认识装备维修保障人才培养实战化教学的重要意义,是指导装备维修保障人才实战化教学培养的前提和基础。

（一）贯彻落实新时代军事教育方针的必然要求

未来战争的装备维修保障领域是知识密集、技术密集、人才密集的领域,抓好

在各个领域各个岗位发挥骨干作用人才的建设,解决好"怎样培养人"的问题,是实现人才强军战略的必然要求,就是按照能打仗、打胜仗要求推进实战化教学,提升核心军事能力。尽管当前我军能打仗、打胜仗的能力与实际作战需求相比还存在着诸多矛盾与问题,但唯物辩证法告诉我们,任何事物的发展都有主次矛盾或者矛盾主次方面之分,抓住了它们,一切问题都会迎刃而解。按照能打仗、打胜仗要求推进实战化教学,正是瞄准未来战场需求,学为战、教为战、研为战、练为战,抓住了联合作战核心军事能力建设矛盾的主要方面,对于扎实做好军事斗争准备,实现人才强军历史使命具有至关重要的作用。

(二)联合作战是装备维修保障地位提升的必然要求

装备维修保障在联合作战中的地位作用日益重要,打仗就是打保障已成为人们的共识。装备维修保障为打赢未来信息化战争提供了重要物质技术基础,深刻影响部队战斗力。装备维修保障人才培养必须始终瞄准战场,紧贴实战,牢固树立战斗力标准,搞好顶层筹划设计,确保人才培养始终聚焦战场、聚焦战斗力,不断提高实战化教学水平。当前,我军装备维修保障的打赢能力与履行使命任务还不适应,装备维修保障人才培养与实战要求还有很大差距。联合作战装备维修保障人才是联合作战人才的重要组成部分,是构建联合作战装备维修保障的基础细胞。面对强敌,装备维修保障万万来不得半点虚假,装备维修保障人才培养必须一切从实战出发,从难从严组织训练,让学员在校期间深入研究信息化条件下联合作战的基本形态、作战样式、制胜机理,掌握装备维修保障的内容、程序、方法,提高装备维修保障能力,将来在战场上才能够胸有成竹、从容应对。

(三)军事院校迎改革的必然要求

当前,国防和军队建设全面深化改革,改革力度之大前所未有,改革的核心是生成、巩固和提高打赢信息化战争能力。军队的任何组织和个人的地位作用、职责使命都要用战斗力这个唯一标准进行衡量,能够为提升战斗力发挥重要作用的就会得到加强和巩固,对战斗力作用不大的就会被削弱甚至撤销,那些与实战结合不紧,对战斗力贡献不大的单位必然被撤销、走向消亡。在这场任何人都回避不了的大考中,各级各类军事教育院校,必须积极应对,牢固树立战斗力标准、全面推进实战化教学。

二、科学确立装备维修保障人才实战化能力素质需求

建设信息化军队,打赢信息化战争,要求各级指挥员要不断提高驾驭信息化作战的综合素质。随着武器装备和装备维修保障方式方法的迅猛发展,现代战争的信息科技含量日益增加,打赢未来信息化条件下联合作战,对装备维修保障人才的实战化能力素质也提出了新的更高要求。

（一）具备实战需求的优良军政素养

具有扎实的战时政治理论功底和敢于担当、勇于奉献的政治素养；具有良好的指挥员气质、身体心理素质和较高的战术素养；掌握联合作战基本理论，了解其他军兵种相关知识，具有一定的联合作战素养；掌握现代军事信息技术，熟练使用信息手段，善于运用驾驭战场信息，具有敏锐的信息素养等。

（二）具备实战需要的装备维修保障能力

掌握信息化条件下联合作战装备维修保障的程序、内容、方法和手段，具备分析判断、组织筹划、指挥控制、指挥协同等能力，能够组织实施联合作战装备维修保障工作。

（三）具备实战要求的保障业务能力

熟练掌握本专业保障业务基本理论，熟悉本职岗位业务活动组织实施的程序和方法，能够胜任本职岗位工作。

（四）具备装备维修保障领导岗位的管理能力

熟悉现代管理思想、理论，具有较好的领导思维和管理素质，具备较强的科学决策、组织协调和理论创新能力，能够研究提出新思路、新办法，解决部队装备维修保障工作中的重难点问题，善于领导和管理所属部(分)队。

三、科学构建人才培养课程体系

装备维修保障课程体系是针对培养能打仗、打胜仗的高素质装备维修保障人才，必须根据联合作战对装备维修保障人才能力素质的客观需求，构建以战时装备维修保障为核心、装备维修保障专业理论为基础、信息素养为关键、身心品质塑造为前提的实战化教学课程体系。

（一）以战时装备维修保障能力为核心搞好作战类课程设计

装备维修保障人才培养实战化教学，应按照"战时军政基础＋战时装备维修保障"的结构框架设置作战类课程，主要是提高学员基本作战素养和战时装备维修保障能力。战时军政基础应主要包括联合作战基本理论、战时政治工作、指挥信息系统操作使用训练等课程。战时装备维修保障通常应根据不同专业方向，开设本专业装备维修保障的相关理论和实践课程。

（二）统筹领导岗位需要和职业发展，搞好建设类课程设计

装备维修保障人才培养实战化教学，应按照"基础理论＋业务能力"的结构框架设置建设类课程，主要是打牢学员理论基础，提升保障业务能力和管理能力。基础理论通常应包括中国特色社会主义理论、装备维修保障基础理论、部队管理理论、现代保障新技术等共性课程。业务能力培养主要结合本专业实际，开设相应的

管理理论和实践课程

（三）着眼检验提升综合能力，开展装备维修保障综合演练

以信息化条件下联合作战为背景，紧贴使命任务设置演练课题和训练问题，按照信息化条件下战争装备维修保障进程设计演练内容，分层次、分专业、分角色实施。使受训学员掌握新体制下各个重要战略方向装备维修保障的重难点问题以及解决应对办法。熟悉新体制运行的特点规律，熟悉新的指挥控制系统的运用方法特点，提高指挥效率。

四、创新发展实战化教学模式

教学模式，是在一定的教学思想指导下，经过教学实践形成的相对稳定的、系统化和理论化的教学范型，对于增加教学效果、提高教学水平具有重要作用。装备维修保障人才实战化教学，应以装备维修保障基本课题教学为主线。按照由要素分训到综合集成的思路，改革传统的"以教为主"的教学模式，将小班化教学作为基本教学形式，坚持"三个走向"，即由台下走向台上、由教室走向战场、由纸面走向网络，构建以理论教学、战例（案例）教学、想定教学、综合演练等为主体的实战化教学方法体系。

（一）着眼岗位任职需要，开展理论教学

坚持精讲答疑与研讨交流相结合、课堂教学与全程自主学习相结合，围绕教学内容设置精讲专题，依需定学，因需施教，变"大锅饭"为"分餐制"，为学员分别提供讲座课、网络课、电教片等菜单式服务，让不同岗位的学员根据自身实际按需索取，固强补弱，以满足学员多样性、个性化的学习需求。

（二）着眼总结经验、启迪思维，开展战（案）例教学

精选典型战（案）例，深度剖析重点问题，学员充当指挥员角色完成作业，掌握特点规律，总结经验教训，巩固升华所学理论，拓宽视野、启迪思维。

（三）着眼提升装备维修保障能力，开展想定教学

按照基本课题与专项课题相结合的方式设置想定课题，基本课题围绕攻防作战基本样式，重点训练战时装备维修保障的基本程序、内容和方法，专项课题围绕各战略方向可能作战样式，重点研究不同作战对手、不同作战环境下装备维修保障重难点问题，通过想定教学，练程序、练保法、练技能，提高装备维修保障基本技能。

（四）着眼检验提高实战能力，开展综合演练

紧贴使命任务设置演练课题和训练问题，按照实战化要求构设演练条件，按实景设环境、全要素定角色、全过程练能力，突出信息战、火力战、特种作战等，突出联合保障，突出基于数据分析的精确筹划，突出基于信息系统的指挥控制，让学员"练谋略、练指挥、练协同"，全面检验和提升信息化战争装备维修保障能力。

（五）着眼亲身锻炼体验，组织现地实践教学

结合部队遂行大项军事任务，组织学员参与部队装备试验活动、业务集训观摩、实战化训练演练等，模拟实践工作岗位，突出实案化教学，按照每年突出一个战略方向、一个保障领域，研究训练一个保障工作重难点问题的思路，紧贴部队、紧贴实战，培养学员运用所学理论分析解决实际问题的能力。

（六）着眼解决现实问题，开展研究式教学

针对制约联合作战和保障能力生成的突出矛盾和瓶颈问题，设置研究课题，持续推进装备维修保障理论创新。从新技术、新装备、新型作战力量入手，组织学员研究信息化战争装备维修保障的特点规律，每个学员入学即确定自己的研究课题，让学员带着问题进课堂、带着课题搞研究、带着成果回部队，把问题研究贯穿整个培训过程始终，切实通过教学培训引领解决部队实际问题。

装备维修保障人才实战化教学培养，既是一种思想理念，又是一种教学实践。长期以来，许多军事院校围绕装备维修保障人才实战化教学培养进行了积极探索，在提高人才培养质量上取得了一定成效。但我们应理性认识到，装备维修保障人才实战化教学培养不是一成不变的，随着战争形态的演变和军事技术迅猛发展，其实战化教学的内容、形式、方法和手段，应得到不断丰富和发展，为实现人才强军战略做出应有的贡献。

第四章

装备维修保障动员

在现代信息化战争条件下,装备维修保障动员既是军事装备建设的一项主要工作,也是军事斗争装备准备的一项重要内容,既是军事装备建设理论研究的重要方面,也是战争动员理论研究的重要分支。开展装备维修保障动员研究,掌握装备维修保障动员的特点和规律,对于赢得未来信息化战争的胜利具有特别重要的现实意义和深远的战略意义。

第一节 装备维修保障动员的基本概念与内容

一、动员

动员是战争的产物,随着战争的发展而发展。在古代,虽然没有动员这一专用术语,但在战争爆发前后,已有发布誓言或檄文、征募兵士、征用车马、筹措粮草、扩编军队等活动,这就是古代的战争动员。

随着战争强度和规模的进一步扩大,动员从形式和内容上都发生了新的变化。从一般词义上理解,动员是为了达到某种目的或满足某种需要,促使个人或集团加入某种社会行动或政治运动的行为。《辞海》对动员的定义是:"发动人们积极参与某项活动。"然而,从特定意义上说,动员特指国家采取紧急措施,从平时状态转入战争状态,统一调动人力、物力、财力,为战争服务,以达到战争目的的一切活动的总称。英国《不列颠百科全书》认为,从军事意义上说,动员是在战时或其他紧急状态下,为了战争以及军事供应而组织国家的一切资源。《苏联军事百科全书》认为,战争动员是将军队转入战时状态和改组国家经济体制以适应战争需要所采取的一整套措施。德国《梅耶尔大百科全书》认为,动员泛指促使个人或集团加入某种社会行动或政治运动的行为。1997年版的《中国军事百科全书》认为,战争动员是国家或政治集团由平时状态转入战时状态,统一调动人力、物力、财力为战争服务所采取的措施。

战争动员,按规模可分为总动员和局部动员。总动员是在全国范围内所进行的全面动员;局部动员是在部分地区或部门进行的动员。按方式可分为公开动员和秘密动员。公开动员是公开发布动员令,宣布进入战争状态实施的动员;秘密动员是在各种伪装措施掩护下隐蔽地实施的动员。按战争进程可分为战争初期动员和持续动员。战争初期动员是在战争爆发前后较短时间内所进行的动员;持续动员是在战争初期动员后所进行的中后期动员。有的国家把在临战前或遭到敌人突然袭击时所进行的动员,称为应急动员。动员的全过程,可分为平时的动员准备、战时的动员实施和战后的动员复员。决定动员实施的权限,属于国家最高权力机关,动员令通常由国家元首或政府首脑发布。

二、装备动员

装备动员是国家为满足战争及其他重大事件对装备保障的需求,由平时状态转入战时或应急状态,统一调动国家和社会人力、物力、技术等资源,不断增强装备支援保障能力所采取的一系列活动的统称。是国防动员的重要组成部分。主要包括:装备科研生产动员(含民用装备加改装武器平台),军民通用装备、设施、设备、维修器材动员,装备保障力量动员等。

三、装备维修保障动员

装备维修保障动员是国家为应对战争或其他重大事件,使整个装备维修保障系统(包括人力和物力)由平时状态转入战时状态,迅速增强武装力量的装备维修保障能力所采取的一系列措施的总和。装备维修保障动员主要包括装备维修人力动员、装备维修物资器材动员、装备维修设施动员、装备维修财力动员、装备维修技术动员等内容。其过程包括动员准备、实施和复员等阶段。装备维修保障动员是为了增强打赢现代战争的物质技术基础,是国防建设与经济建设的调节器,是国家安全的重要保证。

对装备维修保障动员的含义,应该从如下几个方面去把握:

一是装备维修保障动员的目的。从根本上来说,装备维修保障动员的目的是维护国家的安全利益,保障战争的需要,确保战争的胜利,即为了进行战争,集中使用国家的全部力量,一切为了战争,一切服从战争,发挥国家整体力量的作用,包括精神力量、物质力量和组织力量的作用,全力以赴,支持战争,保障战争。

二是装备维修保障动员的主体。装备维修保障动员作为国防动员或战争动员的一个重要组成部分,其行为主体应该是国家及其相应的军队和地方政府部门或机构。像战争动员的其他方面一样,必须依靠政府的权威和相关的法规对装备维修保障动员的实施进行严格的约束。宣布装备维修保障动员的权限属于国家最高权力机关,但具体实施必须由各级政府和军队的各级机关完成。

三是装备维修保障动员的对象。像战争动员的其他领域一样,装备维修保障动员也涉及相应的人力、物力、财力和科技力等,但其动员的对象却相对特殊,主要是装备、设备、车辆、器材、工具、维修保障力量等及其相关的能力。

四是装备维修保障动员的主要方式。装备维修保障动员属于一种特殊的经济活动,这种活动主要采取科研、生产、采购、征召、征用、租借等方式来进行。

五是装备维修保障动员的时限。这里所讲的时限,是动员经历的时间过程。从一般意义上讲的动员,是指动员令下达,国家由平时状态向战时状态转换时开始,到转换完成时结束。在国家体制由平时向战时开始转换之前,要有一个长期的动员准备过程;动员开始后,也要有一个展开和延续的过程。如果考虑到再从战时状态转入平时状态,则还有一个复员过程。动员和复员是平战转换的一个完整过程,但动员和复员又是相对而言的,是有区别的。因此,一般认为,动员包括平时的动员准备和战时的动员实施。

六是装备维修保障动员的属性。不论装备维修保障动员具有怎样的特殊性,但它毕竟是整个战争动员活动的一个组成部分。因此,它也遵从战争动员一般规律。

只有从上述6个方面来把握装备维修保障动员,才能真正理解装备维修保障动员的确切内涵。

由此可见,装备维修保障动员是直接为军队作战服务的活动,动员对象既包括军事资源,也包括民用资源的转化,装备维修保障动员的内容横跨军事与民用两大领域,纵跨动员需求与动员保障各个环节。据此,可以大致划分装备维修保障动员的工作范围。保障部门是装备维修保障动员的重要机构,因为只有保障部门才能与作战部门直接结合,提出装备维修保障动员总需求,并统筹各军兵种装备维修动员具体需求。装备维修保障动员需求通过政府进行落实,并分成两种形式和两个责任主体:一是生量动员,即需要研制生产的部分,由政府国防工业管理部门及其动员机构实施;二是存量动员,其中对社会中已有的部分,如车辆、船舶等,由政府动员机构实施征用、征购或租借。综上所述,装备维修保障动员的工作范围可以概括为:军队保障部门根据作战需求提出装备维修保障动员规划计划和动员需求,并指导动员实施;政府部门根据动员需求组织装备维修保障动员。

四、装备维修保障动员内容

装备维修保障动员是一项紧紧围绕装备维修保障的需要,充分利用社会的人力、物力、科技资源优势,增强武器装备的战场再生力和作战能力而进行的活动。

根据装备维修保障动员的对象和任务,装备维修保障动员主要包含以下几方面的内容:

（一）征召装备维修保障人员

主要征召地方上具有装备维修保障技能的高新技术保障人员。在平时预备役装备维修保障人员登记的基础上,征召社会相关专业技术人员,特别是部队紧缺的飞机、船艇、导弹等军兵种装备,以及枪械、火炮、工程、装甲、防化等装备和电子信息装备所需的装备维修工程技术人员,补充到装备维修保障部(分)队;征召装备、弹药、器材和设施设备的保管人员、检测人员,补充到各类装备仓库;征集相关专业技术人员参加各种支前装备维修保障队伍和基地,实施支援保障。

（二）征用、征集装备维修保障设施、器材以及信息资源

征用或租用供装备维修、技术改装的厂房、车间及其配套设备等,征集各种用于装备维修的机械零配件、电子仪器仪表等器材,充分利用各种信息系统、软件以及装备维修保障数据库资源等信息资源。

（三）组建各种装备维修保障队伍

平时组建各种预备役装备维修保障部队、民兵装备维修保障支前大(分)队;战时补充或成建制转入现役装备维修保障部(分)队,组成地方支前装备维修保障大(分)队,组建后方(支前)装备维修保障基地,形成装备维修保障网络,对战场损坏的装备进行抢救、抢修等维修保障活动。

第二节　装备维修保障动员的基本原则

装备维修保障动员涉及范围广、内容多、协同复杂、时效性强。为确保装备维修保障动员的质量和速度,组织实施装备维修保障动员时应当遵循以下基本原则:

一、依法动员

依法动员就是严格按照有关法律、法规和规章所规定的权力、程序、内容、范围和方法等,实施军民通用装备、物资器材、维修设备、保障设施和保障人员等的征用、征集。装备维修保障动员的政策性强,直接关系到地方和人民的利益。只有严格依法动员,才能增强装备维修保障动员的权威性、强制性和时效性。

二、突出重点

突出重点,是指装备维修保障动员在全面兼顾的同时,要把对装备维修保障动员和装备保障全局具有决定性影响的要素摆到重要位置。突出装备维修保障动员重点,要根据战争动员命令、上级意图和装备维修保障的需要,选准动员重点。动

员重点,在动员空间上,通常是主要作战地区、主要作战方向;在动员时间上,通常是临战动员阶段;在动员内容上,通常是需求矛盾较为突出的动员内容。

三、充分准备

充分准备,是指战时装备维修保障动员必须立足平时的充分准备。未来信息化战争装备维修保障动员准备得充分与否,直接决定着装备维修保障动员的质量与速度。装备维修保障动员必须立足于平时的预先准备,才能取得装备维修保障动员的主动权。

四、专业对口

专业对口,是指所动员的各类装备、设施和人员,要按照其性能、用途或专业特长对口动员、对口使用,以充分发挥其应有的作用。各类装备、设施的性能、用途各异,适用的针对性强。有关动员机构必须对具有装备专业技术技能的预征对象,按地区、按系统、按单位分门别类地进行预备役兵员普查登记,以便为制定动员计划提供可靠的依据。

五、就近就便

就近就便,是指尽量在部队驻地或作战地区附近征用装备维修保障人员、通用装备及装备物资、设施。平时应根据装备维修保障动员预案,按照就近就便的原则,在部队驻地和作战地区建立军地双方的动员关系,进行必要的动员演练,战时实施就近就便的动员和使用,及时满足装备维修保障力量组(扩)编和支援装备维修保障的需要。

六、照顾建制

照顾建制,是指尽可能按建制动员和使用装备维修保障力量。动员征用军民通用装备和装备维修保障力量时,应尽量按预备役装备维修保障部(分)队和工厂、企业等建制单位组织实施。动员征用的军民通用装备和装备维修保障力量,也尽量按建制分配使用。按建制动员和使用,既便于组织动员,又利于提高动员速度;既便于管理,又利于充分发挥建制单位的维修保障效能。因此,在制定装备维修保障动员预案时,应按工厂、企业或专业成建制编组,根据战时的需要,形成不同规模、不同专业的建制模块,以便战时按建制动员和使用。

第三节 装备维修保障动员准备

装备维修保障动员准备,是在平时状态下为装备维修保障动员的实施,所预先进行的筹划、安排和采取的落实措施。它是实施装备维修保障动员的第一阶段,是装备维修保障系统由平时状态进入战时状态的基础。

一、进行装备维修保障动员潜力统计

装备维修保障动员潜力,是指国家在装备维修保障动员方面以潜力形式存在的物质力量和精神力量的总和。装备维修保障动员潜力,是装备维修保障动员的基本对象,是装备维修保障动员赖以生存的客观基础。装备维修保障动员的过程,就是把装备维修保障动员潜力转化为军队装备维修保障实力的过程。

装备维修保障动员潜力主要由以下三个部分组成:一是人力资源潜力,主要指具有装备维修保障基本技能,经过必要的训练后,战时能够遂行保障任务的各类专业技术人员,以及军队装备维修保障退役官兵;二是物力资源潜力,主要指战时可供军队使用的各种军民通用装备物资、器材、设备、设施等;三是财力资源潜力,是指经战时动员可能提供的专项经费。装备维修保障动员潜力的各个方面都不是孤立存在的,而是一个相互联系、相互制约、相互促进的有机整体。只有对这些潜力进行综合开发、综合转化,才能使其形成适应作战需要的装备整体保障力量。

为了科学地进行装备维修保障动员准备,必须对装备维修保障动员潜力进行认真统计,对其可能的发展变化进行预测,以做到心中有数,并根据需要及时采取必要的措施。

二、建立健全装备维修保障动员法规

装备维修保障动员法规,是平时进行装备维修保障动员准备,战时实施装备维修保障动员的法律依据。装备维修保障动员法规应对装备维修保障动员中的一些主要问题作出规定,一般应包括:装备维修保障动员的目的、基本原则、基本任务、主要手段、动员范围与对象,装备维修保障动员的授权、时机和实施程序,各级装备维修保障动员机构及其职责,预备役装备维修保障人员的等级划分和使用原则,预备役装备维修保障人员参加军事训练、演练和实兵演习,预备役装备维修保障建设,战时装备维修保障动员装备物资的储备和使用,地方装备和保障人员参训、参战受损后的补偿,地方装备和保障人员参训、参战后的补贴和待遇,对逃避动员人员的惩处,装备维修保障动员中各项经费的来源和使用等。

有了健全的动员法规,装备维修保障动员工作就有法可依,有章可循,有利于装备维修保障动员工作走上正规化、制度化的轨道,有利于装备维修保障动员各项目标的实现。

装备维修保障动员法规既要保持相对稳定,又不能一成不变,应随着政治、经济、社会的发展而制定。法规的修改和完善是一项长期的任务。例如,美国的《商船法》早在1920年就已颁布实施,1928年进行过一次修改。由于该法对美国的民船发展和国防建设起的促进作用不大,故于1936年又进行重大修改。新的《商船法》成为第二次世界大战期间和战后美国民船动员的主要法典。然而到了1970年,为了适应日新月异的国际海运形势和现代战争对装备维修保障动员提出的新要求,美国国会又通过了91-469号公法,对1936年《商船法》又进行了一次大修改。这一行动被军方和商船界称赞为"30多年来对国家海运政策的一次最彻底的检查"。修改后的《商船法》对20世纪70年代以后的美国民船动员工作产生了积极影响。如充实国防后备船队、建立海上预置仓库系统等,保证了美军在战时和紧急情况下对民船动员的需要。

三、制定完善装备维修保障动员计划

制定装备维修保障动员计划是装备维修保障动员准备的一项重要工作。装备维修保障动员计划,是平时进行动员准备,战时实施装备维修保障动员的基本依据。

装备维修保障动员计划的内容十分庞杂,通常包括:军队战略目标和作战预案对装备维修保障动员提出的基本任务,组织领导和实施机构,装备维修保障动员等级及其动员种类、数量、质量、征用单位和接收单位;集结区域、地点;动员时机,完成时限,以及完成动员任务的措施等。此外,还要制定一系列相应的保障计划,主要有:现役骨干派遣计划,装备物资保障计划、动员经费保障计划、通信联络保障计划、政治思想工作计划、通用装备战时改装计划、战时防卫和掩护计划等。

装备维修保障动员计划的制定和落实过程,是一个自上而下,又自下而上的反复过程。首先由最高决策机构根据预定的作战计划,提出装备维修保障动员的总体任务、要求和指导方针。然后由政府和军队负责装备维修保障动员的领导机构,按照业务分工,分别拟制各自主管业务方面的装备维修保障动员计划;经过双方综合、会审、平衡,形成装备维修保障动员计划草案,报请国家最高动员领导机关(或授权机关)批准后生效。经过批准的装备维修保障动员计划,要按照政府和军队的系统分别逐级下达。各级都要根据总计划对本级规定的动员任务,制定具体落实计划,并逐级上报审批备案。

经过国家批准的装备维修保障动员计划,具有法律效力。政府和军队各级有关部门,都要严格执行。经常进行自上而下的监督检查和自下而上的信息反馈,是装备维修保障动员计划得以落实的重要保证。各级动员机关,应定期检查计划执行情况,发现问题,及时解决。计划执行部门,要及时向上报告落实情况和存在的问题,并提出相应建议,为上级不断完善装备维修保障动员计划提供依据。

四、建立健全装备维修保障动员机构

装备维修保障动员机构,是平时进行装备维修保障动员准备,战时实施装备维修保障动员的领导机构,健全的装备维修保障动员机构,是做好装备维修保障动员工作的组织保证。

为使装备维修保障动员机构能切实履行职责,在设置装备维修保障动员机构时应当做到以下四点:

一是便于军政协同。装备维修保障动员不仅涉及军队,而且涉及地方许多部门。为了便于协同,动员机构设置应有助于对整个装备维修保障动员工作实施统一领导,有利于对装备维修保障动员部门进行协调管理,便于装备维修保障动员工作的统筹规划。

二是有职有权。装备维修保障动员体系,是一个连接军事和经济、军队和地方、平时和战时的纽带。因此,国家和军队应授予其相应的权力,使之具有权威性。这些权力包括:主要军地两用装备、设施设计、建造中的参与审核权,铁、公、水、管(道)、空运装备计划安排中的参与权,平时为保障军事需要的优先征用权,战时依照法规和计划动员装备维修保障力量的决定权等。只有这样,才能使装备维修保障动员机构成为一个有职有权的领导机构,以保证装备维修保障动员在紧急情况下,随机决断,争取主动。

三是结构合理。装备维修保障动员涉及军队和地方众多领域,必须合理确定装备维修保障动员机构的结构,并明确各级的职责和分工。根据系统论的观点,结构决定功能。对于装备维修保障动员系统的结构来说,一般区分为最高决策机构、领导机构和执行机构等几个层次。最高决策机构是装备维修保障动员的最高权威机构;领导机构是实现最高决策机构决心、组织领导装备维修保障动员具体工作的业务性机关;执行机构则是落实和完成装备维修保障动员各项准备与实施的基层部门。为了提高装备维修保障动员工作的效率,必须科学区分不同层次机构的分工与职责,在领导关系和工作程序上避免一切不必要的、繁琐的形式和手续,以利于装备维修保障动员机构工作的快速高效。

四是人员精干。虽然装备维修保障动员准备任务艰巨,工作量大,但其动员机构编制有限。因此,要选配素质好的干部,这些干部既要有强烈的责任感和进取精神,又要精通业务,一专多能;具有较强的快速反应能力、组织计划能力、信息获知能力、决策应变能力等。只有这样,装备维修保障动员机构的人员编配,才能胜任所担负的任务,确保装备维修保障动员工作的时效性和准确性。

按照以上要求,建立具有快速反应能力的装备维修保障动员机构应包含三个层次:

一是装备维修保障动员决策机构。动员决策机构,是国家平时进行战争动员准备和战时实施动员的统帅机构,是动员领导体制的神经中枢。健全的动员决策机构必须权力大、决策快、效率高,能够对国家整个动员工作,包括装备维修保障动员工作实行高度集中统一的领导。目前,世界各国的最高动员决策机构的现状是:英国和日本是首相负责制的"国防与海外政策委员会"和"国家安全保障会议";美国是总统负责制;以色列是总理负责制的"国家安全委员会";美国的总统、英国的首相、以色列的总理,在紧急情况下可以不受国会的约束,有权采取断然动员措施。

二是装备维修保障动员协调机构。动员协调机构,是实现最高决策机构关于动员准备与实施意图的具体办事部门,也是组织协调国家各部门,各行业、地区落实与执行动员任务的机关。第二次世界大战以来,许多国家都建立了"权责并重"的专门组织协调与监督机构,例如,美国的"紧急动员准备委员会",英国的"国防参谋部作战需求委员会",苏联的"总参谋部动员部",法国的"国防总秘书处",日本的"国防事务局"等。

三是装备维修保障动员执行机构。动员执行机构,是装备维修保障动员各个领域执行最高决策机构赋予的动员任务的基本单位,它既是最高动员决策机构和动员协调机构下属的机关,又是本部门、本行业动员工作的领导部门。它主要包括政府、军队和社会团体的装备维修保障动员领导与执行系统。

五、建立装备维修保障动员储备

装备维修保障动员储备,主要包括高新技术装备以及有关技术设备、人才、物资和财力的储备。高技术沿着军用与民用两条战线并行发展且趋于融合,使装备维修保障动员利用地方技术经济潜力成为现实可能。以往,新技术往往首先根据军事需要发展起来以后,才拿到民用领域去应用;而现在的趋势是,民用产业也有很多领先的高新技术,而且能够推动军事工业的发展。再有,一些军用高技术往往隐含于民用高技术之中。在国外对于军事技术一般限制都很严格,将其作为国家级机密控制出口,但是民用技术的交流,限制较松。通过民用技术的引进,就可以为我所用,充分发挥其军事潜力。此外,高新技术在经济和军事领域的广泛渗透,使军事经济与国民经济的联系更加紧密,传统的平战结合、军民兼容已不是一般意义上的人力、物力和财力的军地联合保障,而是赋予装备技术一体化保障的崭新内容。目前,需要着重解决的是如何从体制上确保装备技术产业和技术运用的军地联合与兼容。为此,有必要建设平战两利易于转化的装备维修保障动员储备体制。在资源的利用上,联合开发,为战时装备维修保障动员奠定雄厚基础。虽然我国资源比较丰富,但是供求矛盾仍然存在,因此需要充分地开发利用。首先,在装备技术人力资源的开发上,应走军民联合办学的路子。其次,在财力、物力资源的开发上,应疏通市场筹措渠道,并建立必要的储备。同时,利用我国市场经济比较发达的有利条件,设立多层次筹措网点,以便战时紧急征用。最后,在装备科技资源的开发上,发展外向型经济,加强技术引进,以提高在国际市场上的竞争力,为研制"高精尖"装备维修保障奠定雄厚的技术基础。

第四节 装备维修保障动员组织实施

装备维修保障动员组织实施是装备维修保障动员的核心环节,包括平时转入战时的转换阶段和战争时期的全部动员活动两个阶段。装备维修保障动员实施是战时装备维修保障动员令发布后最基本、最主要的环节,即遵照国家颁布的动员法令,按照平时制定的动员预案计划和战争的需求,迅速地将平时装备维修保障动员体制转入战时体制,最大限度地发挥动员效能,保障部队作战对装备维修保障的需要。

战时装备维修保障动员组织与实施的程序及内容如下:

(1)下达装备维修保障动员令。通常在国家动员令下达之后或同时下达。其内容一般包括:装备维修保障动员任务、范围和方式,装备维修保障动员集结地点及输送、交接方式,装备维修保障动员协同与保障,完成时限及要求等。

(2)充实、调整装备维修保障动员机构。装备维修保障动员机构是战时进行装备维修保障动员的组织保证。应当在平时建立的基础上,根据战时紧急动员任务的需要,充实完善机构设置,确保动员组织机构运转高效。完善装备维修保障动员计划。依据国家战争动员令、武装力量动员计划、装备维修保障动员任务以及当时的环境条件等情况,在原计划的基础上进行修订和完善。

(3)完善维修保障动员预案,进行科学决策。当国家宣布进入紧急状态时,装备维修保障动员机构应根据可能出现的各种情况,从最难最不利的情况入手,完善动员预案。装备维修保障动员决策机构应根据当时实际情况迅速作出装备维修保障动员决策,明确装备维修保障动员实施方案。

(4)组织装备维修保障动员工作展开。这是动员实施的关键阶段。承担装备维修保障动员任务的各部门、各单位在接到装备维修保障动员任务后,应迅速转入战时状态,落实装备维修保障动员任务。各级装备维修保障动员机构要加强领导,严密组织,采取各种措施,监督检查装备维修保障动员计划的实施情况,掌握装备维修保障动员计划的实施进程,加强控制和管理,协调各系统、各部门之间的配合,解决实施过程中出现的问题。

(5)动员装备及人员的集结、移交与管理。动员装备的集结可采取多种通信手段,迅速通知被征用的单位和人员,明确集结地域、时间和方法,并按照计划迅速组织将动员装备调集到指定单位和地域,移交给有关部门和部队;在机动和调集中,可采取多种交通工具并用,多批、多路、分散、隐蔽机动,做好防护和抢修准备,实施全面保障,确保安全;动员装备的移交,根据征集对象制定移交计划,按时到达指定地点和地域,依据征集要求和数量、编组向接收部门、部队或单位组织清点、交接,并向接收方介绍所动员装备、技术人员的情况;征集装备应按照"谁接收、谁管理"的原则,总体要求保证征集装备处于良好的技术状态,达到完好率标准。

第五章

装备维修保障发展趋势

在认真研究装备维修保障的基本理论后,深入了解装备维修保障未来的发展动向,对于全面把握装备维修保障的基本规律,科学制定装备维修保障的规划计划,深入开展装备维修保障建设,全面做好未来信息化战争所需要的装备维修保障准备,具有重要的理论和实践意义。

第一节 概述

装备维修保障发展趋势的研究,既是一个涉及装备维修保障发展研究的理论问题,更是一个与装备维修保障建设实践密切相关的问题,明确其内涵、研究方法和当前代表性的观点,是科学把握装备维修保障发展趋势的重要基础。

一、装备维修保障发展趋势的内涵

从一般意义上说,趋势是相对于现状而言的,现状,是指事物目前的状况,而发展趋势,则是指事物发展的未来动向。装备维修保障的发展趋势,就是指装备维修保障未来的动向。

研究装备维修保障发展趋势,对于搞好装备维修保障建设具有重要意义。首先,认清装备维修保障的发展趋势,是制定装备维修保障战略与规划计划的前提。装备维修保障发展战略,是对涉及装备维修保障全局性重大问题做出的长远设想,其战略目标、重点等,都必须建立在对装备维修保障未来发展趋势的科学预测的基础上。同样,装备维修保障发展的规划计划,无论是装备维修保障建设的中长期规划还是年度的建设计划,都必须根据对装备维修保障发展趋势的预测,科学提出装备维修保障建设与发展的指导思想、目标任务、具体方案、能力水平和对策措施等。其次,认清装备维修保障的发展趋势,是全面推进装备维修保障建设的基础。装备维修保障建设涉及方方面面,而不论是装备维修保障的人才队伍建设、维修保障力量建设、体制机制建设、法规制度建设等,都必须建立在对各方面未来发展之趋势的准确把握之上。

二、装备维修保障发展趋势的研究方法

装备维修保障是一个复杂的系统工程,因此,其未来的发展动向也必然是多种多样的。如何运用科学的方法开展装备维修保障发展趋势研究,是正确把握装备维修保障趋势必须首先解决的根本问题。装备维修发展趋势研究作为对装备维修保障未来发展动向的一种预测,关键是要把握好以下几点:

首先,要准确理解装备维修保障的科学内涵。装备维修保障,作为"保持、恢复和改善装备良好技术状态而采取的各项保证性措施及相应活动的统称"。其内容较为丰富,一般认为应包括:装备维修保障体制、装备维修保障发展战略与规划计划、装备维护、装备修理、装备维修器材保障、装备维修保障设施设备、装备维修保障人才、装备维修保障经费、装备维修保障科学研究与改革、装备维修保障技术、装备维修保障法规建设等。在一定意义上说,我们对装备维修保障发展趋势的预测,就是对以上各个方面未来发展动向的认识。

其次,要明确关于发展趋势预测的主要内容。一般说来,预测某一事物未来的发展趋势,其基本内容主要包括环境、过程、系统整体和各个组成部分。一是依据装备维修保障系统发展环境因素来预测装备维修保障未来发展的可能动向,这些因素包括科技能力、经济基础、作战需求、装备实际、人员素质、管理水平等。二是依据装备维修保障实践的发展过程来预测,包括装备维修保障的规划计划、装备维修保障的技术研究、装备维修保障的设施设备、装备维修保障的器材储备供应、装备维修保障的训练、装备维修保障的信息化建设等。三是从装备维修保障系统整体发展来预测,包括装备维修保障整体未来有什么发展特点、组成要素变化、系统的组织、系统的结构、系统的功能等。四是从装备维修保障系统组成要素的发展来预测,如战略装备维修保障、战役装备维修保障、战术装备维修保障、陆军装备维修保障、海军装备维修保障、空军装备维修保障、战略导弹部队装备维修保障、航天装备维修保障等。

最后,还要注意把握好其他预测趋势过程中必须注意的问题。要努力提高运用基本理论分析解决问题的自觉性,确实使预测的发展趋势建立在良好的理论基础之上;要适应客观和主观条件使预测的内容建立在客观基础之上,并是自己能够把握住的问题;要注意提高预测的针对性,预测趋势的目的是把握未来,是为了促进装备维修保障建设,绝不能脱离实际需要而空泛议论。

三、装备维修保障发展趋势的代表性观点

依据以上预测方法,可从不同的层面对装备维修保障发展趋势进行概括,主要有以下代表性观点。

(1)随着装备技术含量的不断加大,装备维修保障呈现出新的发展趋势:①装备维修保障体制趋于综合;②装备维修保障对象增多,范围加大;③装备维修保障的手段不断更新;④装备维修保障中的承包方、第三方保障比重加大。

(2)20世纪末以来,以信息化装备为主体的高新技术装备系统基本形成,标志着军事装备开始进入信息化建设与改造的高速发展时期。信息化装备的高速发展,使军队的体制编制、作战方式等发生重大变化,进而将使军事装备维修保障发生一系列新的变化。这些变化包括:①军事装备建设保障的对象和内容将进一步向"软硬结合"方面发展;②军事装备维修保障体制将进一步向精干合成、军民兼容的方向改革;③军事装备维修保障方式方法将向快捷、高效、多样的方向变化;④军事装备维修保障将向机动、防护、信息化和多功能化方向发展;⑤军事装备维修保障的指挥与管理信息化系统将向实时、精确、综合方向进步。

(3)随着高新技术特别是信息化技术在现代装备中的广泛运用,战争力量构成、作战样式和战争形态与过去相比发生了巨大变化,对现代装备维修保障能力的发展提出了新的挑战。传统的维修保障方式已经不能完全适应现代陆海空天电(磁)"五维一体"的数字化战场环境的要求,更难以有效保障全纵深、全时空作战的信息化部队。发展符合信息化战争所需要的保障能力成为迫切需要解决的问题,其主要做法包括:①不断推出新的装备维修保障倡议;②构建军民一体化的装备维修保障力量;③开发新的保障技术和装备、设备;④加强精确保障能力。

第二节 装备维修保障的主要发展趋势

从以上几种概括中可以看出,从不同的角度对装备维修保障发展趋势进行概括,可以得出不同的结论。我们在提出自己的预测时,同样是从宏观上给出预测,重点考虑的还是我们的预测与我军装备维修保障实践之间的联系,也就是尽可能使趋势预测具有较强的针对性。从这一角度出发,装备维修保障未来发展趋势主要有以下几点。

一、高度重视装备维修保障理论研究

装备维修保障理论,是人们对装备维修保障的理性认识,是军事装备学基本理论的演绎成果,更是装备维修保障实践经验的科学总结,对于指导装备维修保障实

践具有重要作用。在新的历史条件下,由于装备维修保障实践的复杂性,各种具体实践使人们长期或一生只能从事装备维修保障的某一具体工作,难以从宏观上驾驭装备维修保障,更需要从理论上认清装备维修保障的基本规律,以指导装备维修保障系统的科学发展。

在国外,尤其是西方发达国家,十分重视装备维修保障理论的研究,不断提出新的装备维修保障概念、倡议和理论。在美国,近年来先后提出的新的装备维修保障倡议包括:全寿命周期管理、全拥有费用、以网络为中心的维修、基于状态的维修、国家库存管理、基于性能的维修等。这些新的概念和理论,在装备维修保障实践中发挥了重要作用。例如,美军针对装备采购部门和保障部门在保障责任上的分离、服役后的各个保障相关环节之间责任分散的实际问题,提出了基于性能的保障理论。这一理论的重要特点在于:在实施对象、期限、保障架构等方面具有高度灵活性;强调综合利用激励机制、评价机制、竞争机制等各种管理机制;强调反复开展分析论证与决策。通过实施这一保障理论,保证了装备战备完好性,降低了武器系统的保障费用,加快了军方形成建制保障能力的进程。实践证明,这一理论在战时能够取得显著的军事和经济效益。美军在阿富汗战争中,负责提供基于性能保障的诺斯罗普·格鲁曼公司交付的飞机可用度超过85%,节省费用约3100万美元。而且,在阿富汗战争249个战斗架次中,联合监视目标攻击雷达系统实现了近100%的出动架次率。

二、加快推进装备维修保障转型

世界各国在推进军事转型的过程中,普遍把装备维修保障转型作为一个重要内容加速推进。尤其是美军,在大力推动军事转型的同时,对现有装备维修保障体系进行了全新的改造,正在朝着建立高度敏捷、精确、可靠的保障体系加速转变。

一是颁布保障转型的路线图,明确维修保障转型的目标、思路与做法。在提出保障转型后,国防部和各军种都相继颁发了相关文件。国防部颁布顶层文件,明确提出转型目标。2004年12月,国防部颁布了保障转型的顶层文件《国防部保障转型战略》,将1996年在《联合设想2010》中提出的"聚焦保障"正式确定为美军未来保障转型的顶层目标,即在军事行动的全过程,要具备在正确的时间、正确的地点,以正确的数量,为联合作战部队提供正确的人员、设备、供应和保障的能力。根据国防部确定的保障转型总目标,美军各军种也颁布了适合本军种的保障转型倡议,提出了操作性很强的具体思路。如美国空军2005年颁布的《21世纪远征保障战役规划》提出了通过"增强型基于状态的维修"、全寿命周期系统管理、灵活作战保障、地区供应中队、中继级集中修理设施等20多项倡议来实现转型目标的总体思路。

二是适时调整编制体制结构,优化整合维修保障力量与资源。近年来,美军各军种根据国防部和本军种提出的保障转型计划和倡议,适时对部队的编制体制进行了调整,取得了显著成效。在陆军,为适应部队编制的调整,对其保障部队的编制进行了调整:一方面,进行精简整编,将保障机构由5级缩减为3级;另一方面,又组建了若干新的保障机构,如战区维持司令部、旅保障营等。在空军,建立了"中继级集中修理设施",调整了联队的保障力量结构。新组建的联队维修大队将统管整个联队的维修资源、力量和业务,使得整个联队的分工更加合理和专业化,提高了维修效率。在海军航空兵成立"机群战备完好性中心",使得维修地点更加集中,能更有效地协调维修力量;减少了重复工作的资源消耗以及运输、包装等额外环节消耗的时间和费用;减少了维修设施重复建设带来的资源浪费。

三是加速保障领域信息系统的综合集成,为装备维修保障信息化奠定物质基础。美军保障领域原有约1700个信息系统,19000个应用软件。美军经过综合集成,到2012年基本形成由约700个系统、1000个应用软件构成的系统,实现各军种能够互相操作的信息化保障环境。采取的措施主要包括:以"体系结构框架"为指导,开发和完善"全球作战保障系统",实现保障工作一体化;加速专用信息系统的全面更新换代,满足具体保障业务的需求;采用工程化的思路加速保障领域信息系统的综合集成,实现信息的有序流动和高效利用。

四是加强新技术的应用,为实现装备维修保障转型提供强大动力。为了给维修保障转型提供技术支撑,美军在装备保障领域大力研究应用装备保障新技术。包括:加快发展诊断与测试技术,实现"基于状态的维修";广泛应用自动识别技术,实现"感知与响应保障";大力推广维修辅助技术,提高基层部队维修作业信息化水平等。

五是积极探索地方保障资源的利用方式,不断提高装备维修保障的效率和效益。为此采取的措施包括:推行"持续过程改进",利用地方先进的管理方法和理念优化军方装备保障业务流程;大力推行"基于性能的全寿命保障",开辟军地一体化保障的新途径;积极开展基地级维修公私合作,在保持军方核心维修能力的同时提高装备维修保障效益。

三、更加重视装备维修保障信息化建设

装备维修保障信息化建设,是指在装备维修保障领域广泛采用先进的信息技术与装备,有效开发、利用装备维修保障信息资源,以全面提高装备维修保障能力,其主要内容包括装备维修保障信息化基础建设、装备维修保障指挥系统信息化建设、装备维修保障力量信息化建设等。随着装备维修保障对信息化建设需求的不断增强以及信息技术的迅速发展,装备维修保障信息化建设呈现出了一些新的发

展趋势。科学把握这些发展趋势,对于搞好装备维修保障信息化建设的顶层设计,加速推进我军装备维修保障信息化建设具有重要意义。根据装备维修保障信息化建设的主要内容和特点,当前装备维修保障建设主要呈现出如下发展趋势:

一是继续朝着一体化方向发展。一体化作为当今武器装备建设的一个主要趋势,维修保障也不例外。其主要表现是:首先,更加重视多种维修保障技术的综合运用,如美军正在综合运用微电子技术、计算机技术、传感器技术、信息处理技术、人工智能技术等高新技术,发展集故障检测、诊断、隔离等功能于一身的一体化自动测试系统,在不久的将来有望突破。其次,逐步实现可靠性与功能特性设计的一体化。功能可靠性分析技术的出发点是在常规功能设计的基础上综合考虑可靠性和功能特性的设计技术,目前正在发展的技术包括:功能与可靠性综合模型技术;功能故障模式与影响分析技术;功能可靠性仿真技术等。最后,努力实现软硬件维修技术的一体化。一方面,装备中许多过去只能由硬件实现的功能可以由软件代替,另一方面,故障诊断与检测设备中软件所占的比重也越来越大。

二是继续向着智能化方向发展。随着人工智能技术的迅速发展以及在保障设备中的大量运用,故障检测与诊断、维修决策以及保障特性设计等维修保障工作的智能化水平将得到显著提高。在故障检测与诊断智能化上,将综合运用传感器、推理机、无线电通信、虚拟集成和接口平台等技术,使状态检测和性能减退监控进一步智能化。在维修决策智能化方面,将积极开发智能化维修决策系统,通过系统采用神经网络计算机等具有人脑部分功能的智能计算机和智能专家系统,使其具有很强的信息处理、信息传输和数字计算能力,而且具有自我改造、修复、学习、思考、逻辑推理、判断等多种人工智能。在保障特性设计方面,将综合采用人工智能技术、神经网络技术等,更加科学合理地将维修性的规定、定量要求等设计到不同的装备维修保障装备中。

三是建模仿真虚拟现实技术将得到广泛应用。首先是建模仿真技术将在维修保障各个阶段得到广泛应用,尤其维修保障指标建模、保障资源建模、使用与维修活动建模,将成为未来发展的重点。其次是更加重视利用虚拟现实技术开展维修保障设计与验证。美军已经成功开发了虚拟设计系统,并在一些重大装备维修性设计中进行了验证。最后是在维修训练中大力应用虚拟现实技术。这集中表现在以下三个方面:第一方面是维修决策训练,帮助维修指挥军官掌握如何根据各个阶段作战特点和装备战损情况做出正确的维修决策;第二方面是故障根源分析训练,利用虚拟现实技术可对来自不同数据源的维修信息进行融合处理,从而确定故障的真正根源;第三个方面是维修程序训练,通过建立相应的维修环境图形和图像库,储存各种维修目标对象、维修场景等信息,为训练人员提供逼真的现场环境。

四是不断走向标准化和通用化。标准化和通用化是实现武器系统互连、互通、互操作的重要手段,也是维修保障技术和系统的重要建设方向。这集中表现在三个方面。第一方面是维修保障技术体系结构的标准化程度将不断提高。如美国F-35项目办公室,就提出一种"企业化配置管理架构",目的在于建立一种美国政府、盟国伙伴、工业界和学术界之间使用标准化的通用框架,以协调配置管理的技术规划、研发、资源规划等,最大程度地实现技术共享。第二个方面是未来维修保障系统的软硬件接口将实现标准化。如美国正在着手制定"标准测试系统"的硬件接口标准,该标准将实现测试系统的功率模块接口、开关矩阵模块接口、信号接卡器与测试夹具等硬件接口的标准化。第三个方面是在新型维修保障系统设计过程中最大程度地实现通用化。

第三节 加快推进我军装备维修保障建设

在装备维修保障建设的过程中,必须突出围绕世界装备维修保障的发展趋势来进行。装备维修保障发展趋势作为对装备维修保障未来发展的预测,实际上反映了未来对装备维修保障的需求。坚持以未来需求为牵引,不仅有利于坚持装备维修保障的正确方向,有利于明确装备维修保障建设重点,也是确定采取各种有效措施的基本依据。

一、主要内容

装备维修保障建设,是指国家和军队为提高装备维修保障能力所采取的一整套综合措施。在这个意义上,装备维修保障建设与装备维修保障涉及的各种复杂因素密切相关,也就是说,凡是有利于推进装备维修保障能力增长的措施,都是装备维修保障建设的内容。一般来说,装备维修保障建设至少应包括装备维修保障体制、装备维修保障发展战略与规划计划、装备维护、装备修理、装备技术使用与管理、装备维修器材保障、装备维修保障设施设备、装备维修保障人才、装备维修保障经费、装备维修保障科学研究与改革、装备维修保障技术基础、装备维修保障法规、战时装备维修保障等。

根据未来装备维修保障的发展趋势,我们必须在以下几方面加强建设:一是加强装备维修保障理论建设,尤其要注意培养装备维修保障理论研究人才、加强装备维修保障学科建设、围绕装备维修保障的重大现实问题进行理论研究;二是要加强装备维修保障信息化建设,尤其应加强装备维修保障信息化基础设施建设、装备维修保障指挥自动化系统建设、装备维修保障远程支援系统建设、信息化维修装备建设以及加强装备维修保障信息化的技术研究开发。

二、主要措施

围绕装备维修保障发展趋势搞建设,必须坚持从我军的实际情况出发,紧紧围绕装备维修保障实践中需要解决的突出问题进行。在装备维修保障建设中,由于装备维修保障的共同规律和国外发达国家起步较早的实际,决定了我们必须努力借鉴国外尤其是军事强国的装备维修保障建设的经验。但必须结合我国的具体实际加以消化吸收,绝不能简单地照抄照搬。这不仅由于我国的国情和国外有较大差别,而且从我军的实际情况看,无论是装备维修保障的体制机制、装备维修技术基础,还是装备维修保障人才的基本素养、装备维修保障的设施设备等,都有很大差别。新的历史条件下,我们必须着眼全面履行新世纪新阶段军队历史使命,以推动国防和军队科学发展为主题,以加快转变战斗力生成模式为主线,紧密结合我军装备维修保障实践,努力探索适合我国国情和军情的装备维修保障规律,促进我军装备维修保障建设又好又快发展。为此,装备维修保障建设必须在权威组织领导机构的统一领导下,科学规划,宏观调控,根据建设需要,明确任务分工。主要措施包括以下几个方面:

(一)加强装备维修保障理论创新研究

理论是行动的先导,装备维修保障要适应未来信息化战争的要求,就必须建立一整套相应的装备维修保障理论,主要研究未来信息化战争条件下,装备维修保障的特点、规律,信息化装备维修保障的指导思想、保障体制、管理机制和保障模式、信息化装备维修保障业务工作流程和指导思想、保障模式、管理机制、业务工作流程、指挥控制理论,有关法规、制度、标准等,为信息化建设的全面展开提供理论指导。在装备维修保障的理论创新研究中,必须牢牢抓住信息化建设这根主线,充分发挥信息化对装备维修保障资源的有机整合作用、高效聚焦作用和巨大倍增作用。

(二)坚持广泛开展系统集成与整体发展相结合建设

在世界新军事变革中,美军提出的"系统的系统""横向技术一体化""网络中心战"等理论,都不是单纯的技术问题。美军前参谋长联席会议副主席欧文斯认为:"这场军事革命是一种把我们的注意力从作战平台引开的革命。系统集成是指如何设计一个架构,以便综合运用各个系统,大幅度增加军事能力。"可见,以信息化带动机械化,应在系统集成上下功夫。要按照科学发展观的要求,运用大系统的观念和方法,对装备维修保障的各方面、各要素进行综合集成。按照"由上而下整体设计,由下而上逐级集成"的思路。先重点部队,后一般部队;先信息应用系统,后装备改造;先专业内部、后部门横向联合,分层集成,逐级综合,实现装备维修保障信息化建设纵向衔接、横向协调、整体发展。

（三）加大装备维修保障信息资源开发利用的力度

信息资源开发与利用是营造装备维修保障信息优势的基础，是拓展装备维修保障能力的有效手段，是实现装备维修保障信息化的迫切要求。充分开发和利用装备维修保障信息资源，是装备维修保障信息化建设的核心任务。为此，要采取多种手段加大信息资源开发利用的力度，要充分发动部队对保障人员、装备、器材、弹药、设备设施等原始信息进行采集。对大量数据进行归纳整理，提取有价值的知识、规则，使装备数据库作为一种丰富、可靠的资源，为装备维修保障信息资源开发提供良好的支持。融合再生装备维修保障信息。首先，按照军事需求有计划、按步骤地优选信息。其次，消除不确定性。再次，充分利用计算机智能融合技术，对保障信息进行多层次、多方面的自动分析和综合，完成所需信息的再生任务。

（四）大力培养高素质人才队伍

高素质的创新型人才是推进装备维修保障建设发展的关键力量和根本保证。因此，必须牢固树立人才是第一资源的观念，要有计划、有步骤地加强装备维修保障人才培养，建立层次合理、结构优化的人才队伍。各级领导和机关要高度重视，创造良好的育才环境，用新的思维方式培养出高素质新型装备维修保障人才。注重培养精通现代信息技术、一专多能的知识型专业保障人才，以适应装备维修保障信息化建设的要求。拓宽人才培养的渠道，要积极通过院校培训、厂所代训、在职补训等多种方式，促使装备维修保障人才尽快成长。

第六章

装备维修保障模式改革

随着科学技术的飞速发展以及在军事装备领域的广泛应用,武器装备信息化、集成化、综合一体化程度大幅提高,装备维修保障工作呈现许多新的特点和规律。装备维修保障模式必须解放思想、与时俱进,以创新的精神推动实践,以改革的思路谋划工作,以发展的眼光解决问题,立足机械化信息化装备特点,瞄准新时期任务需求,努力推进装备维修保障模式变革,积极探索有效的、符合新装备特点的维修保障模式,使之与装备维修对象的特性相适应,与装备维修的实际工作相适应,与装备发展的趋势相适应,在现有水平的基础上不断发展创新,实现装备维修保障能力的跨越式发展,提高装备维修保障的质量和效益。

第一节 装备维修保障模式概述

一、装备维修保障模式基本概念

任何理论首先必须澄清杂乱的、混淆不清的概念和观念。只有对名称和概念有了共同的理解,才可能清楚而顺利地研究问题,才能同读者常常站在同一立足点上。如果不精确地确定它们的概念,就不可能透彻地理解它们的内在规律和相互关系。研究装备维修模式改革,首先必须从理论上弄清装备维修、模式和装备维修模式几个基本概念。

(一)装备维修

本书所研究的装备维修,是指保持和恢复装备良好技术状态所进行的各项技术性和管理性活动,侧重于装备的维护和修理等技术工作。

(二)模式

长期以来,对"模式"一词,只是作为一个宽泛的概念在使用,《辞海》中将模式定义为"事物的标准形式"。《新华词典》定义为"事物的标准样式"。显然,模式是前人积累的经验的凝练和升华,是从不断重复出现的事件中发现和抽象出的规律。每个模式都描述了一个在我们的环境中不断出现的问题,以及该问题的解决方案和核心。

(三)装备维修保障模式

装备维修保障模式是军队组织实施装备维修保障工作时在组织管理、运行结构、工作制度、维修方式、维修手段、技术运用等方面所采用的标准样式,或长期形成的相对稳定的规范程序。装备维修保障模式是人们对装备维修保障活动运行规律的理论归纳,服务于装备维修保障的对象和目的,由装备维修保障的组织形式、方式方法和技术手段等要素构成,它反映了装备维修保障系统的客观状态和运行规律,并受装备技术水平、维修思想、维修法规、人才素质、资源条件、地理环境等客观因素的制约。装备维修保障模式来源于装备维修保障工作实践,装备维修保障工作实践推动装备维修保障模式不断发展,同时装备维修保障模式又反过来指导装备维修保障工作实践。

二、装备维修保障模式构成要素

装备维修保障模式的要素主要包括组织形式、维修方式、维修方法和技术手段,如图6-1所示。在装备维修保障改革与发展过程中,维修技术的改进是推动装备维修保障能力不断提高的原动力。装备维修的组织形式是装备维修保障模式的主体,方式方法是关键,技术手段是基础。装备维修保障模式的各个要素紧密联系又相互影响,构成要素发生改变,装备维修保障模式随之发生改变。

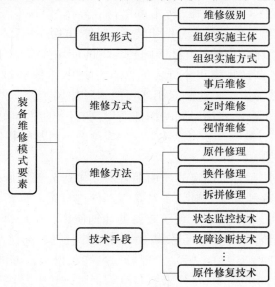

图6-1 装备维修保障模式构成要素图

（一）组织形式

装备维修保障的组织形式反映了装备维修体系的组织管理方式和运作规律，主要包括维修级别、维修的组织实施主体和组织实施方式。装备维修一般依据相关的法规制度，按照规定的维修级别，由相应的维修保障机构采取适合的方式组织实施。

（二）维修方式

装备维修方式，是指组织实施装备维修保障工作时所采取的主要形式。装备维修方式通常应当根据装备的故障或者损坏情况对使用及安全的影响、故障和破坏原因、维修单位的技术条件和维修环境等因素来选择和确定。装备维修方式是装备维修思想的具体体现，并受装备发展水平、科学技术水平、资源条件、地理环境等客观因素的制约。采用不同的维修方式，对装备维修的质量和效率将产生直接影响。因此，维修方式是维修保障模式的重要构成因素。根据装备及其部件维修的时机来分，装备维修有事后维修、定时维修、视情维修三种方式。

1. 事后维修

装备出现故障或损伤后，为使装备恢复规定功能和技术状态所进行的全部技术和管理活动称为事后维修，包括故障定位、故障隔离、部件分解、零件更换、组装调准、技术检验等技术工作。事后维修的目的是排除故障，恢复功能，而不在于防止故障发生，这是与预防性维修的本质区别。由于装备发生故障是随机的，很难事前做出预测并计划安排维修，事后维修是一种非计划性、非预定性的维修工作。事后维修可以在装备上实施原位维修，也可以将故障部件拆卸下来进行离位维修。这种维修方式的优点是可以最充分地使装备（部件）的可用寿命得到利用，但是其前提是装备（部件）的故障不应直接影响到装备的使用安全或任务完成。采用这种维修方式，需要不断地收集和分析装备总体的使用、维修资料，评定装备的可靠性，直到装备发生故障为止。这是对用坏再修这种原始维修做法的提高。该维修方式适用于故障率不会随使用时间的增加而增高，且预防性维修费用大于故障损失费用的装备（部件）维修。还可以用于故障规律尚不清楚的装备（部件）维修。

2. 定时维修

定时维修是指按照装备规定的使用期限对其进行分解维修，以避免发生故障的一种维修方式。这种方式要对装备及其零部件进行定时分解检修，通常不考虑装备（部件）的实际技术状况。它便于装备的计划使用和维修，但是不能充分利用装备的可用寿命。该方式适用于已知寿命分布规律且确有损耗期的装备。这种装备的故障与使用时间有明确的关系，大部分项目能工作到预期的时间以保证定期维修的有效性。在20世纪50年代末装备维修保障理论开始变革之前，定时维修方式曾在装备维修活动中占据非常重要的地位。

这种维修方式的优点是便于装备的计划使用。定时(期)维修方式的优点是通过定时(期)维修,使各级装备维修人员对所辖装备做到心中有数;能发现并排除很多故障和故障隐患,避免一些重大故障和事故的发生;对装备易于计划使用、安排维修工作,进行维修人力的组织和物资器材的准备等,可实现均衡维修,使装备保持规定的战备技术储备,以保证始终处于良好的状态。

大量的使用和维修实践证明,此种维修方式也存在明显的缺点和不足。由于该维修方式片面要求装备维修必须与使用时间有明确的关系,过分强调定时(期)的分解检查,容易造成对装备和机件的盲目大拆大卸。本来工作很好的机件,只是由于工作到预定的使用和维修期限而进行分解检查,其结果是破坏了其原有磨合良好的配合表面和安装精度,不能充分利用装备(部件)的可用寿命,反而可能导致其他故障的发生,出现机件寿命下降的不良现象。此外,由于此种维修方式的针对性不强,导致维修工作量很大,经常造成不必要的人力、物力和财力的浪费。

为有效地克服定时(期)维修的不足,许多国家在定时(期)维修基础上,增加了以可靠性为中心的内容。比较普遍的做法是建立了专家鉴定小组,对装备使用到规定期限后进行鉴定分析,根据装备的实际技术状况,进行不同类别的维修。美军曾为此作过两轮调查:1978年美国派出技术小组对2232辆坦克进行调查鉴定,工作到大修使用期限(8000~9600千米)的有139辆,经鉴定真正需要大修的仅有41辆,占规定大修数量的29.5%;另一次对214辆自行火炮进行调查,使用到大修期的有86辆。经鉴定真正需要大修的仅25辆,占规定大修数量的29.1%。维修工作量明显减少,也有效避免了不必要的人力、物力和财力的浪费。

3. 视情维修

视情维修是指在装备(部件)的技术状况劣化到规定的下限时将对其进行分解检查和维修,以避免发生故障的一种维修方式。其特征是用状态监控技术定期或者连续地监控装备(部件)的技术状况,发现故障征兆时立即检修。因此也被称为"基于状态的维修"。它可以比较充分地利用装备(部件)的可用寿命,但需要有反映装备技术状况的可检测参数和反映故障征兆的参数判据,并要求在装备设计时就确定适用的状态监控技术以及相应的检测点。该方式比较适用于故障率随使用时间的增加而缓慢增高,且维修耗损故障初期有明显劣化征候,又具备一定的检查手段的装备(部件)维修。

视情维修的优点是可以比较充分地利用装备(部件)的可用寿命,有效地预防装备(机件)故障的发生。同时,避免了定时(期)维修的盲目大拆大卸,大大减少了维修次数和时间,极大地提高维修效益。美国陆军航空队在第二次世界大战中率先在飞机的少数零部件维修中使用了这种方式。进入20世纪60年代以后,这种方式逐渐在各类装备维修中得到了大量应用。该方式组织较为复杂,但维修效益较高。需要强调的是，并不是任何装备都可以采用此种维修方式。它必须具备相应的检测设备与手段，并制定出能反映技术状况变化规律的参数和判别潜在故障的标准。

以上三种维修方式，各有一定的适用范围和特点。对某一种具体装备来说，在制定其维修大纲并在其使用阶段组织实施维修时，为了有效而经济地保持装备(部件)的可靠性，充分发挥装备的效能，尽量利用装备的可用寿命，往往要把这三种维修方式结合起来使用。正确运用三种维修方式相结合的原则，能够节约维修人力和物力，有效而经济地保持装备的可靠性，充分发挥装备的效能。

（三）维修方法

修理故障或损坏装备的技术方法是多种多样的，但通常可以概括为换件修理、原件修理、拆拼修理和应急修理四种基本方法。这几种方法的适用条件不尽相同，装备维修中使用何种方法，应视装备类型、故障或损坏部位、破坏程度和维修器材、工具设备以及敌情、战斗任务等具体情况灵活运用。一般来说，应以换件维修为主，原件维修为辅，在必要时才能采用拆拼维修，而应急维修则是为保障紧急使用而采取的急救措施。

（四）技术手段

装备维修技术手段是装备维修的技术基础，常用技术手段主要包括状态监控技术、故障诊断技术、原件修复技术等。在军事装备维修保障改革与发展过程中，维修技术的改进是推动装备维修能力不断提高的原动力。装备维修技术水平影响着装备维修的方式方法，从而进一步影响了装备维修的组织形式，同时，装备维修的技术水平受科学技术发展水平的制约。

三、装备维修保障模式影响因素

装备维修保障模式的形成受到多种客观因素的制约，主要包括装备技术水平、维修技术水平、维修思想、维修法规、人员素质、资源条件、地理环境等。其中，根据维修工程理论，装备维修客体决定装备维修系统主体的规律，装备的特性和技术水平是装备维修保障模式形成的决定性因素，如图6-2所示。

（一）装备技术水平

装备维修保障的客体是装备，而装备是科学技术物化的结果。因此，装备的技术水平是决定装备维修保障模式的首要依据：

一是装备的发展水平决定了装备维修保障的组织方式。冷兵器时期是个人组织维修；火器时期的开始有了专门掌管装备维修的官员和机构，组织专业技术人员进行维修的方式随之出现；机械化时期以后，武器装备表现出了技术高度密集的特征，专业化集体协作成为装备维修的主要组织方式。随着装备信息化的发展，装备维修的组织形式还将不断地发展变化，以适应装备维修工作的需求。

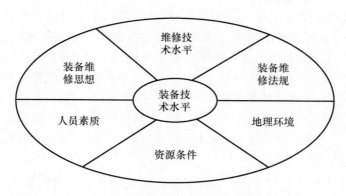

图6-2 装备维修保障模式形成的影响因素

二是装备的功能特性决定了装备维修保障方案的形成。可靠性、维修性作为武器装备的重要功能特性,直接决定维修策略、维修级别、维修方式、措施和相关管理要素,例如采用几级维修、每一维修级别上完成维修的预定程度和方法等内容,从而决定了装备维修方案的形成。

三是装备的结构决定了装备维修保障的专业分工。装备结构越复杂,功能越先进,对其进行维修的难度和要求就越高。如机械化武器装备,一般采取分布式结构通过功能叠加实现总体功能,其维修自然也是按总成、分专业进行维修,将各分支力量的维修工作集中在一起,共同完成装备维修。而信息化武器装备,由于其采用集成化结构,总体功能往往是系统功能集成的结果,其维修方式相应地改变为以信息链路功能为主线,实行系统化维修。

四是装备的技术状态决定了装备维修保障方式。机械化装备的"定时维修"就是为了减小磨损,尽可能保证每个部件的安全可靠,对部件进行强制性定期检查。在机械化向信息化转变进程中信息技术逐步与机械化技术融合,"以可靠性为中心""基于状态的维修"等视情维修方式开始出现,综合考虑设计、制造、部件功能及其故障规律等因素,对武器装备实施有选择、有重点、有区别、有针对性的维修,避免了强制性定程定时维修导致的盲目性和附带损伤。

五是装备的损伤机理决定了装备维修保障技术手段。机械化武器装备主要因机械磨损和硬摧毁而损伤,相应的装备维修主要使用机械测量、机械修配和机械化机动机具、设备。随着信息技术的不断嵌入以及信息系统的直接应用,武器装备的损伤机理发生了质的变化,硬摧毁与软杀伤相结合、机械故障与信息阻滞共存,使得装备维修技术手段越来越多,信息化程度越来越高,机械化测量、修配和机动机具成为辅助手段,而信息化、智能化检测手段则成为主要手段。

(二)维修技术水平

装备维修技术是装备维修保障技术的重要组成部分,装备维修技术是构成装备维修保障能力的基本要素。没有维修技术的支持,就不可能有装备维修保障活动,更不可能完成维修保障任务。因此,在装备维修保障模式改革的过程中,维修技术的改进是推动装备维修能力不断提高的原动力。装备维修的技术水平直接影响着装备维修方式的选择、手段的选择和维修方案的形成。随着信息化装备的飞速发展,以信息为主导的装备维修技术得到快速发展。状态检测和故障预测技术、基于装备的维修(CBM)技术和预先维修技术、嵌入式维修技术等先进的维修技术的发展,促使维修方式从被动的预防性维修向主动的预测性维修转变。

(三)装备维修思想

装备维修思想是人们对装备维修保障活动的根本性的理解与认识,是对装备维修保障实践客观规律的集中反映。维修思想不是一成不变的,它的建立与科技水平、装备的先进与复杂程度、维修人员的素质、维修手段的完善程度等有关,并随着科学技术的发展和人们对维修实践的不断认识而逐步深化。维修思想经历了由事后维修思想、传统的以预防为主的维修思想向以可靠性为中心的维修思想、全系统全寿命的维修思想发展和演变的过程,装备维修思想影响了装备维修方式方法的选择和装备维修技术的运用,装备维修方式方法和装备维修技术促进了装备维修思想的发展。

(四)装备维修法规

模式作为一种相对稳定的标准样式,必然需要一套相应的法规制度来规范和约束,有关装备维修保障的条令、条例、规章、制度等规范性文件统称为装备维修保障法规。如全军性维修法规,是组织实施装备维修工作的基本依据,对装备维修活动具有原则指导作用。军兵种制定的相关规章,既从管理层面对装备维修保障各个部门职责、相互关系进行了规范,也从具体操作层面对保障活动进行了技术规范,针对性和操作性更强。装备维修的法规、制度及标准规范和限定了装备维修工作,从而限定了装备维修模式。

(五)人员能力素质

装备维修人员的能力素质对装备维修组织管理、方式方法和技术手段的发展和具体运用至关重要:一是人的能力素质决定了装备维修保障组织管理的效率;二是人的能力素质的提高促进了各种装备维修保障方式方法的出现和发展。装备维修人员是遂行装备维修活动的主体,其行为能力直接影响着装备维修保障方式方法和技术手段的发展变化。各种装备维修保障方式和技术手段都是在人提出了相应需求和愿望,亲自投身于装备维修实践,并不断深化对装备维修保障规律的认识后,才最终产生的。三是人的能力素质优劣,直接影响着装备维修保障方式在实际作战中的具体运用。各种装备维修保障方式在具体实战中每次运用,都与当时当地的决策人和具体执行者的素质有关。同一种情况下,不同的决策人会采用不同维修方式。装备维修保障具体执行者的能力与素质也影响着决策者采取什么样的装备维修方式,并直接关系到某一种装备维修保障方式能否达成装备维修保障的目标。

（六）资源条件

装备维修保障的资源条件包括物质资源和技术资源两方面。物质资源包括维修设备、工具、监测与诊断设备、维修设备设施、器材储备等方面;技术资源包括技术资料、维修数据等。在不同的资源条件下,装备维修保障组织形式、方式方法和技术手段不尽相同,装备维修保障模式也随之发生变化。

（七）地理环境

地理条件（如平原、高原）及气候环境（如寒带、热带）对装备技术状态产生了不同的影响,对装备维修保障组织形式、装备维修方式方法、装备维修技术手段等方面提出了不同的要求,从而影响了装备维修保障模式。

第二节 装备维修保障模式改革需求

一、作战样式的转变需要变革装备维修保障模式以适应联合作战的需求

随着以信息技术为代表的高新技术在战争中的广泛应用,战争形态逐步向信息化转变,主要用于保障机械化战争为目标的现行维修保障模式向以保障信息化条件下联合作战为目标的维修保障模式转变,已经成为装备维修保障领域改革的基本要求和重要内容。信息化条件下联合作战,装备维修保障呈现出许多新的特点和规律,对维修保障模式的创新提出了新的要求。一是作战节奏加快,要求装备维修保障更具快速性。要求部队及其装备在很短的时间内完成作战准备、机动、部署等行动,强调"抵达即能投入战斗"的快速反应能力,从而对维修的灵活性和快速性提出了更高的要求。二是战场态势多变,要求装备维修保障更具时效性。未来作战面临着多样化的军事威胁和作战对象,战场环境复杂,参战力量多元,保障对象多样,要求装备维修保障必须具有极强的适应能力,借助先进的维修保障信息系统,在科学预测各种维修需求的前提下,及时应对战场与形势的变化,做到提前准备、提前行动,并根据装备战损及物资消耗情况灵活地调整装备维修策略与方案。三是战场空间扩展,要求装备维修保障更具精确性。信息化战争战场空间不断扩展,作战地域大大增加,装备维修地域也相应扩大,而且装备动用使用强度与以往相比大幅提高,采用传统的维修保障模式就必须在广阔的战场预置大量保障资源,不仅造成资源浪费,还会严重制约保障效率,因此必须依据适时、适地、适量

的原则尽可能达到精确保障的程度。这就要求以全面提升维修保障能力和效益为根本目标，以优化维修保障体系为基本途径，以提高维修保障全过程的信息化水平为重要手段，全面推动新一代装备维修保障模式向灵活、精确、高效的方向发展。

二、装备技术水平的提高需要变革装备维修保障模式以适应装备发展的需求

随着装备信息化建设的快速发展，信息化装备体系逐步确立，不仅信息化装备的种类、比例将得到大幅度提升，新型机械化主战平台或装备系统信息化含量也将提高。这些新型装备无论是在技术水平、设计思路、复杂程度还是功能结构等方面都与传统装备存在着很大差异。一方面，先进技术和设计思想的应用提高了新一代装备的可靠性、维修性、测试性，降低了装备出现故障的概率；另一方面，新一代装备的技术特点如软件规模不断增加等，对维修体制、维修体系、维修方式方法提出了新的更高的要求，变革现行模式，以适应信息化装备体系快速发展的保障需求，已经成为当前装备维修工作关注的重点问题。一是先进的技术及设计思路为改革维修保障模式奠定了坚实基础。新装备不仅大量采用了先进技术和装置，还在装备设计中，运用综合保障思想，同步考虑了服役后的维修问题，良好的可靠性、维修性与保障性（RMS）设计保证了新型装备在全寿命周期过程中具备较高的战备完好性和较少的维修保障任务，而旧的维修模式，主要建立在基于后续保障资源建设的装备维修基础上，适应原有装备战备完好性差、维修时间长和维修费用高等问题，而对于可靠性较高，维修性与保障性相对较好的新型装备维修保障，应对建立在经验基础上的定时定程维修模式做出相应的改变。二是新装备维修保障特点要求必须改革现行维修保障模式。新装备是机械化与信息化特征高度融合的综合体，故障机理更为复杂并呈多样化发展趋势。一方面，机械化平台仍然是新一代武器装备的基础载体，其精密程度明显高于现役装备，因此，机械磨损仍是新装备重要的故障模式，大量机械部件的故障分布规律仍符合"浴盆"曲线的特征。与此同时，新装备的机械系统与传统装备相比，发生了许多新的变化，其故障机理兼具了机械装置和电气装置的共同特征。另一方面，新装备广泛应用了通信技术、微电子技术、计算机技术、网络技术等各种信息技术，以集成电路为基础的设备在装备上所占比例不断提高，使得故障机理呈现多样化趋势，并出现随机故障不断上升、"重测合格率"迅速攀升等新问题。这些新装备对维修工作提出了更高的要求，需要新的维修保障模式与之相适应。

三、维修能力和效益亟待提升需要变革装备维修保障模式以适应新的维修工作需求

提高装备维修保障能力和效益是加强装备维修保障工作的重要内容，受传统

思想、模式及技术发展水平的限制,现行装备维修保障模式主要建立在机械化、信息化程度较低的装备基础上,大大制约了部队装备维修保障能力和效益的突破性发展,因此必须积极创新维修保障模式,逐步克服制约能力提升和效益的瓶颈因素。一是创新维修保障模式有利于形成保障合力。三级维修体系,在一定时期内满足了对装备维修保障的要求。但随着战争形态的改变,三级维修体系在实践中逐步暴露出职能任务重叠、资源分散建设、保障部队规模过大、灵活性、机动性差等缺陷,制约了维修的灵活性和效率。整合维修资源、优化维修体系、减少维修层级,提高维修的快捷性和灵活性应成为国内外部队装备维修保障体系建设的共识。二是创新维修保障模式有利于提高维修保障的效益和效率。预防性维修模式是根据装备的故障机理、故障模式与故障规律预先设定装备的维修间隔期,无论装备在预定的时间节点是否出现故障或需要维修,都对其进行检查和维修,虽然在一定程度上有效预防了重大故障的发生,提高了装备的任务能力,但在实际运行过程中也存在过度维修、效益较差等问题。尤其是随着装备信息化水平的不断提高,电子类部件和设备在装备上所占的比例越来越大,故障模式和故障发生规律与以往相比更加难以预测,间隔期过短会导致"维修过剩",增加装备停机时间,降低战备完好性,增加维修保障负担和费用;间隔期过长会导致"维修不足",增加装备出现重大故障的风险。因此,运用新的维修保障模式,能够更好地满足信息化战争和装备本身对维修效率和效益的要求。三是创新维修保障模式有利于提升软件保障能力。目前,软件成为新一代装备的核心要素,保障范围和难度不断上升,软件规模的急剧扩大对新一代武器装备的维修保障能力提出了新的挑战,在可预见的将来,软件保障将成为影响新一代武器装备形成战斗力的重点和难点,以软件重装技术以及软件修改与升级技术为代表的软件保障技术必将成为新一代装备维修保障的重点和难点。

第三节　装备维修保障模式基本原则与举措

装备维修保障模式改革,是顺应信息化条件下联合作战部队武器装备飞速发展的客观要求,是现代维修理论、维修技术手段和方法在部队装备维修保障领域广泛应用的必然趋势,是相对于传统维修保障模式的深刻变革。

一、装备维修保障模式改革基本原则

（一）传承成功经验

进行装备维修保障模式改革,必须在传承中发展,在学习中进步,在探索中创新。要全面总结现有维修保障模式的优势与不足,维修保障模式改革不是对现有

模式的彻底否定,而是对其合理内核的继承和发扬,通过巩固优势,改革不足,弥补弱点,解决制约装备维修保障效益提升的瓶颈因素;要科学凝练装备维修保障领域取得的实践经验,将这些成功经验凝练总结并加以推广应用,必将对装备维修保障模式改革起到奠基作用;要及时转化装备维修保障改革理论研究成果,在理论上对装备维修保障模式展开广泛而深入的理论研究,形成一系列成果,系统梳理、认真学习这些理论成果,并以此为基础进一步研究探索,指导实践,引领维修保障模式改革科学发展。

(二) 体现自身特色

由于装备种类型号繁多、技术含量各异、工作机理不同、体系结构复杂程度差别很大,因此,不能将所有装备维修都局限为一种或数种固定的样式,维修模式改革必须鼓励创新,鼓励差异,鼓励特色化发展。要体现军兵种装备特色。由于履行使命和执行任务的要求,各军种部队的装备体系构成不同,尤其是专用装备类型差异较大,不可能也没有必要对其维修保障模式进行统一,而是在总体思路指导下,根据各自装备特点和要求,改革现有装备维修保障模式中落后或不适应的地方,形成具有军兵种特色的维修保障模式;要体现装备种类特色。现代军事装备是一个复杂、庞大的体系,即便在同一个军种内,也是信息化、机械化、摩托化以及冷兵器装备并存,火力毁伤兵器与软件系统一体,作战装备与后装保障设施设备同在,各种装备的维修保障模式改革应当区别对待,逐一完善;要体现代际特色。由于经济、技术等因素的制约,装备建设将呈现出梯次、滚动发展的特点,多代武器长期并存是客观的现象,对于同一类型装备,其体系结构、信息化含量也会存在巨大的差异,传统的模式仍然有着自身的优势和生命力,对于同一类装备,应根据装备代际差异,针对各自的维修要求,围绕不同的改革重点,采取有针对性的改革措施,建立多样化的维修保障模式。

(三) 注重平战结合

维修保障模式改革的根本目的是适应装备信息化、机械化跨越式发展的稳步推进,大力提高装备维修保障效益。必须改变战时与平时相互分离的维修保障模式,实现平、战两种模式的有机结合。要在维修体系上平战结合,根据战时装备维修保障要求,优化维修体系,大力整合维修力量,科学区分维修任务,逐步减少维修层级;要在维修方式上平战结合,无论平时和战时,都要充分考虑到部队装备维修过程中人才、技术、设施设备的制约,实行现场以换件维修和拆拼维修为主,后方以结构分解和原件修复为主,损坏器材进行集中维修、统一分配、循环利用;要在维修手段上平战结合,改变各级维修在平时主要依托固定设施进行,部队野战维修能力不足的问题,积极研制装备技术先进、功能配套的野战维修设备,减少部队装备维修对固定设施设备的依赖性,通过平时对野战维修设备的使用,熟悉野战维修设设备的实用技能,提高战时野战维修能力。

(四) 突出维修效益

装备维修效益集中反映了装备维修对器材、经费、实践等资源的有效利用程度。随着装备复杂程度的提高和价格的增长,装备维修经费占全寿命经费的比例越来越大,必须在确保军事效益的基础上,逐步提高装备维修的经济效益。要转变装备维修理念,逐步扩大视情维修的应用范围,延长维修间隔期,减少维修内容,缩小资源消耗;要转变装备维修方式,实行精确化维修,利用现代科技手段,通过对装备状态的监控和装备故障规律的把握,科学分析故障原因,精确确定故障部位,减少过度维修和牵连工程(扩大维修范围);要转变装备维修效益评估方法,运用定量化手段,科学评估装备维修的效费比,通过评估逐步完善维修过程中不科学、不合理的方法和项目,在满足装备可靠性、完好率的前提下,以最佳时机、最优方式、最小消耗、最快速度完成各种维修任务。

(五) 坚持稳步推进

装备维修保障模式改革涉及方方面面的问题,利益关系调整比较复杂,改革内容任务十分艰巨,改革基础比较薄弱,由此决定了维修保障模式改革是一个动态的发展过程,不可能一蹴而就,在改革的过程中,由于武器装备发展的差异性,多种模式将长期并存。因此,必须做好试点探索工作,循序渐进、不断完善。要把握模式改革重点,逐项突破。在充分论证的基础上,选择现行模式的薄弱点、装备维修实践的重难点、装备维修发展的关注点作为模式改革的重点问题,避免贪大求全。一次着力解决一两个重点问题,做到解决一个问题,突破一个难点,建设推进一步,积小成为大成,以量的积累实现质的突破;要选准模式改革试点,稳步深入。依据部队装备维修现状和军事斗争装备准备需求,选择新型信息化装备和重点作战部队作为试点单位,逐步总结经验,待成熟后逐步推广,尽可能降低改革的风险和代价,避免部队装备维修保障能力的波动。

二、装备维修保障模式改革举措

装备维修保障模式改革必须转变思路、理顺关系、调整职能、优化结构,提高针对性和科技含量,把握好改革的关键方向。逐步实现以适应机械化装备为主的维修保障模式向以适应信息化装备为主的维修保障模式转变。

(一) 创新维修理念,大型复杂装备开展全系统综合化维修

随着武器装备机械化信息化程度的不断提高,大型装备或装备系统内嵌的电子信息设备逐步增多,"软硬"一体化特征十分明显;装备机动能力大幅度增强,车辆、航空、舰船等通用平台得到广泛应用;装备系统结构日趋复杂,功能发挥更加依赖于整个武器系统的可靠性。目前,采取的软硬件分离、上装与底盘分离、系统内

各种装备分离的维修保障模式，软件与硬件、上装与平台分别隶属于不同的维修机构，采取不同的维修方式、维修间隔期、维修体制、维修级别等，增大了待修、在修时间，大大制约了装备的完好率。因此，必须改变装备维修条块分割、自成体系的问题，形成基于系统理念的综合化维修保障模式：一是硬件和软件统一维修。在各级维修力量内，设立软件维护和升级编制，根据需要配备软件监测设备、软件维护和升级人员，在开展装备硬件维修的同时，对软件进行维护和升级。二是上装和底盘集成维修。鉴于主要武器系统都是以各种机动平台为基础，在维修时应统筹考虑平台与上装的故障规律、维修特点和装备完好性、可靠性要求，将平台与上装的维修集中在同一维修主体，统一维修间隔期、统一维修级别、统一维修体制。三是分系统和总体综合维修。现代复杂武器装备体系化特点要求整个装备系统全部处于完好状态，才能保证整个系统功能的充分发挥，单件、分系统的完好性已经无法全面反映部队装备的状态，难以满足部队执行各种任务的要求。应当学习借鉴国外先进的维修理念，推广基于系统的维修理念，以装备系统为单位，实施分系统和总体的综合维修。

（二）整合维修力量，逐步实现装备集约化维修

新型装备技术密集、系统复杂、信息化水平高，维修的专业性要求高，各军种、各部队自建、自管、自用、自成体系的维修保障模式，难以满足部队作战、训练和战备的需求。必须对维修力量统一筹划，将各种维修机构和设施进行重新整合，逐步实现装备集约化维修。

一是建设综合维修中心，每个维修中心内，设有若干个功能齐全，设备配套的专业维修基地，从而最大限度地提高区域化综合维修能力，降低维修费用。合理利用地方的相应装备维修资源，引导地方部分承担人力动员、设备支援、技术支撑、联合修理以及器材设备供应等任务。

二是强化部分队维修能力。尽快研制与现有主战装备机动性能相匹配，集抢、修、供一体的综合机动维修设备。平时，依托其保障部队训练；战时，开展伴随机动保障，提高战时装备快速部署与伴随保障能力。积极推进监测与维修设施设备的通用化、模块化与系列化，做到设施通用、设备兼容，通过软件更新、适配器接口，满足不同型号装备的性能监测、技术准备、装备维修的通用化需求，提高对多型号、多类型装备现场抢修的综合保障能力。将自检设备集成在装备内部，通过通用接口与外部数据采集和分析设备相连接，可在野外随时监测装备的技术状态，并指导操作或现场维修人员利用电子技术手册等进行故障分析、定位和精确维修。

（三）加强分类指导，针对装备技术特点建立多元化维修保障模式

在信息化装备体系下，仍存在着众多的简单装备和机械化装备，多代并存、多样并存是装备体系发展的客观规律，目前，由于同一类装备中，结构复杂程度、信息

化程度等存在着较大的差异,依据装备类型确定维修保障模式的做法,影响了装备科学化、集约化和规范化维修的发展。应当根据装备结构复杂程度、信息化程度以及维修需求等综合因素对装备进行分类,建立基于装备结构、特点的分类维修保障模式。

(四)强化状态监控,高技术装备全面推行基于状态的维修

随着现代高新技术在装备维修领域的广泛应用,尤其是先进故障诊断技术,如机内测试技术等的快速发展,定时维修固有的装备使用寿命利用率低,资源浪费较大,维修效益较低的问题日益突出,国外装备维修改革和国内部分高技术装备维修实践经验证明,基于状态的维修在装备维修保障领域的地位和作用日益重要。运用先进的装备监测和监控技术手段,把握装备故障特点和规律,开展基于信息技术的视情维修将成为装备维修保障模式改革的重要方向:一是积极采用先进的维修理论。尤其是国内外已经开始实行的"基于状态的维修"(CBM),作为一种建立在信息技术基础上的视情维修理论,能够通过实时监控装备技术参数,准确判定装备实际状态,预测装备故障和剩余寿命,从而避免不必要的维修,适应新一代装备精确化维修的要求,节约不必要的维修费用,提高装备维修效益。二是研发研制智能化监测技术。现代视情维修保障模式,综合了传感器技术、人工智能技术、计算机技术、通信技术、网络技术等在内的多种先进技术,能够准确地判定装备部件的实际状态,并据此决定维修的时间、项目和级别,从而实现维修保障模式的根本变革。研制和开发先进技术应首先解决故障自动监测诊断设备,建立智能化的监控体系,实时搜集和整理装备技术性能和关键系统的状态参数,为故障判断、快速维修提供依据。三是积极研究和把握各类装备的故障特点和规律。基于状态的维修之所以难以推广应用,主要是源于对故障规律把握得不准确,为了保证完好率,不得不采取定时维修。而通过嵌入式和外部诊断设备以及含有各种故障诊断程序的交互式电子技术手册,可以随时记录、提供装备故障数据记录,对装备的使用状态和故障特征进行定量化描述,科学把握装备故障规律,实现对装备故障的快速诊断和预测,针对故障诊断与预测的结果迅速采取有效措施,预先防止装备可能发生的故障,并对已出现故障的装备实施维修,从而显著提高维修效率,降低维修规模,节约维修成本。

作 战 篇

第七章

联合作战装备维修保障指挥

联合作战装备维修保障指挥,是装备维修保障指挥员及其机关运用装备维修保障力量,保障部队作战及其他军事行动所进行的组织领导活动。它贯穿于联合作战全过程。联合作战装备维修保障指挥的正确与否,直接关系到装备维修保障效益,进而影响到作战的进程和结局。其基本任务是根据联合指挥员的意图和作战进展情况,合理配置和正确运用装备维修保障力量,控制和协调装备维修保障行动,组织装备维修保障协同与防卫,提高装备维修保障效益,保障作战的顺利实施。

第一节　联合作战装备维修保障指挥体系

一、联合作战装备维修保障指挥体系构成要素

装备维修保障指挥体系构成的基本要素,主要包括装备维修保障指挥者、指挥对象、指挥工具、指挥信息。它们相互依存、相互作用,支撑和牵引着联合作战装备维修保障指挥体系的存在和运行。

（一）装备维修保障指挥者

装备维修保障指挥者是装备维修保障指挥活动的主体,处于主导与支配地位。离开了装备维修保障指挥者,装备维修保障指挥就不可能存在,也就不可能有指挥实践行为。装备维修保障指挥对象多、范围广、任务重、对敌斗争艰巨,装备维修保障指挥不只是装备维修保障指挥员个人的活动,更是装备维修保障指挥员及其指挥群体活动。因而,装备维修保障指挥者包括装备维修保障指挥员及装备维修保障指挥机关。

装备维修保障指挥员,是指掌握装备维修保障指挥权力,负装备维修保障指挥主要责任的组织领导者。

装备维修保障指挥机关,是指为组织实施装备维修保障指挥而设置的职能部门。其基本职能是在后装保障指挥员的领导下,辅助装备维修保障决策、计划、控制、协调装备维修保障活动。装备维修保障指挥机关,是装备维修保障指挥体系的中枢。军队的装备维修保障行动都要通过装备维修保障指挥机关来具体组织实施,各项装备维修保障计划只有通过装备维修保障指挥机关才能实现。装备维修保障指挥员必须紧紧依靠其指挥机关,才能完成繁重、复杂的装备维修保障指挥任务。

（二）装备维修保障指挥对象

装备维修保障指挥对象,是指装备维修保障指挥者在指挥活动中所作用的对象,即直接从事和服务于装备维修保障活动的人员、单位及其拥有的保障资料。装备维修保障指挥者只有通过装备维修保障指挥对象,才能使自己的保障决策变为现实。装备维修保障指挥活动的过程,实际上是装备维修保障指挥者与指挥对象这一对矛盾运动的过程,两者的相互作用是达成装备维修保障指挥目的的基础。就某一级装备维修保障指挥者来说,装备维修保障指挥对象包括两部分:一是本级编制或编成内的装备维修保障部(分)队和其他勤务部(分)队。它是各级装备维修保障指挥的基本对象。本级装备维修保障指挥者与其构成直接指挥关系。二是下一级装备维修保障指挥者,即下一级装备维修保障指挥员及其指挥机关。本级装备维修保障指挥者通常与其构成指导式指挥关系。在军队装备维修保障指挥体系及指挥活动中,某一级装备维修保障指挥者,既是上级装备维修保障指挥者的指挥对象,又是本级装备维修保障的指挥者,具有指挥者与被指挥者的双重性。

（三）装备维修保障指挥工具

装备维修保障指挥工具,是指保障装备维修指挥顺畅进行的各种技术器材和用具。其内容主要包括情报获取器材、指挥作业用具、通信联络器材、现代信息处理设备等。随着科学技术的发展,军队装备维修保障指挥工具飞速发展,传统的手工作业工具和通信工具,已被计算机、打印机、绘图仪、传真机、微波传输等自动化设备所代替,装备维修保障指挥自动化系统已成为装备维修保障指挥的主要工具。

装备维修保障指挥自动化系统,通常由电子计算机、通信网络和各种信息终端三大部分组成。装备维修保障指挥自动化设备的发展,使自动化的程度越来越高,并将逐步形成以计算机为中心,将装备维修保障指挥、控制、通信和情报紧密联系在一起的装备维修保障指挥自动化系统。实现装备维修保障指挥自动化,可以迅速收集与分析装备维修保障的各种资料和数据,及时定下装备维修保障决心、下达装备维修保障任务,快速、有效地协调装备维修保障行动,从而提高装备维修保障指挥的时效性和准确性。吸收和应用先进的指挥工具,建立装备维修保障指挥自动化系统,必须充分重视其功能结构的互通性、可靠性、抗毁性和保密性。

(四)装备维修保障指挥信息

装备维修保障指挥信息,是指反映在装备维修保障指挥活动过程中的各种情报、资料、指示、命令等的总称。它是装备维修保障指挥预测的依据、决策的基础、协调的纽带、控制的手段。装备维修保障指挥信息通常包括:敌我双方的装备数质量、参战部队装备的技术状况、装备维修保障的现实能力、上级和地方对装备维修保障可能的支援程度、战中装备损坏消耗及保障情况,以及敌、我作战企图,我作战决心、作战方式、各部队任务,作战地区社情、地形、气象、保障资源等与装备维修保障有关的其他情况。装备维修保障指挥信息的获取有多种渠道,主要是:接收上级的命令、指示、通报或主动向上级询问;向地方政府以及人民群众了解;主动了解或听取下级装备维修保障指挥机构的情况报告;进行现地勘察;研究获取的敌军情报;查阅平时掌握的资料和兵要地志等。在现代技术特别是信息化条件下,更应充分利用先进的信息网络系统来获取和传递装备维修保障指挥信息。

二、联合作战装备维修保障指挥体系层次结构

联合作战装备维修保障指挥体系从纵向层次结构来分,可分为战略、战役、战术指挥三个基本层次。

(一)战略指挥层次

战略层次的装备维修保障指挥,是装备维修保障指挥体系的最高层次,负责战争全局装备维修保障的宏观决策和全面的组织指挥。由于世界各国军事制度和历史传统不同,战略层次指挥体系的建立及其指挥职能也有一定差异。

(二)战役指挥层次

战役装备维修保障指挥,通常是指战役军团装备维修保障的组织指挥。通常在战区层次和各军种基本战役军团建立装备维修保障指挥机构。

各级联合作战指挥机构统一指挥、控制本级及下级所属装备维修保障力量组织装备维修保障活动。

(三)战术指挥层次

战术层次装备维修保障指挥,主要指师(旅)以下部队的装备维修保障指挥。通常建立师(旅)、团装备维修保障指挥机构(部门),在本级指挥员指挥下和上级装备维修保障指挥机构(部门)指导下,装备维修保障力量指挥者具体指挥所属、加强和协同的装备维修保障力量开展装备维修保障行动,完成装备维修保障任务。

第二节 联合作战装备维修保障指挥任务与原则

一、联合作战装备维修保障指挥任务

（一）装备维修保障指挥的基本任务

装备维修保障指挥的基本任务是筹划和运用人力、物力、财力，从装备物资器材、技术、经费等方面，保障部队作战和其他军事行动的需要，以巩固和提高部队战斗力。其主要内容如下：

（1）筹划和运用装备维修保障力量。根据作战需要筹划装备维修保障力量，使装备维修保障力量编成与作战力量编成及装备维修保障任务相适应。对编成内的装备维修保障力量进行合理区分、科学编组、正确配置，使建制、加强和地方支前的装备维修保障力量形成整体合力。

（2）组织计划装备维修保障。根据装备维修保障任务、现状及上级指示和战场环境等，确定装备维修保障指挥体系、保障体系；组织计划人员器材调配及装备维修等各项保障，使装备维修保障与作战任务相适应。

（3）指挥装备维修保障部（分）队的行动。根据上级指示及装备维修保障计划，对装备维修保障部（分）队的集结、转移、行军、疏散隐蔽、警戒、防卫及保障行动，实施及时、正确的指挥，以确保装备维修保障决心的实现。

（4）协调装备维修保障系统内、外部关系。按照装备维修保障计划，及时与本级作战指挥系统、地方支前机构及友邻装备维修保障指挥系统进行协同，并周密组织装备维修保障系统内部的协同，以确保装备维修保障行动的协调一致。

（二）装备维修保障指挥的具体任务

（1）掌握各种装备在作战过程中（包括战前、战中和战后）的数质量情况，为作战指挥员定下作战决心和实施作战指挥提供必要的装备信息。

（2）根据作战决心和作战部署以及作战指挥员对组织与实施装备维修保障的有关指示，定下战时装备维修保障决心，拟制（修订）战时装备维修保障计划，并负责组织有关装备维修保障力量实施保障。

（3）组织指导装备的正确使用与维护保养，保证各军兵种装备的首次参战率。

（4）组织指导战损装备的抢救抢修，保证各军兵种装备的持续参战率。

（5）组织指导维修器材的筹措、储备、供应与管理。

（6）组织指导装备维修保障部（分）队的训练，以及保障装备的检查、保养和修理，提高装备维修保障力量的保障能力。

（7）组织指挥装备维修保障的战场防卫，确保装备维修保障的安全稳定。

二、联合作战装备维修保障指挥原则

联合作战装备维修保障指挥原则,是指挥者从事装备维修保障指挥活动的基本行为准则,是装备维修保障指挥规律的具体反映,对装备维修保障指挥具有普遍指导意义。装备维修保障指挥者必须结合不同的作战层次、作战样式及每次作战的具体情况加以灵活运用,力求使主观指导符合客观实际。

（一）科学预测,周密计划

科学预测、周密计划是实施正确装备维修保障指挥的重要保证。在充满偶然性的战场上,指挥者要作出正确的决策并使决策得以实现,必须对作战行动的发展进程、结局及可能出现的复杂情况,进行科学的预测,对行动方案作出周密细致的安排,制定相应的应变措施,将作战胜利建立在预有准备的基础上。

科学预测是正确决策的前提。装备维修保障指挥的科学预测,是指挥者在掌握有关情况的基础上,运用科学的理论和方法,对作战活动可能的发展变化进行推断的活动。如果说情报活动为决策提供的是过去和现实的情况,那么,预测则是为决策提供未来可能出现的情况。预测是运筹谋划、正确决策的基础。预测的主要方法有定性预测、定量预测、定性与定量相结合的预测。定性预测,即根据预测对象的过去和现状,运用逻辑推理的方法,对其未来状况作出质的判断。定量预测,即根据一定的统计数据,运用数学方法,分析事物量的变化,对事物未来状况作出判断。定性与定量相结合的预测方法,即综合运用上述两种方法于同一预测对象,可使预测结论更加准确可靠。

周密计划是保障决策实现的重要措施。预测在决策之前,计划在决策之后,计划是决策的产物。计划的任务,就是围绕决策目标,设计通向目标的途径,规划实现决策目标的具体措施和详细步骤。它是对各种作战力量的组织与协调,是对整个作战行动的具体安排,它使决策目标具体化、形象化。从这一意义上理解,计划是一项建立在预测基础上的设计活动。没有科学的预测,就不能产生正确的决策,就谈不上周密的计划,装备维修保障指挥也将是盲目的行动。提高装备维修保障指挥计划可靠性的措施是:①使计划具有全面性。②使计划具有一定的伸缩性。在作战力量、装备维修保障、时间安排上,留有调节的余地,越是在不确定因素多、预测把握性不大的情况下,越应如此。③使计划具有应变性。要制定多个预案,以便遇有意外情况时,有较大的回旋余地。另外,计划应有相对的稳定性。随意更改、变动计划,必然会导致整个作战行动的无序和混乱。然而,由于预测的局限性以及战场情况的多变性,计划的调整、修改不仅是难免的,更是必要的。只有这样,才能更好地发挥计划的作用。

（二）统筹全局,把握关键

统筹全局、把握关键是装备维修保障指挥必须遵循的重要原则。作战中,任何一级指挥员,在处理全局与局部、主要与次要、一般与重点等关系时,要立足全局,以实现作战目的为最高利益,权衡利弊,通盘考虑,突出重点,抓住关节,使装备维修保障指挥按照预定目标协调有序地发展。未来联合作战特别是信息化条件下的联合作战行动,都带有不同程度的战略性,诸军兵种联合参战,装备维修保障对象多、范围广,装备维修保障指挥更需强调通观全局、整体谋划。装备维修保障指挥者对装备维修保障力量的组织、部署和防卫,对地方技术力量的动员与使用,对各军兵种部队、各战场、各方向、各地区,对各个作战阶段、各种作战样式的保障,以及各种装备维修保障力量和保障活动的相互衔接与协调等都必须整体谋划,全面安排,防止顾此失彼。

全局与局部是相对的,对本级来说,上级是全局;对战役来说,战略是全局;对战斗来说,战役又是全局。统筹全局,重要的一点就是要在局部利益与全局利益相矛盾时,自觉牺牲局部利益服从全局需要。有时候,在局部看来是可行的,但在全局看来是不可行的;有时候,在局部看来是不可行的,但从全局看来却是必要的。有时局部的胜仗,对全局非但无利反而有害;反之,有时局部的损失,却有利于作战全局的发展。

对全局有重大影响的局部(某一阶段、目标、时机等),称为作战关节。作战中,作战关节往往会成为作战变化的转折点,成为作战胜败的关键。把握作战关节才能将局部优势转化为全局胜利。指挥者必须善于从全局出发,找出对整个作战活动具有决定意义的关键环节,集中全力予以解决。事实证明,装备维修保障指挥只有找出并全力抓住作战进程"链条"上的特别环节,争取一切可能的局部胜利,积小胜为大胜,才能更好地掌握作战全局,推动整个作战活动向胜利方向发展。

(三) 集中统一,灵活机断

集中统一,灵活机断,是一个问题的两个辩证方面,把全局上的集中统一与局部上的灵活机断有机结合,是装备维修保障指挥的重要原则。

"兵贵权一"是军事指挥的通则。联合作战是信息化条件下的作战,要充分发挥各种装备维修保障力量的整体保障效能,对诸军兵种联合作战实施协调一致的保障,更需要强调指挥的集中统一。装备维修保障应根据实际需要建立集中统一的装备维修保障指挥机构,对诸军兵种的装备维修保障力量实施综合性集中指挥。由于作战层次和规模不同,集中指挥的详略程度应有所不同。通常作战规模越大、层次越高,集中指挥的程度越宏观,反之就越具体。为保证集中指挥的实现,应加强组织纪律观念和整体观念,严格请示报告制度,切实按照统一的决策和计划行动。

坚持集中统一指挥必须与灵活机断相结合。未来联合作战,装备维修保障指挥对象多、范围广,各种装备维修保障力量及其行动又各具有一定特殊性,战场情况复杂多变,装备维修保障指挥随时可能中断,装备维修保障指挥员不可能也不必要对各种情况都进行具体的指挥。指挥过分集中、统得过死,反而会影响指挥的及时性、准确性和连续性。因此,在坚持集中统一的同时,必须注意灵活机动:一是应给各军兵种和各级装备维修保障指挥员以一定的相对独立的指挥权,允许其在执行总体决策和计划的前提下,根据具体情况实施灵活机动指挥,充分发挥各级指挥员的主动性、灵活性和创造性。二是要善于审时度势,随机应变,当战中情况发生局部变化时,既要坚定地按原定方案指挥,又应部分修改或调整保障计划;当情况发生根本变化时,应根据新的情况,适时果断地修正或改变保障决策,灵活采取各种措施,以适应发展变化的需要。三是要根据不同的指挥对象、指挥内容、指挥关系及指挥过程中的具体情况,综合运用各种指挥方式,提高装备维修保障指挥的灵活性。

（四）整体协调,按级控制

整体协调,按级控制,是装备维修保障指挥机构协同的基本形式之一,是装备维修保障指挥关系的具体体现。整体协调,是指挥者在装备维修保障指挥活动中,密切协调各种指挥活动间的关系及其内部有关要素,建立合理的指挥层次,充分发挥装备维修保障指挥的整体效能。按级控制,是指在装备维修保障指挥活动中建立合理的指挥层次,各级按其职能行使职权,并正确处理各层次之间的关系。只有做到整体协调,按级控制,才能使整个指挥关系和谐统一,达成整体协调的目的。

整体协调、按级控制即按照指挥的层次结构和隶属关系,各能级单位行使相应的指挥职权,从上到下,一级指挥一级,逐级实施控制。这种控制方式符合指挥的能级和层次原理,便于上级指挥员统一指挥,整体协调,也便于下级指挥员在其职权范围内最大限度地发挥主观能动性和创造性。职权一致、逐级控制是集中统一指挥的基础,是提高整体装备维修保障指挥效能的条件,是装备维修保障指挥的重要原则。

职与权必须相一致。装备维修保障指挥机构是一个多层次的组织,每一层次的指挥员和指挥机关都有相应的职权。在其位,尽其责,行其权,是装备维修保障指挥的根本要求。各层次的指挥员和指挥机关只有围绕同一目标,各司其职,上下协调一致,才能形成最大的装备维修保障指挥效能。为了保持各指挥层次间的稳定和协调,通常情况下,上级不随意干涉下级指挥职权范围内的事务。经验证明,越级指挥往往会打乱正常的指挥关系。但由于现代作战情况变化迅速,可能出现超出指挥员意料的突发情况,有时来不及让下级全面了解情况。在这种情况下,为争取主动,赢得时间,可以打破常规,实施越级指挥,以提高装备维修保障指挥的时效性。因此,逐级控制原则并不排斥特殊情况下的越级指挥。

控制范围必须适度。任何一级指挥都要着眼于整体作战目标的实现和整体作战计划的实施,积极帮助、指导下级处理对作战全局有重大影响的问题,不应过多地干涉一些具体的枝节问题,更不能包办代替下级的指挥。如果上级统得过死,对战场信息不分流,不节制,企图控制下级的每一步行动,势必造成作战反应慢、指挥效能低、作战效果差。信息化条件下,装备维修保障指挥系统易遭破坏,上下级失去联系的情况时有发生,若上级统得过死,势必使下级产生依赖思想和消极情绪,难以快速处理装备维修保障指挥问题,在突发情况面前,反应迟缓、行动混乱。因此,对上级指挥者来说,必须做到"收"之有方,"放"之有度,发挥多级控制的综合效能,实现整体协调的目的。

（五）党委领导,分工负责

党委领导、分工负责的原则,是我党民主集中制在现代装备维修保障指挥中的具体体现,也是我军装备维修保障指挥区别于外军的重要标志。它对于充分发挥集体智慧,减少失误,实现科学决策,有着重要的作用。

党委领导,就是重大的作战问题要尽可能经过集体研究,不能个人简单决定。由于现代战争与政治、经济、外交、宗教、文化等联系紧密,且大量使用高新技术装备,战争的破坏性加剧,情况复杂,使指挥员心理压力增大,指挥难度提高,只有依靠集体力量,才能确保决策的科学性与正确性。因此,在作战中,只要情况允许,应召开一定形式的会议认真研究和领会上级的作战意图,明确任务,统一作战指导思想,对诸如作战时机、作战目的、作战手段、作战重心、兵力部署、指挥员委任、指挥机构设置、作战准备、临战训练和各种保障等重要问题,要经过集体研究作出决定,以保证上级命令、指示的贯彻落实和总体作战意图的实现。

分工负责是指在上级和党委的决策下,装备维修保障指挥者积极、负责、主动对装备维修保障工作实施创造性指挥。

（六）加强防卫,稳定指挥

加强防卫、稳定指挥是现代装备维修保障指挥必须遵循的又一重要原则。现代条件下,装备维修保障指挥系统一旦遭到破坏,部队行动就会陷入群龙无首的混乱状态。因此,敌对双方都把打击对方的指挥系统作为首要目标。美军明确提出"应最优先打击敌方的控制系统",认为"使敌人丧失指挥部队和武器的手段,是破坏敌军战斗力的第一步。"海湾战争中,多国部队采取"硬打击""软压制"相结合的手法,首先打击伊军指挥系统,使伊军通信中断,雷达致盲,指挥瘫痪,百万大军陷入混乱。它表明,在信息化条件下,保持指挥系统的稳定已成为一条重要原则。

稳定指挥首先要加强防护保障,加强指挥机构的防护保障,是确保指挥稳定的有效措施。例如:加强指挥机构的对空掩护;疏开配置指挥所;加强工程保障,搞好伪装,降低敌人侦察效果;加强防卫措施,提高防卫能力,保证指挥机构的安全等。

稳定指挥必须加强技术保障,提高指挥系统的快速反应能力。为了确保指挥系统在遭到打击时能实施不间断指挥,必须采取如下措施:一是提高指挥系统的抗干扰能力和技术可靠性;二是提高系统在遭受攻击时的快速反应能力,使预警和侦察系统保持顺畅的联系,及时获取有关攻击的准确信号,以便及时采取措施,防止或反击敌之袭击;三是及时恢复中断的指挥,最大限度地减少中断指挥的时间。

稳定指挥必须加强电磁保障。近期几场局部战争表明,随着电子技术装备在军事上的运用,电子战已开辟了作战的"第四维空间",进入全新的独立作战阶段。作战中,只有首先夺取"制电磁权",才能实施不间断指挥。为此,必须采取以下措施:一是集中力量形成局部电子对抗优势,即以强有力的电磁干扰,瘫痪敌主要作战方向(目标)上的指挥系统,破坏其整体协同;二是运用"硬杀伤"手段削弱敌电子进攻优势,即直接摧毁敌电子干扰设备和通信设备,削弱敌电子进攻能力并保持己方电子设备正常工作;三是巧用电子伪装、电子佯动等欺骗手段诱敌上当;四是适时建立无线电通信屏障,保证我无线电通信的保密和顺畅。

(七)灵敏高效,快速准确

灵敏高效、快速准确是现代作战对指挥员和指挥机关提出的要求。未来信息化战争,作战过程加快、作战样式转换迅速、情况变化急剧、指挥周期缩短,加之参战力量增多、信息量增大,对指挥员和指挥机关的要求提高。指挥者只有做到反应敏捷、办事高效,才能确保装备维修保障指挥迅速及时、准确无误。

灵敏高效、快速准确的要点:一是快;二是准。快,是装备维修保障指挥的灵魂。只有快,才能掌握主动,争取先机之利。反应迟钝、效率缓慢,就会错过战机,被动失利。为了快,必须做到:情况发现快、信息传递快、决策速度快、处置行动快。高技术条件下作战,对快速反应提出了新要求,也创造了新条件。装备维修保障指挥自动化系统,改革指挥程序、内容,加强训练,熟练运用各种指挥工具,是提高快速反应能力的主要措施。准,是实现正确指挥的途径。错误的决心比过时的决心危害更大。战争史上,因"准"字上出了漏洞造成决策错误、作战失利的教训比比皆是。指挥者必须以高度负责的态度,科学、严谨、细致的作风确保装备维修保障指挥快速高效、准确无误。为了准,必须做到:理解上级意图要准,掌握情况要准,报告情况要准,传达命令、指示要准。有了这几"准",才能使决策正确,控制有效。

第三节 联合作战装备维修保障指挥活动

联合作战装备维修保障指挥的范围和内容虽因层次而异,但就其活动过程而言,各层次基本相同,具有一定的规律性,一般可分为决策、计划、组织、协调和控制五个环节。

一、联合作战装备维修保障指挥决策

联合作战装备维修保障指挥决策是指在装备维修保障指挥中确定保障目标及对实现目标的方法、步骤、措施等进行选择和作出决定的活动过程。决策贯穿装备维修保障指挥活动的始终。装备维修保障指挥员定下保障决心的过程，就是个决策过程，即指挥机关决策和在此基础上指挥员个人思维、判断过程。决策是形成决心的基础，决心是进行决策的目的，只有正确的决策，才有正确的决心。装备维修保障指挥决策的一般程序如下：

（一）确定目标

具体、明确的目标是决策的首要条件。确定目标，首先要全面了解与装备维修保障指挥有关的敌我情况、战场环境、作战目标，以及为达成作战目标而应完成的保障任务；其次是进行分析判断，找出装备维修保障的关键问题；再次是预测关键问题的差距，以及随着战况发展可能增大和解决差距的相关问题，深刻认识它们对保障的影响；最后是把解决关键问题所需的客观条件同现实条件相比较，初步确定决策目标所能达到的极限，并经过专家和群众的论证和讨论，审慎地定下决策目标。

（二）准备方案

决策目标定下后，要以目标为依据，准备几个互不相同的方案，以便择优。制定方案时，要从实现目标、解决问题的多角度、多途径设计方案，各方案应有各自独立的内容和原则区别，不能相互包含或只有细节的差异。

（三）选优决断

首先，对几个方案进行分析论证，然后从中优选保障效益最大、人力和物力消耗最小、可靠性最大、风险性最小的方案。当没有效益、代价、风险三者都优的方案可选时，应综合几个方案的优点、修改补充预先的方案，使之形成最优方案。

（四）追踪决策

确定最优方案不是决策的终结，指挥员应以最优方案构成保障决心，据此下达命令或指示，在实施过程中，要掌握情况的变化和决心的执行情况，根据反馈信息和作战环境的变化、保障力量的消长，调整或修改决策方案。

二、联合作战装备维修保障指挥计划

联合作战装备维修保障指挥计划是保障决策的延伸和展开，是保障决心的具体化，是为实现决策目标而制定的，是指导装备维修保障指挥准备与实施的综合性保障文书，是组织装备维修保障指挥协同和控制的依据，对完成保障任务起着重要作用。

战时,装备维修保障指挥计划的拟制过程是:在装备维修保障指挥机构(部门)听取后装保障指挥员传达保障任务后,维修保障指挥机构(部门)一边准备向后装保障指挥员提出报告与建议,一边即着手拟制各项保障计划,待后装保障指挥员定下保障决心后,综合计划和业务部门根据部队指挥员的指示、上级后方命令(或后装部门的指示)、本级后装保障指挥员的保障决心,正式拟定或修订本机构(部门)的保障计划,最后经综合计划部门汇总形成综合保障计划,呈后装保障指挥员批准,抄报本级作战指挥机构(部门)备案。在执行过程中,应根据情况的变化,适时修订保障计划。

三、联合作战装备维修保障指挥组织

联合作战装备维修保障指挥组织,是把本级建制的、上级加强和地方支援的各种装备维修保障指挥力量优化组合成一个有机整体的指挥活动过程。装备维修保障指挥组织是装备维修保障指挥的一项非常重要的工作,其组织是否科学、合理,将直接影响保障能力的发挥、保障效益的提高、保障活动的成败。

联合作战装备维修保障指挥组织,必须把握三个方面的问题:一是在确定保障机构组织结构时,要有利于各种保障力量保障能力的充分发挥;二是组织结构一旦确立,即应明确其保障任务、责权范围及与相关组织的关系,并分配给相应的保障力量;三是要为各组织机构确定完成任务的方法、步骤,并提出要求,以使其按既定的目标和轨道协调有序地运行。

联合作战装备维修保障指挥组织的方法,应根据装备维修保障指挥的特点和完成任务的需要采取不同的方法。例如,可按各专业性质组织、按各专业部门组织等,在具体执行保障任务的过程中,又可采取按工作程序进行组织、按时间过程进行组织、按完成任务的具体方面进行组织等。选择组织方法,要考虑到有利于充分调动人的积极性,有利于提高工作效率和效益等,以达到最佳的组织效果。

四、联合作战装备维修保障指挥协调

联合作战装备维修保障指挥协调,是装备维修保障指挥员及其指挥机构(部门)组织所属和配属的保障部(分)队,为实现装备维修保障指挥员的保障决心;执行保障计划而协调一致的行动。现代战争装备维修保障指挥是一个十分复杂的系统,要使其有序地运转,充分发挥整体保障功能,就必须组织良好的协同。

根据统一的计划和要求,装备维修保障指挥协同一般可分三个系统分别进行:一是参加本级参谋部门组织的协同;二是装备维修保障系统内部的协同;三是装备维修保障系统与其他有关系统的协同。协同的内容因层次而异。就战役、战斗而言,参加本级参谋部门组织的协同,主要是参加本级参谋部组织的战役、战斗协同,

其主要内容是明确人员和装备的调配及输送,道路使用与维护,装卸站(码头)的设置,后方防卫通信的组织与分工,弹药消耗限额和储备的区分,装备损坏率的区分等。装备维修保障指挥系统内部协同,是本级装备维修保障指挥系统内部各业务部门之间、各保障部(分)队之间的协同,主要明确各军兵种、部(分)队的保障关系,各保障力量的使用,运输的组织与各部门的配合,防卫的组织、任务的区分和各防卫区之间的支援等。装备维修保障系统与其他有关系统之间的协同,主要是与其他后装系统、地方支前机构、加强部(分)队之间的协同,与其他后装系统的协同主要是运输力量的使用,油料的供应,防卫的支援与配合等;与地方支前机构的协同,主要明确地方支前力量的动员、使用与区分、参战民兵(工)的保障、军民联防的组织等;与加强部(分)队之间的协同,主要明确保障关系及保障力量的使用等。

装备维修保障指挥协同贯穿于装备维修保障指挥活动的全过程,战中,当情况发生变化,原协同不适应新情况时,应及时组织新的协同。

五、联合作战装备维修保障指挥控制

联合作战装备维修保障指挥控制,是对装备维修保障决策目标、命令、指示、计划执行过程进行监督和检查,及时发现问题,采取措施迅速纠正偏差或将偏差限定在允许范围之内,保证装备维修保障按计划而顺利实施的指挥活动过程。装备维修保障指挥协同是按保障计划对保障活动进行的预先控制,而装备维修保障指挥控制则是随机地调节、纠正保障过程中的偏差。及时督促、检查保障部(分)队遂行每一项保障任务,引导其按保障计划行动是装备维修保障指挥控制的主要内容。对维修器材等物资消耗进行控制,也是控制的一个重要方面。对战场环境的影响和敌人破坏后的损害进行控制,则是保证装备维修保障按预定计划实施而不可缺少的工作。

联合作战装备维修保障指挥控制的基本程序和方法是:确定控制标准;衡量执行情况;纠正出现的偏差。控制标准就是控制依据,主要包括上级的指示、标准、规定和要求,本级指挥员的命令、指示,本级制定的保障计划等;衡量执行情况,就是将保障实施情况与上述标准进行对比,并作出正确的评价;纠正偏差,就是通过衡量执行情况发现保障现状与保障计划的偏差,确定产生的原因,判断这些偏差对实现决策目标的影响程度,根据偏差的大小和控制能力,制定纠正偏差的方案,从而消除偏差或将偏差的影响限定在允许的范围内,使有限的保障能力与改变了的决策目标相适应。

联合作战装备维修保障指挥过程的五个环节都有各自明显的特征,在排列上有先有后,并相互影响、相互制约,形成交错进行、周而复始的动态过程。

第八章

联合作战装备维修保障力量编成与部署

联合作战装备维修保障力量编成与部署，是对装备维修保障力量的任务区分、编组与配置，它是作战部署的重要组成部分。通常由装备维修保障指挥员提出建议，本级指挥员确定。正确部署装备维修保障力量，对于形成完整配套的保障体系，充分发挥装备维修保障人力、物力、财力的作用，提高装备维修保障的实效性、稳定性与安全性，顺利完成装备维修保障任务具有十分重要的意义。在确定装备维修保障部署时，要做到与作战部署相一致，与保障任务相匹配，与作战行动相适应，梯次配置，上下衔接，形成灵活多变、便于机动、留有余地、便于应变、相对稳定的装备部署。

装备维修保障力量编成与部署是装备维修保障指挥的一项重要内容，对于形成集中统一的装备维修保障体系，发挥保障作用，提高保障效益，具有十分重要的作用。

第一节 联合作战装备维修保障力量编组

一、装备维修保障力量编组的概念

装备维修保障力量编组，是根据作战需要将执行装备维修保障任务的各种装备维修保障力量编配组合成的有机整体。通常由建制内装备维修保障力量、上级加强装备维修保障力量和地方支前装备维修保障力量综合编成，有时也可由本级建制装备维修保障力量单独编成。合理的装备维修保障力量编组，对充分发挥整体保障能力，提高装备维修保障效能，保障作战需要具有重要意义。装备维修保障力量编组应根据作战任务、作战编成、装备维修保障任务、装备维修保障力量、敌情和战场条件等因素确定。

二、装备维修保障力量编组的要求

（1）与作战任务、作战编组相适应。主要作战方向部队的装备维修保障力量编组应具备较强的保障实力，遂行独立作战任务部队的装备维修保障力量编组应具备独立保障能力。

（2）各种装备维修保障力量应便于统一指挥，密切协同配合。

（3）各种装备维修保障力量等要合理编配、要素齐全。

（4）根据作战情况和战场的变化，适时进行调整。

各国军队体制编制、作战任务、要求不尽相同，其装备维修保障力量编组也有所差异。有的国家军队装备维修保障建制力量较强，装备维修保障力量编组以建制力量为主；有的国家军队装备维修保障建制保障力量较少，装备维修保障力量编组根据战时任务和需要，依靠临时抽调的支援保障力量灵活编组而成。装备维修保障力量编组应做到要素齐全、结构合理、功能综合、规模适度、系统完备、形式灵活。随着现代信息和网络技术的发展，装备维修保障力量编组将更加灵活。

信息化条件下联合作战，应采用新建重组、预编预设、模块化编组的方式，由参战任务部队的装备维修保障力量、支前动员的装备维修保障力量以及其他参战装备维修保障力量编组，担负对诸军兵种参战部队的装备维修保障任务。

三、战略装备维修保障力量编组

战略装备维修保障力量包括战略通用装备维修保障力量和专用装备维修保障力量，主要由军种所属装备维修保障部队，企业化工厂、仓库，战略装备维修保障预备役部队，装备专业化保障队伍等编成，主要担负战略后方保障和战略支援保障任务。

四、战役装备维修保障力量编组

大型联合战役战区（战略方向）装备维修保障力量，通常由参战战区军种所属装备维修保障部队、仓库、修理工厂，上级加强的装备维修保障力量，装备维修保障预备役部队以及战区属地动员的装备维修保障力量等编成，承担参战部队的通用装备维修保障力量和专用装备维修保障。

中型联合战役装备维修保障力量，通常由上级加强的装备维修保障力量和各军兵种基本战役军团装备维修保障力量、武装警察部队装备维修保障力量，以及地方支前的装备维修保障力量编成。

小型联合战役装备维修保障力量，通常不统一编组。必要时，由上级加强的装备维修保障力量、各军兵种战术兵团装备维修保障力量、武装警察部队装备维修保障力量,以及地方支前的装备维修保障力量编成。

五、战术装备维修保障力量编组

参战部队装备维修保障力量编组,主要由参战部队建制装备维修保障力量、上级加强装备维修保障力量和支前动员装备维修保障力量编成,主要担负本级部队伴随装备维修保障任务。

在联合战斗中,联合战术兵团一般不编配装备维修保障力量。必要时,由上级加强的装备维修保障力量、各军兵种战术兵团装备维修保障力量以及地方支前的装备维修保障力量编成。

第二节　联合作战装备维修保障力量部署的依据与要求

装备维修保障力量部署是指对装备维修保障力量进行编成、编组、任务分工、战场配置等活动,是开展联合作战装备维修保障工作的前提和基础。科学合理地对装备维修保障力量进行编成、编组、部署和任务分工,对于提高装备维修保障力量的战场防卫生存能力,充分发挥维修保障力量的作用,提高保障效率,具有十分重要的作用。

一、部署依据

联合作战中影响装备维修保障部署的因素很多。只有对这些因素进行通盘考虑,综合分析,找出制约和影响装备维修保障部署的规律,并作为装备维修保障部署依据,才能使装备维修保障效能得到可靠保证。确定装备维修保障部署的依据主要有以下几点:

（一）作战部署

装备维修保障是为作战服务的,其部署直接受作战部署的制约。因此,装备维修保障指挥员在向本级指挥员提出装备维修保障部署建议时,必须把作战部署作为确定装备维修保障部署的基本依据,把装备维修保障部署纳入作战部署来通盘考虑。就装备维修保障部署而言,只有以作战部署为依据,才能使装备维修保障部署与作战部署保持一致,从而实现装备维修保障部署与作战部署的有机统一,为完成装备维修保障任务和组织装备维修保障防卫创造有利条件。例如,在进攻作战装备维修保障部署中,阵地进攻作战时要适应重点突破和攻击的需要,机动进攻作战时要适应广泛机动和多种歼敌方案的需要,渡海登岛作战时要适应跨海攻坚的需要等。总之,只有以作战部署为依据,装备维修保障部署才能适应作战的需求和客观实际,才能充分发挥装备维修保障的作用。

（二）作战计划

作战计划是根据作战指挥员的决心，在综合考虑敌对双方可能的作战目的、作战实力、作战规模、作战方式、作战手段，战场环境、装备技术水平等情况的基础上，对作战行动进行的预先安排。作战计划是管理战场和控制作战行动的重要手段和形式，对于作战中的各项工作具有强制性和指导性，是开展战时装备维修保障各项工作的依据。因此，装备维修保障力量的部署必须以作战计划为依据，根据作战计划对装备维修保障总体要求，结合不同的作战阶段和作战行动的需要，进行合理的编组和部署，确保不会影响作战计划的执行。装备维修保障力量如果部署不合理就会导致作战和保障出现脱节情况，成为"两张皮"，作战行动和保障行动无法呼应，装备维修保障行动严重制约作战计划的落实，影响作战进程和结局。

（三）敌人威胁程度

敌人的威胁程度，直接影响装备维修保障力量的生存和装备维修保障部署的稳定。因此，确定装备维修保障部署时必须充分考虑敌人威胁程度，敌人威胁小时，装备维修保障部署可适当集中、靠前；反之，就要适当分散、靠后。信息化条件下作战，由于敌人的精确打击对装备维修保障威胁严重，要针对敌人袭击破坏手段和威胁程度，在选择装备维修保障配置地域时，既要考虑防敌精确打击和空袭，又要考虑防敌人可能采取空（机）降、迂回或小股敌特的袭击，尽可能隐蔽分散地配置保障力量，避免和减少敌人的打击破坏，提高装备维修保障力量的生存能力。

（四）战场自然地理条件

装备维修保障部署，离不开一定的自然地理条件。战场地形、交通、气候、水文、地质、植被等条件如何，对装备维修保障部署影响极大。在作战中，装备维修保障力量不仅需要一定的展开地幅，而且需要一定的隐蔽地形、道路和水源条件，并要尽量避开容易遭受自然灾害和污染严重、疫病流行等地域。实战证明，确定装备维修保障部署，如果离开了一定的地理条件，装备维修保障部署也就脱离了保障活动的"舞台"，更谈不上完成保障任务。因此，装备维修保障部署不仅需要以一定的自然地理条件为依据，而且要充分考虑不同自然地理条件的不同价值。同时还要考虑同一自然地理条件的有利方面和不利方面，以及在不同情况下对装备维修保障部署的不同影响。例如，一些大的雨裂、冲沟，虽便于装备维修保障力量隐蔽，但在雨季又易遭受山洪的危害。有的地形条件虽然便于装备维修保障力量配置，但水源缺乏或进出道路少，不便于展开保障工作。气候条件，如高寒山地、濒海岛屿、热带丛林、草原沙漠地等，都有不同的自然地理条件，这些不同的自然地理条件，必然给装备维修保障部署带来不同的影响。由此可见，只有根据不同的自然地理条件的不同特点，趋利避害，科学地部署装备维修保障力量，才能提高装备维修保障部署的针对性和适应性，为顺利完成保障任务创造条件。

（五）装备维修保障能力

装备维修保障能力，是装备维修保障力量所具有的内在功能，是完成保障任务的决定性因素。装备维修保障能力能否得到充分发挥，能否形成整体保障能力，装备维修保障部署起着十分重要的作用。因此，要合理部署装备维修保障力量，不能离开装备维修保障能力这一基本依据。在确定装备维修保障部署时，要根据各种装备维修保障力量的专业特长进行力量区分，以利于发挥其专业保障能力；要根据各种装备维修保障力量之间的联系以及作战需求进行力量编组，使其形成相对完整的整体保障能力、综合保障能力和独立保障能力；要根据保障装备技术水平，特别是抢修车、工程车、运输车等装备的性能来确定装备维修保障力量的使用和配置。例如，履带式抢修车和工程车，越野能力强，具备一定的防护能力，受道路条件的影响小，配置就可适当靠前。轮式抢修车、工程车、运输车，受道路条件影响大，配置时就要充分考虑道路情况，适当靠后配置。

二、部署要求

装备维修保障力量部署通常由保障指挥员根据装备维修保障可能的任务，在综合考虑作战部署、作战计划、作战任务、战场环境和敌情等情况的基础上，提出装备维修保障力量编成、编组、任务区分、部署地点、部署方式和部署样式等方面的建议，由作战指挥员定下相应决心，然后实施部署。其基本要求是：灵活编组，明确任务；整体衔接，梯次配置；适当靠前，便于协同；突出重点，兼顾整体；留有预备，应急支援；注重伪装，利于防卫。

灵活编组，明确任务。装备维修保障力量部署时，要在综合考虑编制数量和能力基础上，按照专业配套，功能全面的要求，做到编组小型化、综合化、模块化，便于优化组合，提高应对各种复杂情况和局面的能力。在编成和编组装备维修保障力量的同时，还要特别注意明确不同装备维修保障机构的任务以及相互关系，避免由于任务不够明确导致的相互扯皮和推诿现象发生。

整体衔接，梯次配置。装备维修保障力量部署应综合考虑战场环境情况。配置地域要有良好的天然伪装条件、合适的地幅、便利的道路交通、充足的水源和能源等。进行配置时，各种装备维修保障机构的整体布局要合理，位置相对固定，专业相关或相近的机构应靠近配置，避免作战过程中对装备维修保障力量位置作出大幅度调整情况的发生，有效降低因战场机动给装备维修保障增加的困难。在主要作战方向上装备维修保障机构要沿作战纵深进行梯次配置，保障区域相互之间要做到整体衔接，辐射面积要覆盖战场地域。

适当靠前，便于协同。装备维修保障力量一般配置在作战部队的后方或侧后方适当位置，尽量靠近作战部队，便于装备维修保障力量及时开展装备维修保障工作，实施与作战人员相关协同。同时也可以提高装备维修保障力量的战场防卫能力。装备维修保障指挥机构通常应配置在各类装备维修保障力量的适中位置，便于获取直接的、可靠的信息，能够对各类保障机构实施实时的指挥和控制。

突出重点，兼顾整体。装备维修保障力量的部署要根据阶段性和全局性的作战任务、作战重心，进行突出重点，兼顾整体的部署。在进行配置时，要特别注意保障重心和重点应该向重点部队、重点方向、重点装备倾斜，确保主要装备维修保障任务的完成，同时也要兼顾到不同部队和一般方向上的装备维修保障，不能让次要方向或次要方面的维修保障影响整个的装备维修保障任务的完成。

留有预备，应急支援。信息化条件下的战场，突发情况明显增多，如果没有很好地应对突发事件的手段，必然会导致战场的被动，甚至失败。因此，装备维修保障力量部署要保留一定数量的预备力量作为应对特殊情况和突发事件的重要手段，以便装备维修保障工作出现意外时，能够得到及时的应急支援，增强装备维修保障的应变能力和主动性。

注重伪装，利于防卫。装备维修保障部署必须要充分利用一切可能的自然环境条件，加强隐蔽伪装，防敌侦察和破坏。装备维修保障部署在满足保障需要的前提下，要十分重视自身防卫，充分利用自然条件和作战部队的掩护，开展各种警戒报知勤务，切实减少自身的伤亡和损失。

第三节　联合作战装备维修保障力量部署的主要样式

装备维修保障力量部署形式，是装备维修保障力量通过编组、区分和配置所形成的总体结构和空间形态，是作战部署形式的组成部分。装备维修保障部署应具有一定的稳定性和适应性。通常采取按方向部署、成梯次部署、按方向成梯次部、分群部署和网状部署。

一、划区部署

划区部署又称区域部署，是将战场划分为装备维修保障责任区，各类装备维修保障机构按照承担的任务在所属责任区内进行战场部署的形式。通常情况下，将作战区域划分为若干个装备维修保障责任区，在每个装备维修保障责任区编配若干个功能相互补充的装备维修保障机构，各种装备维修保障机构密切协同，相互配合，对维修保障责任区的所有作战部队实施装备维修保障。保障对象在任务责任区时，才构成装备维修保障关系，装备维修保障机构为其提供相应维修保障；保障对象离开维修保障责任区后，则不构成保障关系。

二、按方向部署

就是把建制、加强和地方支援的保障力量分成两部分,分别配置在主次两个方向上实施保障。这种部署形式的优点是:能够适应作战部署和地形、道路的特殊情况,有利于发挥保障效能,突出保障重点。缺点是:主次方向上的保障力量不便于相互支援,且组织指挥、管理、防卫、通信和工程伪装量增大。通常在作战纵深较小、一线部队较多时采用。成梯次部署,通常在正面较小、纵深较大或担任大纵深穿插作战任务时采用。

三、按方向成梯次部署

就是将建制加强和地方支援的保障力量分为三部分,以两部分为前梯队,分别配置在主次两个方向实施保障,另一部分为后梯队,配置在前梯队之后的纵深地域内实施保障。这种部署形式的优点:既可突出重点,保障主要方向,又利于前后衔接,保持较好的连续性。缺点:力量过于分散,不便于指挥和管理,防卫、通信和工程伪装量增大。通常在作战纵深较大、纵深部队较多或受地形、道路限制时采用。

四、分群部署

就是按照作战群(攻击群)的作战部署、任务以及保障的要求,将所辖装备维修保障力量分成若干部分(通常根据所辖力量大小来确定,一般3~5个群为宜),分别组成基本保障群、前进(方向)保障群和机动保障群,使每个群都具有较强的综合保障能力和独立保障能力,能供能修。基本保障群和前进保障群分别配置在纵深作战群和前方作战群之后或之中,机动保障群配置在纵深便于机动和隐蔽的地域。这种部署形式的优点是:适应作战部署,便于保障,既相对独立,又相互照应,灵活机动,具有综合保障能力,符合信息化条件下作战的要求。缺点是:需要保障力量较大,否则每个群都难以形成一定规模的保障能力,且指挥和管理困难。通常在不便于采取按方向部署、成梯次部署、按方向成梯次部署时采用,特别是在机动作战时适合采用这种部署形式。机械化部队一般采用按方向成梯次部署或分群部署,这两种形式有利于对快速机械化部队实施装备维修保障。

五、网状部署

网状部署即按战役方向和地区划分装备维修保障区,每个装备维修保障区,以战区所属专业(综合)修理厂(基地)、专业(综合)修理部(分)队、专业(综合)维修器材储备库、军械(弹药)储备库为依托,沿作战方向派出维修中心(维修站)、维修器材仓库(供应站)、军械(弹药)仓库(供应站)、与战术装备维修保障部署相衔接,构成前后贯通、左右相连的装备维修保障网。

第四节 联合作战装备维修保障力量区分与配置

一、装备维修保障力量的区分

(一)装备维修保障力量的区分方法

装备维修保障力量区分一般根据保障任务,按照确定的部署形式,对建制力量、上级加强力量和地方支前力量进行区分,明确各保障机构的任务以及相互关系。装备维修保障的方向多,各作战方向的作战样式与规模不等,保障任务相差较大,正确区分力量,以最少人力、物力完成保障任务显得十分重要。

装备维修保障力量区分,通常是按方向和地区进行。区分时,要对方向和地区的需要和保障能力进行估算。估算时,既要分析各方向和地区随着部队作战任务的不同,其装备损坏的不同情况,又要注意作战各阶段任务的变化。估算保障能力,就是分析计算方案中的各方向和地区保障机构的物资补给、装备修理能力。估算工作量时,还要考虑可供利用的时间、前送后送距离,以及可能遭敌破坏等因素。只有对可能与需要进行正确估算,区分后的各方向和地区保障力量才能与其所担负的保障任务大体相适应。在区分装备维修保障力量时,应将一部分力量向下加强。

(二)装备维修保障力量的区分原则

(1)统筹全局,突出重点。要根据部队首长的意图及具体情况,明确保障重点,对主要方向和重点地区分配较强的保障力量,同时兼顾次要方向和一般地区,使其有与需要基本相适应的保障力量,而且两者不可悬殊过大,以便在主次方向变换、纵深作战战役部署有较大变动时,战役装备维修保障力量不作全局性调整,也能保障部队作战。

(2)综合配套。由于联合作战局部独立作战可能性普遍存在,各保障区、基地、兵站要搞好装备供应、装备维修运输等保障力量的配套,视编成和配置地域的地形情况,配属所需的各专业保障力量,使每个保障区、基地、兵站都具有综合的保障能力、一定的防卫能力和指挥能力,能担负所保障军兵种部队的保障任务,特别是在被敌分割包围的情况下,能够独立保障部队作战。

(3)照顾建制。装备维修保障专业技术性强,区分力量要尽量保持原建制。如果拆分建制单位,也要使拆分的部分能够独立组织和实施保障。不同建制单位编组在一起,要注意提高其合成水平,并根据具体情况明确其指挥或协同关系。

(4)掌握较强的预备力量。掌握预备力量,是增强应变力的重要措施。战场情况变化急剧,各种预想不到的问题随时可能发生,如果没有一定的预备力量,就不能保障急需,争取主动。预备保障力量的数量,应根据保障任务和现有力量而定。预备力量主要用于本级或下级遭受损失后恢复保障能力、延伸或开设新的保障线、保障反突击和反空降作战等需要。预备力量应配置在便于机动的位置。预备力量由军事指挥员或后装保障首长批准建立和运用,使用后应重新建立。

二、装备维修保障力量的配置

装备维修保障力量配置,是对装备维修保障机构所在空间区域和位置的布置,主要包括装备维修保障机构配置地域和配置位置的选定等,是作战部署和装备维修保障力量部署的重要内容。

装备维修保障机构配置地域,是指作战部队的装备维修保障机构及其所属力量配置和展开的地域。通常装备维修保障指挥员提出建议由本级指挥员批准或是直接由本级指挥员指定。配置地域的条件如下:

1. 地形良好

装备维修保障配置地域要尽量选在便于疏散隐蔽、便于构筑防护工事和进行伪装的地区。不仅要能充分利用天然洞穴、矿洞、隧道、沟壑、林地、起伏地的反斜面,还要尽量避开敌可能袭击的重要目标、攻击方向和空(机)降地域,避开可能有较大自然灾害的地区。

2. 交通方便

装备维修保障机构配置地域应尽量选在靠近主要前后送道路,特别是便于通往主要作战方向、前沿部队(分队)和炮兵、防空兵阵地。配置地域内要有多条便于进出、互相连接并与交通干线相通的道路,保证进出顺畅。重要仓库附近应有便于直升机起降的场地。

3. 水源充足

配置地域内要有充足并符合饮用及装备使用标准的水源条件,以保证人员生活和车辆、机械加注以及洗消等方面的用水需要。但要注意避开洪水线,一般不要进村庄配置。

4. 地幅足够

配置地域要有足够的展开地幅,以便于展开工作和疏散配置,减少敌破坏杀伤效果,降低敌杀伤概率。

第九章

联合作战装备战场抢修

信息化条件下的联合作战,由于我方参战装备体系构成复杂,动用使用强度大、频率高、损耗多,必然会导致大量装备受损,而现代装备特别是高新技术装备价格昂贵,平时储备数量较少,靠战时生产将难以满足作战需要。在这种情况下,通过修复损坏装备,实现装备"再生",对提高军队装备的利用率就显得尤为重要。因此,充分认识战场抢修的重要作用,掌握其特点,遵循战场抢修的基本要求,明确战场抢修的一般过程,灵活组织实施战场抢修任务,是做好联合作战装备维修保障工作的根本保证。

第一节 联合作战装备战场抢修的地位与作用

近年来一系列局部战争和救援行动表明,战场装备抢修是战斗力的"倍增器"。在英军马岛之战、海湾战争、美军入侵格林纳之战中,战场装备抢修发挥了重大作用,保证了作战的胜利。与此相反,美军在20世纪80年代初解救伊朗人质的失败,则是由于参战的8架直升机中3架发生故障,而在战场环境下又不能及时修复,使这次救援行动不得不取消。这是美军近现代局部战争中少有的失败军事行动。可见,未来联合作战装备战场抢修的地位作用越来越重要。20世纪70年代后期,美军即开始战场抢修的系统研究,他们把战场抢修称为战场损伤评估与修复(Battlefield Damage Assessment and Repair,BDAR),并形成系列研究成果,对开展装备战场抢修具有十分重要的借鉴作用。

一、装备战场抢修是弥补战争损耗,补充战斗实力的重要保证

对于联合作战装备抢救抢修,世界各国军队历来十分重视。追溯历史,1973年爆发的第四次中东战争,是人们对战时装备维修重要作用与意义产生极为深刻认识的重要事件之一。这次战争为时虽仅18天,但双方投入装备之先进,战斗之

激烈,在当时都是空前的,可以说具备了现代战争的特点,其经验因此也受到各国军队的高度重视。特别是在这次战争中,以军在战场抢修上的突破常规的做法以及所获得的重大效果,更是备受瞩目,成为各国军队改进装备维修保障的经典范例。据资料报道,在这次战争作战的头 18h,以军首批参战坦克即有 77% 战损,但以军组织修理力量,在十分靠近前线的地方,冒着敌人炮火,现场抢修战损装备,主要采用换件修理和拆件拼修的办法,把近 80% 的战损坦克在 24 小时内修复,重新投入战斗。部分坦克损坏修复达 4~5 次之多,如表 9-1 所列。这就使得以军能够在装备严重受损的情况下,迅速恢复战斗力。以军首脑对此高度评价,认为这次战场抢修的成功"扭转了战局"。

表 9-1 1973 年阿以战争头 18 小时和 24 小时以色列坦克战损与修复统计

战斗地区	旅	可用坦克/辆	
		10 月 6 日下午 2 时	10 月 7 日上午 8 时
戈兰高地	2	160	52
西奈	3	290	52
合计		450	104
说明	(1) 以色列坦克在头 18 小时内约有 77%(346 辆)丧失能力; (2) 在 24 小时之内约有 80% 丧失能力的坦克(270 辆)返回战斗; (3) 部分坦克重返战斗 4~5 次		

第四次中东战争以军的成功经验,一度震惊了西方各国军队,使大家认识到战场抢修的极端重要性,也看到了战时装备维修保障的改进方向。美军对此次战争战场抢修经验的进一步研究发现,战损装备中,损伤装备远比损毁装备为多。以飞机为例,历史上二者的比例为 4:1,根据对未来作战的分析,这个比例可能达到 15:1 甚至 20:1,直升机和坦克的损伤与损毁比例也与此类似。这就是说,战损装备中,有相当大一部分是可以修复至少是有限度地恢复使用的,关键是要具有完善的战场抢修能力。对于战场抢修能力对恢复战斗力的关键作用,美军曾作过模拟计算,假设一个空军联队(72 架飞机),作战 10 天(每天飞 3 个架次),损失率以 2% 计,损伤数与损毁数之比为 4:1。如果不具备战场抢修能力,到第 10 日只剩下 10 架飞机;如果具有良好的抢修能力(50% 的战伤飞机于 24 小时内修复,30% 于 48 小时内修复,其余 20% 损失),则到第 10 日可剩下 35 架飞机,二者差距为 1:3.5。就是说,通过战场抢修,战斗力可以提高 3.5 倍。美军还对坦克战损也作了类似的分析,结果大体一致。考虑到未来信息化战争的作战进程很快,作战强度大,战损率高,大量战损装备等待国内工业转产后补充不现实,部队事先储备也有限度,这样战场抢救抢修的意义就显得尤为重大。可以说,战时装备抢救抢修是弥补战争损失、补充战斗实力的重要保证。

二、装备战场抢修是保持持续战斗能力的重要因素

联合作战装备战场抢修是保持与恢复部队战斗力的重要因素。图9-1所示为德军的作战模拟结果,该图显示了装备战场抢修对作战坦克可用度的影响。其结果与1973年中东战争以色列军队的实践非常吻合。图中所示为大规模坦克战模拟(双方各自投入600辆坦克,横坐标为作战天数,纵坐标为可用坦克百分数)。在模拟中,考虑了应急修理、换件修理和两种修理方式同时进行或不进行修理4种情况。曲线(a)表示在不替换或修理损伤坦克条件下可能发生的损失,或可用坦克数量的变化情况。曲线(d)表示在有替换不可能挽救的坦克和战场快速修理两个条件下,可用坦克数量的变化情况。曲线(c)表示只有战场修复时可用坦克数量的变化情况。曲线(b)表示只有损伤更换时可用坦克数量的变化情况。

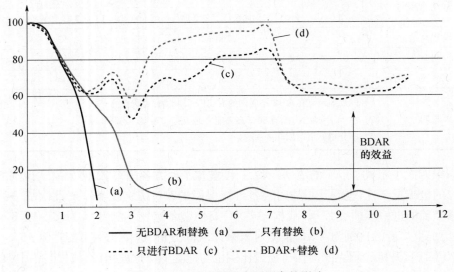

图9-1　BDAR对坦克可用率的影响

曲线(a)与以色列的经验对应得很好,最重大的损失出现在战斗的头若干小时内。从图中可以看出,如果不对战场损伤的坦克进行替换和修理,大约在3天时间内,可用坦克的百分数就会降到0;如果仅仅用好坦克替换战损坦克,战斗力也只能保持在最初的5%~10%左右;但如果对战场损伤坦克进行BDAR和替换,在战争第10天结束时,可用坦克仍可保持在60%~80%之间。其他研究也表明,如果战时实施了有效的战场损伤修复,86%的战场损伤是可以修复的。

三、装备战场抢修是战斗力的倍增器

联合作战装备战场抢修是保证部队战斗力的倍加因子,它能够使参战部队战

斗力在相当长时间内保持在一定水平上。下面给出外军的一些研究成果。

图9-2所示为战时有无损伤修复的对比图(纵坐标为直升机可用数,横坐标为出动批次数)。假设损失率为3%~5%,损伤率为15%~25%,研究对象为拥有100架直升机的机群。由图中可以看出,如果不对战场损伤装备进行修复,在出动20次以后,将几乎不再有直升机可以起飞作战。如果具有良好的战场损伤修复能力(所有损伤可在6小时内修复),那么在出动20次以后,仍然有60%~80%的直升机可以继续起飞执行任务。将这一情况以图9-3形式表示(横坐标为时间,纵坐标为累积飞行架次),可以发现,假设每天出动4次,在10天时间里,有损伤修复能力对应的累计出动架次将是无修复能力时的6倍。

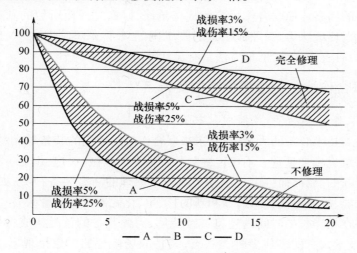

图9-2 可用直升机与修理能力

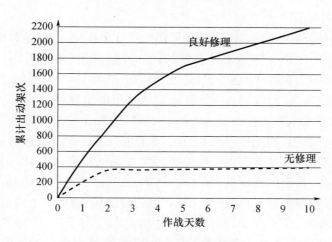

图9-3 飞机架次与修理能力

由以上两个例子可以看出,不论是对地面装备,还是航空装备,战场抢修都是一个非常重要的战斗力倍加因子,它对保持参战部队一定水平的战斗力具有决定性作用。

第二节 联合作战装备战场抢修的特点与方法

联合作战装备战场抢修与平时维修相比,有着显著差别。平时维修的目标是使装备处于完好状态,必须将装备修复到具有完成全部任务的能力,必须采取标准的维修方法,由有资质的维修人员利用规定的工具、器材及替换件进行,修复时间是相对次要的因素。而联合作战装备战场抢修,以恢复战斗所需的基本功能为目的,时间紧迫,环境恶劣,修理程序简化,修理标准降低,修理速度加快,定向定位准确,恢复状态具有多样性,修理方法具有灵活性。

一、联合作战装备战场抢修主要特点

（一）装备种类增多,抢修对象拓宽

随着高新技术装备的大量运用,未来联合作战所使用的装备种类越来越多,装备修理的对象也越来越宽。不仅传统的装备种类如枪械、火炮、坦克、飞机、舰艇等增加了许多新的品种,而且出现了基于新技术原理的新型装备种类,如激光、粒子束、微波、动能、气象等高技术武器和新的核、生、化武器及其配套装备。同时,由于原有的装备在相当长的时间内还将继续使用,因此装备的种类构成将处于新老并存、高中低技术共有的多代多种类状态,装备战场修理的对象呈现出了"宽频谱""大容量"的显著特点。

（二）损伤机理多样,抢修难度增大

信息化条件下联合作战,由于装备损伤的机理多样化,造成装备的损伤出现了许多新的特征,给抢修工作带来许多新问题。目前,"硬"杀伤手段的威力越来越大,装备的物理损伤在程度上更为严重,在形态上更为多样。不仅某些部件可能产生穿孔、破裂、变形等,而且装备主体甚至整体都可能出现严重损坏。"软"杀伤手段则更在新的技术原理的基础上,以全新的破坏机理作用于各种装备。它不仅可以使电子元器件烧毁、控制程序紊乱失灵、数据被"病毒"吞噬,还可以使装备的材料出现结构性质变等。"软""硬"两种破坏机理相互结合、综合作用,使装备损伤的特征复杂多样,损伤的程度更为严重。例如,激光武器的燃蚀、辐射、激波等多重破坏作用,可以使装备材料首先汽化,材料结构被破坏;随后产生激波,装备大结构大面积地出现损坏;最后在作用过程中产生的高温等离子体、光辐射、电磁脉冲等还将损坏装备的电子系统。经受激光打击的装备将呈现综合毁伤的特征,修复这

样的装备将需要多个门类的技术人员,采用多种维修技术和手段,才能使其恢复作战性能。由此可见,装备损坏机理的多样化,大大增加了战场抢修难度。

(三)任务转换频繁,抢修时效性增强

现代战争攻防转换频繁,战场形势瞬息万变,作战行动节奏加快,持续时间缩短,抢修时机稍纵即逝,从而对装备战场抢修的时效性提出了更高的要求。由于敌军可以对整个战场实施全纵深、全方位、全时空的打击,损坏装备现场抢修及后送修理的有效使用时间大为减少,修理任务重、难度大、要求急与可用时间短的矛盾更为突出。因此,必须科学地组织力量,采取灵活的保障方式方法,提高装备战场抢修的时效性,力争在作战进程中以最快的速度修复大量损坏的装备,最大限度地恢复部队的战斗力。

(四)维修标准简化,抢修方式多样

联合作战装备战场抢修,特别强调要追求一个"快"字,要力争用最短的时间恢复装备的基本使用功能,以便迅速投入战斗。为追求高速度,宁可让修复后的装备使用范围受到限制,或牺牲一些性能,甚至只保证完成一次任务。这就需要有与平时维修不同的技术标准和多样化的维修方式。同时,在一般技术要求上,为平时使用和维修所规定的使用寿命、预防性维修时限、安全系数和强度储备等,通常都偏于保守,这就给改变标准留下了余地。为缩短战时因抢修而停用的时间,放宽某些技术标准,包括延长预防性维修的间隔时间,不仅是必需的,而且是切实可行的。需要说明的是,战时的应急修理方法和技术标准,只是在特殊的情况下才能使用。这些方法、标准并不意味着要代替正规的维修。在具有充分的时间、备件以及必要的工具设备的条件下,就必须实施标准的维修将装备恢复到规定状态。

二、联合作战装备战场抢修方式方法

联合作战背景下,参战装备损坏情况复杂多样,各级修理机构的任务和环境各异,装备抢修应当根据不同情况灵活采取相应的修理方式和方法。战役装备修理机构通常将固定(后方)修理和战场修理两种修理方式结合起来,以战场修理为主,如图9-4所示。战场修理应综合运用阵地修理、伴随修理、巡回修理、临时设点修理等多种机动修理方式,采取以换件修理为主与拆拼修理、原件修理相结合和以应急修理为主与按技术标准修理相结合的装备修理方法,尽量提高装备修理的效率。

(一)装备修理方式

装备修理方式,是指组织实施装备维修时所采取的基本方法和主要形式。通常应当根据装备的故障或者损坏情况对使用及安全的影响、故障和损坏原因、维修单位的技术条件和维修环境等因素来选择和确定。战时主要采取固定修理和野战机动修理方式。

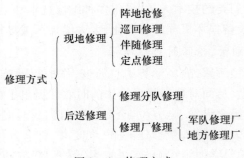

图 9-4　修理方式

1. 固定(后方)修理

固定(后方)修理主要是指依托装备维修工厂(车间)、船坞、阵地等不具有机动性的修理机构和设施等,在固定地点对装备进行维修。这种方式适合于对装备进行级别较高的修理。损坏严重、需要较长时间修复的装备通常也可以采用这种修理方式。

2. 机动修理

机动修理是指派出具有机动能力的修理力量对装备实施修理的方式。机动修理可以在装备所在地(如损坏现场、阵地、集结地域、行军途中等)或者其附近对装备进行修理,从而减少装备后送量,缩短装备待修时间,及时使修复装备再次投入使用。机动修理的主要组织形式有阵地修理、伴随修理、巡回修理、临时设点修理等。

阵地修理即组织修理力量深入阵地对装备进行的修理。部队依托阵地遂行作战任务时适宜采用这种形式。

伴随修理就是组织修理力量跟随部队行动,随时修复损坏或者故障的装备。部队在遂行行军、进攻、穿插、迂回、追击等机动性较大的任务时适于采用这种形式,它可以使装备随坏随修,迅速恢复良好的技术状况。

巡回修理就是组织修理力量轮流到多个部队对装备进行修理。这种形式既可以相对有规律地对各部队进行保障,也可以对突然产生的待修装备作出快速反应。

临时设点修理就是将具有机动能力的修理力量运动到选定的相对固定的地点,通过相对静止的配置,建立临时修理机构,接收和修理当地部队或者分队自身修理力量难以修复的装备,或者过往部队或者分队的待修装备。这种形式既可以发挥修理力量的机动性,满足修理靠前的要求;又可以相对集中各种修理力量,形成一定的技术优势,弥补其他机动修理形式因能力有限而难以完成复杂修理工作的不足。因此,它是现代军队在训练、执勤特别是作战中,广泛采取的一种机动修理形式。它比较适于在装备损坏相对集中的地点或者是在修理损坏较为严重、在现场不能修复或者不便修复的装备时采用。

（二）装备抢修方法

联合作战中,装备战场抢修主要有原件修理、换件修理、拆拼修理、应急修理和按技术标准修理等多种方法,如图9-5所示。这些方法应按照使用时机、条件和范围以及修理的性质和目的灵活运用。一般采取原件修理、换件修理与拆拼修理相结合,以换件修理为主;应急修理与按技术标准修理相结合,以应急修理为主的方法。

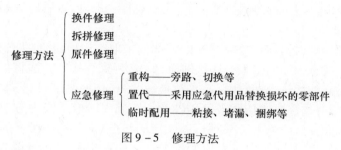

图9-5 修理方法

1. 原件修理

原件修理是指对故障或者损坏的零部件进行调整、加工或者其他技术处理,使其恢复到所要求的功能后继续使用的修理方法。这种修理方法在修理耗费比较经济或者没有备件的情况下比较适用。采用新型修理技术对某些零部件进行原件修理还可以改善其部分技术性能。原件修理通常需要一定的设施、设备和一定等级的专业技术人员等保障资源的支持。大多数情况下,原件修理都不能在零部件的原位进行,而是需要将零部件拆下后修理,所以耗时也较长。原件修理的这些特点,决定其不便于满足靠前、及时和快速抢修的要求。

2. 换件修理

换件修理是指对故障、损坏或者报废的相应零部件、元器件或者模块、总成进行更换的修理方法。换件修理能满足靠前、及时和快速抢修的要求,对修理级别和专业技术人员的技能要求也不高。但是,实施换件修理要求装备的标准化程度高,备件要具有互换性,同时还必须科学地确定备件的品种和数量。换件修理并不适用于所有装备和所有条件,有的情况下换件修理并不经济,反而会增加保障负担。平时对换下的零部件是废弃还是修复或者降级使用,要进行权衡分析。在战时条件下,换件修理可以缩短修理时间,加快修理速度,保证修理质量,节省人力,较快地将故障或者损坏装备修复重新投入使用,因而是战时特别是野战条件下修复装备的主要方法。

3. 拆拼修理

拆拼修理是指经过批准,将暂时无法修复或者报废装备上的可以使用或者有修复价值的部分总成或者零部件拆卸下来,更换到其他装备上,从而利用故障、损坏或者报废装备重新组配完好装备的修理方法。采用这种方法,可以在紧急情况下最大限度地使故障和战损装备得到恢复并再次投入使用,减少装备的损失和遗弃,有效地缓解修理器材的紧张或短缺状况。但是,拆拼修理要用几件装备拼凑一件装备,往往会减少可修复装备的数量。这种方法只适用于战时的某些特殊情况。如在紧急撤离战场,损坏装备较多,来不及全部抢修时,可以采取拆拼修理的方法,以最快的速度修复一些装备,尽可能多地将作战力量撤下来。采用拆拼修理方法通常要报请有关部门批准。紧急情况下,可以先拆拼修理,事后向有关部门报告。

4. 应急修理

应急修理是指对损坏或故障装备的零部件采取临时应急性的技术措施,以维持其一定战术技术性能的修理方法。例如,采取旁路、切换等方法将损坏装备的有关部分进行重新架构,以应急代用品来替换故障、损坏的零部件,采取粘接、堵漏、捆绑、短接等临时措施来维持装备可用性的方法都属于应急修理方法。应急修理可以使损坏的装备暂时恢复到某种可以使用的状态,是非常情况下的非常修理方法,在战时或者紧急情况下可以发挥重要作用。但是,各种应急修理方法都有其局限性,既不能保证装备修理质量,也不能保证完全恢复装备的战术技术性能。所以,凡采用应急修理方法修复的装备,事后均应当按照规定的修理技术要求,重新进行恢复其技术性能指标的正常修理。

5. 按技术标准修理

按技术标准修理是指根据装备的技术标准和相应要求,由规定的人员使用规定的设施、工具、设备和器材等,按照规定的技术要求和工艺流程所进行的旨在恢复装备技术性能指标的修理方法。按技术标准修理是装备的正常修理方法。它可以保证装备维修的质量,恢复或基本恢复装备的各项性能指标。在联合作战中,装备的固定(后方)修理可以较多地采用这种修理方法。战场修理在条件具备、情况允许时也应当尽可能采用。

第三节 联合作战装备战场抢修的组织实施

由于不同军种、层级、岗位在装备战场抢修中筹划组织、行动决策、参与指导的深度和力度等有所不同,组织实施内容和要求也会有差异。在联合作战中组织实施装备战场抢修,应当着重抓好修理任务预计、抢修计划制定、抢修行动组织、损坏装备抢救和集中、损坏装备评估和分类等环节,目的是使装备抢修行动协调有序进行,从而充分发挥装备修理力量的保障效能,保障联合作战对装备修理的需求。

一、预计装备维修任务

装备维修任务预计,是组织实施战时装备抢修任务的前提,是制定战时装备抢修计划、筹组和使用维修力量的基本依据。各级装备维修保障指挥员及其指挥机构(部门)应当分别对其职责范围内的装备维修任务作出预测。

（一）预计装备的损坏量

预计装备维修任务，首先要预计装备的损坏量。而装备的损坏量，要通过预计的装备损坏率乘以参战装备数量来推算。装备损坏率，是装备损坏数占参战数的百分比。影响装备损坏率的因素是多方面的，主要因素有：作战样式，敌我双方兵力兵器对比，作战持续时间及激烈程度，装备战术技术性能，敌人破坏手段、程度和我军的防护条件及措施，人员技术水平和作战经验，作战地区的地形、道路和气候等。装备损坏率预计，首先要找出其关键的影响因素，之后依据以往作战装备战损的经验数据，再针对未来信息化战争的特点和作战任务等，并运用先进科学方法，如计算机模拟等，进行宏观估计。表9－2所列为几次战争坦克战伤数据，可供参考。

表9－2　几次战争坦克战伤数据

名别	国家或军队名称	战役持续时间	参战坦克数/辆	战伤坦克数/辆	损坏率/%	平均每昼夜损坏率/%
第四次中东战争（1973年10月）	以色列	18天	2000	840	42	2.33
	阿拉伯国家	18天	4570	2554	56	3.11
	以、阿双方	18天	8200	1250	15	0.83
以色列、黎巴嫩之战（1982年6月至9月）	以色列	3个月	1000	200	20	
	巴勒斯坦	3个月	250	100	40	
	叙利亚	3个月	900	300	33	

（二）预计装备的损坏程度

装备的损坏程度反映了恢复其性能的难易程度，所以仅仅预计装备的损坏量是不够的，还必须对装备的损坏程度进行预计。通常将装备损坏分为轻度损坏、中等损坏、严重损坏、报废4类。轻度损坏，是指装备非主要部(机)件损坏，不及时修复会影响其战术、技术性能，需要进行更换部分零部件。中等损坏，是指装备损坏1~2个主要部件，或需要更换的零部件较多，需要进行更换主要部件。严重损坏，是指装备主要部件损坏严重，数量较多(车辆要求3个以上主要总成或达到大修送修条件)，修理时间长，需要消耗较多的维修器材和进行复杂修理。报废，是指装备损坏严重，不堪修复或无修理价值。

装备损坏程度预计，通常采用经验推算法和理论计算法，表9－3所列为第二次世界大战期间几个参战国的坦克损坏程度数据，可供参考。

表9-3 第二次世界大战期间苏、日、美军坦克损坏程度数据

国别数量	各种损坏占损坏总数的百分比/%				战场可修复率/%
	轻损	中损	重损	报废	
苏联	40	20	10	30	60
日本陆军师	34	24	6	36	58
美国陆军师	40	20	15	25	60
说明	表中战场可修复率包括轻度和中度损伤之和。根据第二次世界大战后外军几场局部战争经验,严重损坏和报废坦克可在战场进行拆拼修理,因而战场可修复率将高于表中数据				

在预计装备损坏率与损坏程度的基础上,可以预计出各类装备各损坏等级的维修任务量,并根据各维修机构的任务区分计算出相应的维修任务量。装备维修任务预计应综合运用诸如经验推算预测法、模拟计算预测法、实验验证预测法等各种预测方法,尽可能作出比较准确的预测。

二、制定装备战场抢修计划

装备战场抢修一般没有单独的计划,而是作为装备维修保障核心内容之一,纳入专业配套计划共同制定,是实施装备抢修任务的直接依据。通常在预计修理任务的基础上,依据战役指挥员的命令和装备维修保障有关指示,根据联合战役各级、各军兵种修理力量的能力,综合考虑战役意图、战役力量的编成与部署、战役阶段及各阶段装备修理的需求和特点,各军兵种修理力量的区分和部署,作战地区的地理、地形和气候等诸多因素具体制定。通常应当明确各军兵种和各级修理机构的编成、配置,担负的修理任务,战役各阶段的主要修理工作及采取的主要修理措施,修理机构内部各部门之间的协同关系,修理机构的防卫等有关内容。维修器材保障的有关事项,既可以在装备修理计划中明确,也可以在单独制定的装备和器材保障计划中明确。计划的形式通常有文字叙述式、表格式或文字叙述与表格结合式。

三、构建装备战场抢修体系

联合作战装备战场抢修体系是联合作战后装保障体系的重要组成部分,是一种战时编成,需要在平时编制的基础上,依据联合作战指挥体制、联合作战规模、保障方法和技术手段、装备维修保障能力、维修保障作业体系等情况,把承担装备维修保障任务的建制、预备役和动员等各种力量,进行科学的抽组,灵活运用,形成合理的组织结构和顺畅高效的保障体系。构建要求上,应当针对联合作战需求,围绕"服务、支撑、保障"三大职能,构建联合、完备、协调、高效的联合作战装备维修保

障体系,做到军种联合、军民融合,要素完备、机动灵活、有机衔接、精干高效。在重组时机上,应充分考虑联合作战对抗激烈、情况错综复杂,作战攻防转换频繁的特点,根据情况随时调整、重组战场装备抢修体系,时机一般选择在作战任务转变时、作战阶段转换时、遭受重大损失时等。

四、损坏装备的抢救和集中

为了便于修理力量有效地实施装备战场抢修,必须进行损坏装备的抢救和集中。通常情况下,损坏装备的抢救主要由本级装备修理力量负责。战役级修理力量只负责战术级修理力量不能完成的抢救任务。舰艇的海上抢救,通常由海上机动保障编队的有关力量,在舰员的协助下进行。根据装备损坏的程度,抢救一般按先主要方向,后次要方向;先轻后重,先易后难;先指挥、战斗装备,后其他装备;先遭敌大规模袭击地域,后其他地域的顺序进行。为了便于修理力量实施战场抢修,应当将损坏的装备适当地进行集中。可以在损坏现场或其附近由战役级修理力量修复的装备,通常由下级修理力量负责集中,战役级修理力量必要时予以协助。一般应当先集中影响作战和由本级修理力量修理的损坏装备,再集中将由上级修理力量修理的损坏装备,最后集中报废的装备。为了保障作战需要,也可先集中主要方向和担负主要作战任务部队损坏的装备,再集中其他部队损坏的装备。集中起来的待修装备通常由修理力量就近就便进行修理;需要由上级修理力量修复的装备,通常采取就地移交的方式移交给上级修理力量。必须后送修理的装备通常采取上级前接的方式集中。

五、损坏装备的评估和分类

对损坏装备要按照战场损坏评估与修复的有关标准,对损坏情况进行评估,根据其损坏部位、程度及造成的影响,以及修复所需要的人员、设备、方法和手段等要素,并结合战场实际情况,具体确定应当由哪一级修理力量进行抢修。评估的主要内容有:判断损坏程度,确定损坏部位;确定损坏的影响及危害;确定是否需要战场修理;对于不需要战场修理的装备,确定其使用是否受到限制;对于需要战场修理的装备,根据其修理要求,估计所需人力、物力、时间,确定修理地点;确定修理方法、手段;确定有关现地、后送修理或退出战斗的措施;其他需要评估确定的内容。在对损坏装备进行评估的基础上,首先,应当对损坏装备进行分类,以便组织保障力量开展相应保障行动;其次,应当根据修理任务的区分,将损坏装备分为由本级修理力量修理和交上级修理力量修理两部分。再次,根据装备的类别、具体的损坏情况和具体的修理分工,将由本级修理的损坏装备作进一步区分,以便于各种装备修理力量有针对性地迅速展开修理。

第四节　联合作战装备战场抢修创新发展

开展联合作战装备战场抢修的理论研究,完善其战场抢修的理论体系,是提高联合作战战场装备抢修的前提。

一、深入研究战时装备抢修理论体系

应根据作战任务和战时装备抢修的保障需求,着眼装备的技术特点和战时抢修的特殊性,研究制定出切实有效的战时装备抢修理论体系。重点是装备可抢修性理论和战场抢修理论。装备可抢修性理论主要强调装备在设计阶段就要考虑到战场抢修的需要,把可抢修性作为装备的重要质量特性来加以考虑。战场抢修理论则主要研究如何有效地组织和实施对装备的战场抢修。要针对装备战场抢修的时间要求、修理标准和环境条件等,加强对战场损伤评估、装备战场抢修技术以及战场抢修时备件供应问题的研究;要加强故障快速诊断、分析与评估、修复手段与方法的研究,研制先进的战场抢修装备及专用工具箱,开发应急抢修器材,同时加强新材料、新工艺和新技术在现场抢修中的应用。

二、完善战时装备抢修技术规范

在进行装备战场抢修理论研究,建立起较为完善的理论研究体系的基础上,制定、编写种类齐全、操作性强的条令及手册。装备战场抢修技术规范应该包括两方面内容:一是装备战场抢修通用技术资料汇编;二是按装备的型号或类型编制各型装备的战场损伤评估与修复手册。根据不同类型的装备,分析在作战中可能出现的故障和操作模式,找出原因,结合部队实际,提出战场应急抢修方法。

三、加强装备维修技术人才培养

抓好维修技术人才培养,是加强战场装备抢修力量建设的一项重要内容。装备人才准备是最根本、最基础的军事斗争装备准备。要始终把装备维修技术人才培养作为装备战时抢修训练的根本来抓。强化"一专多能",实现技术过硬。随着作战样式和装备维修保障模式的不断变化,应急抢修人才培养向知识型、复合型、科技型转变,人才类型也呈现多样化。针对部队装备种类多、故障复杂和战时装备维修保障时间紧、速度快、机动性强等特点,要通过平时开展技术比武、定期培训、专家教学、互帮互学等活动,使抢修人员达到"一专多能"的要求,并确保各种装备都有一名技术顶尖的维修专家,一套高素质的保障指挥队伍。作为战场抢修的筹划者和组织者,一套高素质、灵活善谋的保障指挥班子是实现战时快速抢修的前提。为了快速抢修装备,指挥人员应充分理解上级和本级首长作战意图,熟悉保障方案、保障指挥程序和方法,掌握所属部队装备维修保障部署、调整及使用情况,以及维修技术人员、器材和抢修设备等抢修资源分布和使用状况。当装备出现战损或故障需要抢修时,能准确运用所属抢修力量,并做到反应速度快,派出抢修人员合理,携带器材和设备准确,确保在短时间内修复装备。

四、重视战场抢修装备建设

从未来联合作战的特点看,如果没有快速的战伤抢修能力,就难以保持高强度的持续作战能力。沿用一般的手工和简单的机械维修方式已难以为继,应当随着装备的发展,重视战场抢修装备的建设,努力使维修装备和战场抢修装备向通用化、标准化、系统化、机械化、自动化、智能化、光机电一体化方向发展,以适应未来联合作战维修保障需要。积极开发抢修新材料新技术。战场抢修具有时效性强的特点,除战场上可用的传统方法、技术外,还应积极开发利用新材料、新技术、新方法、新修复工艺,如采用结构胶、液态密封胶、厌氧胶等对破损、断裂、漏泄零部件进行修补、粘连、密封。建立装备远程维修系统,装备战时损伤主要发生在远离基地的区域,配备足够的加强抢修保障人员将变得十分困难。通过计算机网络将前方的保障人员与后方技术专家紧密联系起来,为前方装备的使用、维护、修理以及战场抢修提供准确及时的技术指导和决策支持。不仅可以使损伤装备及时得到修复,有效提高装备完好性,而且可以提高装备维修效率,降低保障费用。通过对装备维修在作用空间、作用距离和功能上的扩展,能更有效地调动各种维修资源,满足维修活动的需要,同时对提高装备战场抢修能力具有十分重要的作用。

第十章

联合作战装备维修器材保障

未来联合作战,装备使用强度高,维修器材的消耗和损失的数量大、种类多,保障任务异常繁重,其保障程度对于联合作战装备维修保障具有重大影响。联合作战装备维修器材保障是在联合作战背景下,装备维修器材的筹措、供应、储备与管理,是后装保障的重要内容,是保证装备完好率、在航率的重要因素,是保持和恢复装备战斗力的物质基础。

第一节 联合作战装备维修器材保障概述

联合作战装备维修器材保障工作战时与平时保障有着许多的不同之处。首先,平时保障的目标是保障装备的战备完好和训练使用,而战时保障是保证作战任务的成功。前者既要考虑维修器材的保障度,也要考虑保障的费用约束,而后者则重点要求有较高保障度。其次,两者所处的工作条件不同,战时保障时间紧、任务重,保障条件变化大、情况复杂,因而保障的难度增加。最后,装备维修器材的消耗规律不同。战时装备维修器材除自然损伤消耗外,装备战斗损伤也占很大的比例,且战时维修器材消耗的数据来源有限、因素复杂,摸清规律更加困难。因而,战时装备维修器材保障决策难度更大。搞好联合作战装备维修器材保障就必须摸清联合作战装备维修器材保障的规律和方法,并运用这些规律指导保障工作,以确保战时装备维修器材保障任务的顺利完成。

一、联合作战装备维修器材保障的特点

(一)保障种类繁多,任务重、强度大

平时,装备维修器材的故障率、损坏率很低,需要保障的数量不多,强度不大。而联合作战,因涉及参战军兵种多,导致装备种类多、数量大、型号杂。特别是大量

高新技术装备使用于战场,突击性、精确性和破坏性大大增加,战斗的激烈程度增强,装备的战损率剧增,器材保障的压力也随之增大。

联合作战中,装备往往处于较为恶劣的条件下,战场环境条件较差,常常在高温、高寒、潮湿、风沙的地域作战,因而增加了装备损坏的数量。此外,行军条件也较差,公路往往会受到一定程度的破坏,而且还常在崎岖不平的山路上行军。战斗中的维护保养也通常不能按要求进行,且由于时间紧、条件差,维修质量难以达到规定的要求,增加了出现致命性故障的可能性。此外,战时维修器材保障系统本身也常常受到打击,维修器材仓库和维修器材运输都会遭受敌人的袭击,从而增加维修器材的损耗。

(二)保障时效增强,时间紧、速度快

联合作战,敌我双方都力求通过军事上的突然性赢得时间,争取主动,致使战役、战斗的突然性增大,加之部队高度的机动性,使两次战役、战斗之间的休整时间大为缩短。这样,装备的战前检查准备时间以及功能的恢复时间也相应减少,因而维修器材保障的准备时间缩短。战时,指挥员决心定下之后,通常要在极短的时间内进行频繁的部队调动、接转供应关系,从而带来了装备实力的变化,增大了装备维修器材保障的困难和工作的突击性。

(三)保障力量多元,标准高、要求严

现代战争,装备器材技术含量高,损伤种类不同,损坏程度复杂。既有一般故障,又有战斗损伤;既有弹药爆破造成的硬损伤,又有电子对抗造成的软故障。由于大量高新技术装备使用于战场,突击性、精确性和破坏性大大增加,战斗的激烈程度增强,装备的战损率剧增。如海湾战争中,伊方的装备战损率高达40% ~ 50%。这就要求器材保障分队既能共同实施保障,又能独立完成任务;不仅能够及时将器材保障到位,而且能够迅速对故障器材进行维修、拆除或更换。

二、联合作战装备维修器材保障的基本原则

(一)聚焦作战,统一筹划

装备维修器材保障是进行装备维修保障的物资基础,联合作战保障行动中,必须坚持军事效益第一,紧紧围绕战时作战任务的完成组织实施。装备维修器材保障在战前筹划和作战过程中,不是单独进行的,而是和其他后装保障的计划方案、力量编组、保障部署、警戒防卫、运输投送等统一进行筹划。同时,统一筹划还体现在不同军种之间、不同部队之间、不同方向之间、不同战区之间的统筹考虑和安排。

(二)充分准备,力争主动

现代信息化条件下的联合作战,参战力量多元、装备型号多、数量规模大、战损比例高,对维修器材需求量大,因此,必须在战前做好充分准备,力争主动。在思想

上,要深入进行战备教育,增强敌情观念,做到常备不懈。在组织上,要根据作战预案,拟定相应的战备方案,落实装备维修器材保障人员编制定额,加强维修保障业务机关、分队的全面建设,提高军政业务素质和指挥保障能力。在技术上,经常检查各类装备的战备维修器材的数量和技术状况是否达到有关标准的要求。并按联合作战要求,建立战时保障的决策指挥支持系统,为战时快速科学地决策提供良好的条件。

（三）注重防卫,保证安全

保证装备器材保障力量的安全,是完成保障任务的先决条件。要坚持"以防为主,防打结合"的原则,加强必要的防护工程建设,在充分利用战场既设的防护工事的基础上,根据需要构筑必要的野战防护工事。要不断研究、掌握敌袭击和破坏的特点和规律,采取先进的防卫技术和各种"藏"与"骗"相结合的手段,采用组织军民联防和依靠保障力量自身的防卫与作战部队掩护相结合等防卫方式,不断提高装备维修器材保障力量的生存能力。

三、联合作战装备维修器材保障的基本任务

联合作战装备维修器材保障的基本任务,概括起来说,就是组织与实施维修器材的筹措、储备与供应。主要包括以下几项主要内容。

（一）编制装备维修器材保障计划

联合作战装备维修器材保障计划是装备维修保障专业配套计划的组成部分,是组织与实施整个战役、战斗装备维修器材保障的主要依据。它是根据后装保障部门首长下达的维修保障指示、维修器材保障能力、维修器材消耗水平、库存储备和维修器材筹措的方式、数量等情况制定的。要做到计划周密、数量准确、方便部队、有利作战,在保证供应的基础上留有适当的余地。

（二）编制并组织实施筹措计划

建立战备维修器材储备是装备维修器材保障原则之一,但由于战时装备维修器材消耗量大,即使建立了一定的储备,要保证持续地满足装备维修所需的维修器材也是有困难的。为此,必须在编制维修器材保障计划的基础上,编制维修器材筹措计划,并全力组织实施,以保证充足的维修器材来源。维修器材筹措计划的内容主要有筹措的品种、数量、质量、筹措渠道、货源情况、到货时间、运输方式以及缺口与解决的办法。编制筹措计划主要依据装备参战的数量、技术状况、战时维修器材消耗标准、平时维修器材周转和战备储备标准及现有的库存量。集团军以下维修器材的筹措计划,主要根据战前准备阶段维修器材消耗情况,补足上级规定的战备储备量和周转维修器材的储备量。要保证维修器材筹措计划的实现,必须充分挖掘潜力,积极开辟维修器材来源。除了平时供货单位外,要动员民用工厂企业生产

所需的维修器材;要充分发挥修理工厂、配件厂和修理部(分)队的作用,加工生产自制件和旧品翻新;同时,还要充分利用报废或缴获装备上的完好零部件。

（三）组织实施装备维修器材供应

战时维修器材的供应,应根据各部(分)队的作战任务、主攻方向、装备实力损失和维修器材消耗情况,分清主次缓急,优先保障重点。供应手续要简便易行,供应数量要准确,供应时间要及时。供应方法要以上级定点前送为主、下级请领为辅;以基数供应为主、单项补充为辅。

装备维修器材的运输方面,由于仓库编制上没有运输分队,因此,战时维修器材的运输、存放和前送道路保障等都必须纳入战区和部队运输投送保障计划,以保证维修器材及时前送供应。此外,应充分动员地方的运输力量,以弥补部队运输力量的不足。

第二节　联合作战装备维修器材保障需求

未来联合作战突发性强、节奏快、强度大,装备损坏量大,维修保障任务繁重,装备维修保障器材能否及时、准确、经济地进行预计,直接关系到装备维修保障效能的发挥,已经成为决定战争进程,影响战争胜负的重要因素。

一、联合作战装备维修器材需求规律分析

联合作战装备维修器材需求规律应在分析影响器材需求因素的基础上,根据理论和实战经验,科学归纳总结。

（一）联合作战装备维修器材需求构成要素

联合作战影响装备维修器材需求的因素是多方面的,主要因素有作战类型,敌我双方兵力兵器对比,作战持续时间及激烈程度,装备战术技术性能,作战持续时间及激烈程度,敌人破坏手段、程度和我军的防护条件及措施,人员技术水平和作战经验,作战地区的地形、道路和气候条件等。

1. 战斗损伤

战斗损伤是指受打击损坏,即受敌机、敌炮和其他爆炸物的破坏所造成的损坏。装备维修器材战损需求的大小主要取决于以下几个方面因素：

（1）装备类型:不同类型的装备因作战任务、零部件抗击能力不同,在战斗中的损坏率也不同,因而导致维修器材的需求也有一定的差异。

（2）作战样式:进攻作战时,维修器材的需要相对量大,而防御战斗中的维修器材需要量相对较小。

（3）作战条件:有大规模杀伤武器和精确制导武器参战的战斗中,装备战损率

高,维修器材需要量大,而常规武器对抗的战斗中,维修器材需要量小。

(4)运输、保管条件:运输和保管过程中,受到敌人袭击也会造成维修器材的损坏。

2. 自然故障及损坏

自然故障及损坏是指在设计中规定的条件下使用,由于耗损和随机因素而导致的零部件的故障及损坏,零部件故障及损坏平均数量取决于其固有可靠性水平。

3. 环境因素造成的损坏

环境因素造成的损坏指环境条件超出了装备的规定使用要求而产生的损坏。这些环境因素主要有温度、湿度、风沙、盐度等。在热带丛林地区作战,温度、湿度较大,电子元器件易造成损坏;在高原高寒地区作战,机械构件易出现断裂;在海岸线地区作战,湿度、盐度较高,金属件锈蚀较严重;在沙漠地区作战,风沙和高温,对机械和电子装备的正常工作都会产生较大影响。

4. 人为因素造成损坏

在战场这种特殊条件下,容易产生操作失误,造成人为的损坏。这些人为因素主要有:未按正常的规程进行操作,如火炮的射速超过规定极限,极易造成身管及反后座装置的损坏;电子产品接插和开关顺序不对,会导致元件甚至整机的损坏;对装备未按规定的制度进行维护保养,如作战间隙不进行规定的擦拭、检查、调整等,将导致故障概率增加;维修器材保管不善,造成的丢失及损坏。

(二)联合作战装备维修器材需求规律

虽然联合作战装备维修器材需求受多种因素的影响,但从多次战役、战斗的统计资料来看,维修器材需求也存在着一定规律。

1. 战时维修器材需要量是随机变量

平时的维修器材需要量受多方面因素的影响,是一个随机变量。而对于战时,由于影响因素更多、不确定性更大,所以战时维修器材的需要量也是随机变量。这里所说的需要量是指在规定的作战时间、类型和战场条件下所需的装备维修器材的数量。也就是说,即使在相同的作战时间、类型及战场条件下,某类维修器材的需要量也可能不同。因而,用平均需要量来保障一次战斗就很可能出现维修器材短缺的状况。

2. 战损需求大于其他因素需求

对上述影响因素应全面分析,针对不同装备,找出影响的主要因素。例如:火炮损坏率主要取决于敌我双方兵力兵器对比;装甲装备损坏率主要取决于坦克、机械化部队所担负的任务、防护能力、敌人反坦克兵器的数量和性能,以及地形、道路情况;车辆损坏率主要取决于敌人对交通运输线的破坏程度,地形、道路状况,车勤人员技术水平和防护条件;工程、防化装备损坏率主要取决于装备技术性能和使用强度。

根据现代战争的统计数据也可得出:维修器材的战损需求大于其他因素的需求,是构成战时维修器材需求的主要部分,在决策中应重点考虑。但其他因素的需求,虽不是战时武器损坏的主要因素,但在关键时刻对部队的战斗力同样有着重大影响,也是不可忽视的一部分。

3. 就战损需求而言,进攻作战维修器材的日需求率高于防御作战、重武器高于轻武器

联合进攻作战一般要集中优势兵力歼灭敌人,且作战时间较短,进攻一方多处于相对暴露的位置,因此在短时间内可能损坏较多的武器、维修器材;而防御作战,进攻一方虽然兵力占优势,但防御一方有一定工事作依托,或可利用地形地物,且一般作战时间较长,所以,维修器材日平均损坏率,进攻作战方高于防御作战方。

根据统计资料可知重武器的战损需求高于轻武器。在未来联合作战中,由于涉及多军种、火炮、坦克、导弹及各种高新技术装备动用使用比重大大增加,战争形态将以枪战为主转为以导弹战、空战、海战为主,可能还会涉及核武器,战争的破坏性增大。因此,联合作战中,高新技术武器及其配套的维修器材的战损需求还可能进一步增大。

二、联合作战装备维修器材需求预计

根据前面的分析,联合作战造成装备维修器材需求的四个主要因素是战斗损伤、自然故障、环境因素和人为因素。因而,联合作战装备维修器材的需求量(N)可由以下公式计算:

$$N = N_1 + N_2 + N_3 + N_4$$

式中:N_1为因战损原因导致的维修器材需求量;N_2为自然故障引起的维修器材需求量;N_3为环境因素造成的维修器材需求量;N_4为人为因素导致的维修器材需求量。

这4项中,战损需求是主要组成部分,其他因素的需求与平时有相似的规律,且所占比例较小,因此,这里着重介绍战损需求量的预计。

装备维修器材战损需求量的预计通常采用的方法是:首先预计装备的战损率,然后根据装备战损率,预计维修器材的战损需求,如图10-1所示。

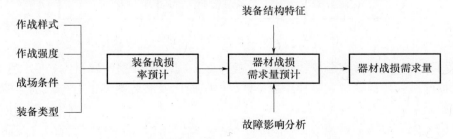

图10-1 装备维修器材战损需求量预计流程

(一) 装备战损率预计

1. 模型法

模型法是在对作战条件、样式、装备类型等进行分析的基础上,建立武器损伤与相关因素的定量关系(模型),并以此推测装备维修器材的战损率的方法。该方法通常基于以下假设:受各种武器的打击所导致的损伤比例是不变的,防护措施使装备损伤的减少比例保持一定。

这样,对于一定的作战条件和样式,只要知道战斗力的损失比例,就可计算出装备维修器材的战损率。其计算步骤如下:

(1) 进行作战条件、样式及防护措施分析:明确是进攻还是防御,将采取的防护措施及装备的类型。

(2) 计算受某武器打击所致战斗力损失:选定一敌方主要作战武器,预计可能的作战时间、作战实力对比,确定敌方武器和我方武器的杀伤力,以此计算受某种武器打击所致的战斗损失比例。

(3) 计算受某种武器打击所致的装备战损率:由于假设装备战损与战斗力损失成正比,因此,由受某种武器打击所致的战斗力损失可预计相应的装备战损率。

(4) 装备战损预计:根据历史数据已知各类武器打击所致损伤的比例,因此,只要将某武器所致的战损率除以这一比例,即可算出装备的战损率。

各种装备作战情况有较大差异,其战斗损伤与有关因素的关系不尽相同,因而在建模计算时,还要依具体情况作具体分析。

2. 战例统计法

联合作战影响装备的因素很多,作战条件复杂多变,因此有时很难建立精确模型,从而采用"战例统计法"预计装备的战斗损伤。战例统计法基本流程如图10-2所示。

图10-2 装备战损率预计的战例统计法

(1) 战例统计数据分析:收集历次战斗装备损坏的数据,经统计分析处理,找出战损的统计规律。应对各种作战条件、样式、时间及装备类型进行分门别类的统计分析。

(2) 未来战场分析预测:未来战场将随对象、作战方针、参战装备的改变而发生一定变化,装备战斗损伤也会有一定的改变。因此,应就未来战场中作战样式、敌我双方的兵力、敌方武器杀伤以及可能采取的防护技术措施,综合考虑进行预计。

（3）装备战损预计：在对历次战斗装备损坏的统计及规律分析,以及未来战场预测的基础上,根据有关预计技术或经验分析,预计出一个时期装备的战斗损伤数量。

（二）装备维修器材需求预计

目前,对于装备维修器材需求预计的方法很多,分类也很多,本书根据数据来源和数据处理方式,将其分为四大类,即实战统计法、解析分析法、经验系数法和模拟仿真法。这4类预计方法,都是建立在拥有大量数据基础上的,彼此之间并不完全孤立,而是相互联系、相辅相成,配合使用的。

1. 实战统计法

实战统计法就是以历史实战为原型,通过认真梳理、研究一些历史上著名的战例,从中吸取战争的经验和教训,用于指导下一场战争。与此同时,通过统计、分析这些战例中装备的损伤情况,找出战损规律,然后利用比较、类比的方式,能够比较简单、较为准确地预计装备的战损率,从而确定装备维修器材需求量。

2. 解析分析法

解析分析法就是以概率论、统计学、微积分等数学理论和方法为基础,通过对已知的维修器材消耗数据进行分析,建立数学模型,从而预计出维修器材需求量。一般分为基于严格数学理论的方法、半经验半理论的方法两种基本类型。其基本步骤如图10-3所示。

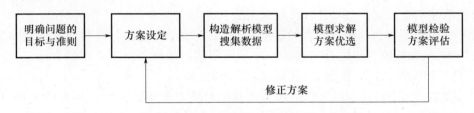

图10-3　解析分析法基本步骤

（1）基于严格数学理论的方法。以严格的数学理论为基础,即通过完备的假设、定义、公理、推导规则、方法、结论及解释的一套数学结构体系,研究战争问题中各类变量之间的函数关系,建立起适用于该问题分析的解析公式（模型）,从而辅助进行战争决策分析。

（2）半经验半理论的方法。通过对作战过程的经验描述,在一些假设的前提下,先建立一个假想的数学模型,然后通过实际的作战数据进行校验,然后根据校验结果修正数学模型,从而得到既有科学理论又符合军事经验的数学模型,从而指导军事实践。最有代表性的是英国工程师兰彻斯特于1916年提出的兰彻斯特方程,通过微积分方程组定量预计作战结果。

3. 经验系数法

通过记录、分析装备的故障率及自然损耗等大量历史数据,运用统计学方法找出装备维修器材的损耗规律,然后按照一定的经验和系数来确定装备维修器材的需求量和库存量。常用的方法有德尔菲法、回归预测法、实践序列预测法、指数平滑法等。该方法与实战统计法最大的不同在于,统计数据主要来源于平时装备维修保障产生的数据。

美军常用的一些维修器材预计方法,有4季度或8季度滑动平均法、二阶指数平滑法、线性回归法等。美军库存控制中心司令部应用8季度加权滑动平均法预测维修器材需求;库存点控制规划采用4季度滑动平均法和一阶指数平滑法预测维修器材需求量。

俄军主要依据计划任务量、定额资料、历史统计资料等来计算维修器材需求量。方法主要包括直接计算法、间接计算法。其中,直接计算法按照计划任务量(计划或正式下达的)和维修器材消耗定额来计算需求量;间接计算法,一般是在没有维修器材消耗定额的情况下,对历史统计资料进行科学分析,寻找维修器材供求规律,采用经验系数法来估算维修器材需求量,包括动态分析法、对比计算法、类比计算法等。

4. 模拟仿真法

模拟仿真法是在对作战条件、作战样式、装备类型、使用环境等影响战损因素分析的基础上,进行一系列假设,建立交战双方兵力及装备的计算机模型(实体模型),以及装备损伤与相关因素的定量关系(关系模型),通过计算机对作战过程进行仿真,从而能够在更贴近实战的情况下预测装备维修器材需求量的方法。主要包括三种形式:人不在回路、人在回路和混合方法。

以上四大类方法对联合作战装备维修器材的损耗预计都具有各自的优势,对于装备维修器材的保障都发挥了重要作用,但由于战场因素的特征提取不够全面,以及对战伤数据的处理不够合理,导致其不同程度地存在一定局限性。因此,在开展联合作战装备维修器材预计时,可综合运用上述方法,力求预计的准确性。

(三)装备维修器材需求预计方法展望

及时、准确、高效地提供装备维修器材,是联合作战装备维修保障的最基本要求,也是近年来研究的热点,已得到越来越多国家军队的重视,其需求预计方法也将随着技术手段的不断改进而不断发展。

1. 新型预计方法的引入

通过对比分析可以看出,以前的预计方法主要建立在数据丰富的基础上。随着科学技术不断发展,许多新的理论方法也不断涌现,一些方法如粗糙集理论(Rough Set Theory)、模糊理论(Fuzzy Theory)、灰色系统理论(Grey Syste Theory)、神经网络(Neural Networks)和支持向量机(Support Vector Machine)等,可以对数据样本少、样本规律未知、非线性或者离散型的数据进行有效处理。这些方法非常适合对战时装备维修器材进行需求预计,必将得到广泛应用。几种新型预计方法的比较如表10-1所列。

表10-1 几种新型预计方法的比较

新型预计方法	提出人	优点	缺点
粗糙集理论	波兰学者 Z. Pawlak 于1982年提出	不需要提供问题所需处理的数据集合之外的任何先验知识,而且与其他不确定性理论有很强的互补性	难以直接处理连续的属性,必须先进行属性的离散化
模糊理论	美国学者 L. A. Zadeh 于1965年提出	可进行模糊识别、分析、分类及评估,在处理复杂系统的时滞、时变及非线性方面,具有优越性	由于故障预测系统的知识表达是静态知识库,不具有时间函数,没有实时控制的特性,从而削弱了其实用性
灰色系统理论	中国学者邓聚龙于1982年提出	所需数据量较少,样本分布不需要规律性,计算简单,检验方便,对于故障短期预测效果良好	对小样本、多维度、含有非线性关系的数据样本和长期预测精准度不高
神经网络	美国学者 W. S. McCulloch 和 W. A. Pitts 于1943年提出	可实现数据聚合和分类,有较强的抗干扰性和非线性学习能力,能处理维度间高度相关性的事件,对复杂非线性映射问题有优势,适用于中短期预测	需要大量的参数,不能观察之间的学习过程,输出结果难以解释,学习时间过长,有时达不到学习目的;难以承担高维变量的处理任务
贝叶斯网络	美国学者 Judean Pearl 于1986年提出	所需参数较少,对缺失数据不敏感,算法较简单,适用于表达、分析不确定性和概率性事物以及离散系统	不能处理维度间高度相关性的事件,需要知道先验概率,对分类决策错误率较高
支持向量机	美国学者 Corinna Cortese 和 Vapnik 于1995年提出	解决小样本、非线性及高维模式识别中有许多特有优势,可避免神经网络结构选择和局部极小点问题	对缺失数据敏感,对大规模训练样本难以实施,解决多分类问题存在困难

2. 建立组合预计模型提高预计精度

由于战场环境复杂多变,装备损伤的影响因素众多,任何一种预计方法由于其本身的局限性,得出的结果都不能客观地反映实际情况;此外,也没有任何一种预计方法能够适用于系统的不同阶段。因此,在进行联合作战装备维修器材预计时,可考虑将两种或多种预计方法组合起来,构建组合预计模型,有效提升预计结果的精度,更好地满足实际需要。

3. 更加注重随机性和不确定性的研究

由于战时装备损伤的随机性和不确定性明显多于平时,今后的研究,将重点从分析联合作战装备维修器材损耗的影响因素着手,总结联合作战条件下装备维修器材损耗规律,进而改进维修器材的需求预计方法。

美军将需求预测的不确定性分为客观不确定性和认知不确定性,并提出了一种概率和置信贸易空间(Probability and Confidence Trade – space,PACT)评价方式。国内也开展了相关研究,同济大学学者对不确定性故障预计方法进行了综述。西南交通大学和南京航空航天大学研究了战时基于不确定性的军事运输路径选择问题。华中科技大学开展了不确定性的不常用备件的需求预计研究。

尽管现阶段基于随机性和不确定性的备件需求预计方法在理论上有所进展,但适用于实际军事需求的方法较少。上面提到的新型预计方法对随机性和不确定性都有很好的适用性。如何更好地利用这些理论,结合实际情况进行深入研究和准确的使用,是联合作战装备维修器材需求预计的重要发展趋势。

4. 开发自动化计算机辅助系统

为了能更好地进行装备维修器材的需求预计,各国军队纷纷在认真研究预计方法的基础上,更加重视充分运用以信息技术为核心的高技术手段,开发操作简单、通用性好的计算机辅助系统,从而便于数据采集、数据处理和信息传输,提高需求预计的实用性和器材保障的精确性。

由于国内装备维修器材保障研究起步较晚,开发的计算机辅助系统距联合作战装备维修器材需求精确预计的要求尚有较大差距。立足国内实际,深入开展军民融合,加快理论向实践的转化,实现跨越式发展,是增强增快装备维修器材研究的有效途径。

第三节 联合作战装备维修器材保障组织实施

一、联合作战装备维修器材保障部门职责

(1) 经常了解和准确统计部队维修器材的现有数量、质量和消耗的数量,及时

报告保障部门。

（2）根据部队的任务、编成以及上级规定的携运量和储备量，准确计算与及时请领，筹措和储备所需要的维修器材，提出维修器材保障机构编组的意见。

（3）组织维修器材的保养和保管，保证维修器材的安全和质量。

（4）组织仓库人员的战前训练。

（5）计算和申请请领维修器材；前送所需的运输车辆，组织维修器材的及时前送供应。

（6）组织收集与上缴待修、报废和缴获的维修器材。

（7）动员地方人力、地方工厂企业的技术力量和地方的运输能力，生产装备的零配件，组织运送并实施保护。

（8）研究总结战时维修器材保障工作经验，积累有关技术资料。

二、联合作战装备维修器材保障配置

联合作战装备维修器材保障配置，实际上是指器材储备布局由平时仓储体系，通过战略、战役和战术布局调整，以适应联合作战装备器材保障需求的活动。器材配置要与作战、保障力量配置相适应，根据作战任务、敌情威胁、地形道路、供应方式和部队装备维修保障需求，结合战区战场建设实际情况，以原有仓储设施为依托，以新开设野战维修器材仓库为补充，采取灵活多样的配置方式。要既便于及时、不间断地实施保障，又能防止敌人的袭击破坏和自然危害，当两个方面难以兼顾时，应将便于保障放在首位。

配置位置的选择，应根据作战任务、敌情、地形、交通、运力等条件，在上级指定的地域内，经现地勘察之后确定，具体选择条件如下：

（1）交通方便。要靠近主要前、后送道路，便于通往主要作战方向，要有方便的进出道路和隐蔽的迂回道路，便于保障。

（2）地形隐蔽。配置位置应尽量选择具有天然的隐蔽物和自然的防护力，以避开空中和地面的侦察，保证工作活动的自由和便于维修器材保障及组织警卫、防护。应尽量选择在山高坡陡的横向山沟或起伏的山坡、山脚等反斜面上，有条件时，应尽量利用废矿洞、自然洞、涵洞和原有工事。应避开敌易于实施空降的地域和易遭敌袭击破坏的交通枢纽、桥梁、码头、车站、水库、电站等重要目标，以利于安全。

（3）有足够的展开地幅。为了满足疏散配置和便于工作、管理、警卫、防护等要求，配置位置要有足够的地幅。展开地幅面积的大小，取决于人员、维修器材、车辆和设备的数量，以及作战类型、样式和持续时间、地形条件与受敌威胁的程度等。一般以人员、维修器材、车辆等能展得开为原则。

(4)土石质良好,靠近水源。

三、联合作战装备维修器材保障计划制定

准确编制保障计划是联合作战装备维修器材保障的基本任务,也是组织实施维修器材的筹措和供应的基础。编制保障计划应尽量采用现代科学方法和手段,以提高准确性、工作效率和应变能力,如运用运筹学来规划维修器材的补给路线、顺序和时间,运用计算机进行信息管理和计划的辅助制定等。

1. 装备维修器材保障计划的内容

维修器材保障计划包括的主要内容如下:

(1)维修器材保障任务;

(2)维修器材保障机构的编成、任务区分和维修器材的运输方式;

(3)机构配置的位置、运动路线及战斗过程中预计开设的地点和活动纵深;

(4)维修器材补给的路线、顺序和方法;

(5)上级维修器材保障机构开设的时机、配置位置及补给的程度;

(6)保障机构通信联络的组织和规定;

(7)保障机构的警戒和"三防"措施;

(8)撤离战场时以及到达集结地域的维修器材保障工作;

(9)对地方支援力量的使用安排。

2. 编制装备维修器材保障计划的依据

(1)战役、战斗的任务,主管上级的指示,投入作战的装备数量及其技术状况。

(2)作战地域的地形和交通条件。

(3)上级维修保障机构配置的情况。

(4)现有库存保障能力(包括周转用的库存储备量、携行量以及配套情况)。

(5)预计维修器材的消耗水平。

(6)上级维修器材保障机构维修器材补给的路线、顺序、时间和方法。

(7)所在本地区的物资资源情况及可利用的技术力量。

维修器材保障计划应报保障部门首长审批。

四、联合作战装备维修器材保障实施

联合作战装备维修器材保障实施的主要依据是维修器材保障计划。

1. 作战准备阶段

(1)受领上级指示后要及时拟制并下达维修器材保障准备指示。

(2)向本部门首长报告现有维修器材的数量和战斗中的维修器材需求量、请领数量、加大的战备基数数量和维修器材发放数量,并提出时间安排、维修器材的

供应程序和运输能力保障、仓库人员的战前训练以及维修器材保障机构编组等方面的建议。

（3）组织制定维修器材保障计划,经部门首长批准后下达所属人员执行。

（4）参加主管业务部门首长组织的现地勘察。

（5）组织请领与储运、积极筹措短缺和常耗易损维修器材,并做好发放工作。

（6）及时补齐装备的配套工具、备件和自救维修器材。

（7）编组维修器材保障机构。

（8）组织实施维修器材装载。准备各种维修器材保障资料,进行细致的运力计算,做好维修器材运输前的各项准备工作;根据装载场地、仓库设备的实际情况,增加装卸工和起吊设备,合理组织,缩短装载时间;按箱号和装备类型的顺序装载,大小件匹配,以便于战斗中发放,并固定牢靠和进行伪装。

（9）组织实施应急训练。如对各种维修器材保管人员进行在视度不良条件下准确识别和快速发放维修器材的训练。

2. 作战实施阶段

（1）作战中应根据上级指示,结合实际情况,不间断地组织实施维修器材的供应,及时报告情况并提出建议。

（2）维修器材保障机构前组随抢修组行动,后组随后勤梯队行动,实施保障。

（3）当前组的维修器材消耗大部分时,前、后两组应互换位置,前组转入后组,并向上级请领补充维修器材。

（4）组织收集与上缴待修、报废和缴获的维修器材。

3. 作战结束阶段

（1）根据上级指示,组织所属人员进行维修器材的清查和保养,做好再战的准备。

（2）统计并报告维修器材保障人员伤亡和技术装备的损失情况;维修器材消耗的数量和需请领的数量;对现有保障能力调整补充的意见。

（3）研究总结战时维修器材保障工作的主要经验教训,积累有关资料。

第十一章

基于任务完成率的装备维修保障

随着科学技术迅猛发展,装备系统越来越复杂、现代战争更加注重突出体系对抗,这些新情况新变化,使得传统的装备完好性评定方法与机制,在新的历史时期已不适应对部队装备进行精细化、科学化使用管理和维修保障的需要。要转变部队装备保障理念,不能仅看完好率,更要看任务完成率。根据形势任务的变化及时建立适应新形势下的装备完好性评定方法和机制,并相应确定装备维修保障策略,已成为装备建设的重大课题。

第一节 装备任务完成率相关概念研究

开展基于任务完成率的装备维修保障问题研究,首先必须明确"任务完成率"的定义内涵,并合理界定装备的任务界面。当前,"任务完成率"这一概念尚未明确提出,装备要完成其担负的作训任务,首先必须确保装备处于完好的状态,其次还必须保证装备具有完成作战任务的能力。因此,可通过对"装备完好率"的概念进行分析,进而剖析"任务完成率"的本质内涵。

一、装备完好率

装备完好率(Materiel Readiness Rate)是指装备能够随时遂行作战或训练任务的完好装备数与实有装备数之比,通常用百分数表示。

装备完好率一般分为日完好率和年度平均完好率。其计算公式如下:

$$某类装备日完好率 = \frac{某类装备当日完好数}{某类装备当日实有数} \times 100\%$$

$$某类装备年度平均完好率 = \frac{某类装备当年每日完好率之和}{某类装备当年总日数} \times 100\%$$

装备完好率主要反映上战场之前装备所达到的技术状态,它描述的对象是装备自身,也就是说,装备完好率是部队能打仗的基础,主要用以衡量装备的技术状态和管理水平,以及装备对作战、训练、执勤的可能保障程度。装备完好率动态考核更加强调对装备的实时动态考核,重点突出动态性、实效性,以动态考核评估为牵引,围绕解决部队存在的重静态、轻动态,重检查、轻考核,重硬指标课目、轻软指标内容的"三重三轻"现象,突出"练为战"的思想,坚持以实效为本,以落实为责,着力解决部队"不敢训"的问题。

随着装备结构日趋复杂,对装备是否"完好"的判断也更加困难,目前,部队经常使用"看""问""拉"三种方法对装备是否完好进行判断,但这三种方法都无法准确地判断装备是否完好,特别是对"亚健康"状态的装备无法进行准确判断。一是"看"不能由表及里。通过装备的动用使用是否出现故障"看"装备是否完好,就会出现以偏概全的问题,很难判断出装备内部存在的故障。二是"问"无法回避主观倾向性。通过向装备的操作使用者询问装备技术状况,使用者出于个人利害的考虑,不一定会反映装备的真实情况。三是"拉"不能天天搞。对于封存和经常不动用的装备,如果昨天拉动了,可以认为昨天装备完好,但不能推断今天和明天都处于完好状态,这种判断方法忽视了随着时间的推移装备的性能变化存在由量变积累为质变的问题。

二、任务完成率

任务成功性是装备在任务开始时处于可用状态的情况下,在规定的任务剖面中的任意(随机)时刻,能够使用且能完成规定功能的能力。它取决于任务可靠性和任务维修性,原称可信性。装备任务完成率是指所用装备能够按时限、按要求完成实际作战任务数与计划任务数之比。主要以完成任务的情况作为衡量指标,关注的重点是能否完成作战任务,是部队能否打胜仗的关键。也就是说,相比装备完好率,装备任务完成率更加聚焦实战要求、更加贴近任务需要,是更高的标尺、更严的标准,是装备领域坚持战斗力标准的重要体现。在保持装备完好率的基础上提升装备任务完成率,具有明显的战略意义。

由以上论述可知,装备完好率是实战化运用或实战之前装备的基础技术状态,而装备任务完成率则是装备实战化运用或实战效果的最终反映,是装备从设计、制造、使用和保障等建设链条中各个环节共同作用的集中体现。装备任务完成率能够更加直观、全面、综合地衡量装备研制生产、列装训练、实战化运用全过程的质量效益,有利于形成更加紧密高效的装备建设链条。

与此相关的概念还有:

(1) 任务成功度(Dependability),是任务成功性的概率度量。任务成功度与任务完成率有相似的内涵与外延。

（2）能执行任务率（Mission Capable Rate，MCR），是装备在规定的期间内至少能够执行一项规定任务的时间与其由作战部队控制下的总时间之比。它为能执行全部任务率与能执行部分任务率之和。能执行任务率反映了装备在执行任务的开始状态的完好程度，没有"能执行任务率"也就不可能有"任务完成率"，从整个过程来看，"能执行任务率"是一个静态指标，而"任务完成率"是一个动态指标。

（3）能执行全部任务率（Full Mission Capable Rate，FMCR），是装备在规定的期间内能够执行全部规定任务的时间与其由作战部队控制下的总时间之比。

（4）能执行部分任务率（Partial Mission Capable Rate，PMCR），是指装备在规定的期间内至少能够执行一项而不是全部规定任务的时间与其由作战部队控制下的总时间之比。

（5）故障检测率（Fault Detection Rate，FDR），是用规定的方法正确检测到的故障数与故障总数之比，用百分数表示。

（6）故障隔离率（Fault Isolation Rate，FIR），是用规定的方法将检测到的故障正确隔离到不大于规定模糊度的故障数与检测到的故障数之比，用百分数表示。

（7）虚警率（False Alarm Rate，FAR），是在规定的期间内发生的虚警数与同一期间内故障指示总数之比，用百分数表示。

（8）不能复现率（Cannot Duplicate Rate），是在基层级维修时，机内测试和其他监控电路指示的故障总数中不能复现的故障数与故障总数之比，用百分数表示。

（9）重测合格率（Retest Okay Rate），在中继级和基地级维修时，测试设备指示的故障单元总数中重测合格的单元数与故障单元总数之比，用百分数表示。

上述这些指标与装备的任务完成率和装备维修保障都有比较大的关系，都是从不同侧面、不同角度反映装备完成任务的能力和基于完成任务的装备技术状态，对基于任务完成率的装备维修保障有较大影响。

装备担负的作训任务数量较多，不同任务的性质差异较大，决定了装备针对不同任务的完成能力有所不同。根据装备技术特点，结合作训任务情况，可将"任务完成率"定义为：装备完成任务的能力度量，计算公式为装备当前可以完成的任务数与该装备担负的任务总数之比，即

$$任务完成率 = \frac{可以完成的任务数}{担负任务总数} \times 100\%$$

三、装备任务界面

装备的任务界面按任务要求的不同，分别界定为作战任务和训练任务两类。

作战任务是指装备在实际作战运用过程和演习演练中执行的具体任务。由于作战任务过程中存在大量不确定因素，为了应对突发状况，确保完成任务，需要保

证装备整体全部处于完好状态。

训练任务是指部队进行军事训练所要完成的任务,主要指训练大纲中规定的训练课目。此类任务一般不要求装备整体必须全部完好,而是认为只要与任务直接相关的功能系统完好即可完成训练任务。

四、装备完好率与任务完成率之间的关系

装备完好率是反映一个单位装备完好情况的指标,是衡量装备管理和技术水平对作战、训练保障程度的标尺,是制定训练作战计划的依据之一,该指标是一种静态性能展示指标;而任务完成率是装备完成具体任务的能力的度量,是一种动态能力分析指标。任务完成率是一种基于任务剖面的计算方法,考虑了任务过程中装备的可靠性,而装备完好率只考虑了任务前装备是否可用,没有考虑后续任务中装备的可能故障和完成任务概率,通俗说就是任务开始时装备质量完好,并不能保证任务期间不发生故障,因此也不能保证任务的成功性。

第二节 国内外相关理论及模型研究

目前,各类装备有成熟的装备完好率评价方法,理论界已认识到装备完好率在使用中的局限性,解决这一问题目前通过两种途径:一种做法是对目前的装备完好率计算公式进行改进;另一种做法是试图分析装备完好率引起问题的深层次原因,并用任务完成率替代装备完好率。在开展基于任务完成率的相关研究时,要吃透基于任务成功率的评价方法和以前装备完好率评价方法的异同,充分借鉴现有方法,注意把握继承与创新的关系。

一、装备完好性相关参数及其模型研究

装备完好率表示当要求装备投入作战时,装备准备好能够执行任务的概率。目前装备完好率的理论计算公式为

$$P = R(t) + Q(t) \cdot P(t_m < t_d)$$

式中:$R(t)$为装备在执行任务前不发生故障的概率;$Q(t)$为装备在执行任务前的故障概率;t_m为装备的修理时间(小时);t_d为从发现故障到任务开始的时间(小时);$P(t_m < t_d)$为维修概率。

各种装备结构特点和使用状态不同,各军种在装备使用中进行维修和保障的方法不同,采用的维修数据收集系统也不同,因此不同类型的装备采用的装备完好性参数不同。

目前,国内外装备广泛采用的装备完好性参数(或完好性参数)包括使用可用

度(A_o)、能执行任务率(MCR)、出动架次率(SGR)、装备完好率和能工作率(UTR)等。美国空军飞机(如 F-22)平时完好性参数一般选用 MCR,而海军飞机(如 F/A-18)平时完好性参数一般选用 A_o,战时完好性参数选用 SGR;直升机(如 RAH-66)、舰船(如 DDG-52)、坦克(M1)等装备的平时和战时完好性参数均选用 A_o。飞机平时战备完好性参数选择 A_o,战时完好性参数选择 SGR,陆军实际工作中使用较多的有 A_o、装备完好率等。

与使用可用度相关的较典型的模型有 ACIM 分析模型和 TIGER 仿真模型等。其中,ACIM 模型是一个建立在马尔可夫过程和排队论基础上的多级别模型,它能够在一定的预算和目标的前提下,使 A_o 最大而使费用最小。ACIM 模型存在一些缺陷:①ACIM 认为所有系统组件都是串联工作的。尽管计算简单,但这个假设和实际情况有出入。②ACIM 在使用可用度最大的同时并没有考虑到系统的工作任务,而任务的不同对备件的储存数量和保持高的 A_o 影响较大。TIGER 仿真模型则使用蒙特卡罗仿真技术,由任务开始、任务中设备结构变化需求、设备故障、设备修复、任务结束等 5 个事件驱动。它以设备的 MTBF、MTTR、任务周期等参数为输入,运用系统结构、维修策略、各种保障模型等运行规则,能够通过仿真给出系统的可靠性、可用度、关键设备等输出结果。对于系统的可用度,它能给出部分优化值。

美军方面,为了贯彻采办后勤政策、以较低的寿命周期费用实现较高的战备完好性目标并更快地部署系统,美国陆军提出了采办、要求和训练仿真与建模(SMART)的方案,该方案有助于以较低的寿命周期费用(LCC)实现更高的战备完好性和更快的部署系统。为实施 SMART 方案、实现战备完好性和总拥有费用目标,美国陆军开发了 5 个支撑模型,即 ASOAR、SESAME、COMPASS、ACEIT 和 LCET 模型。

ASOAR 模型是一个对可靠性、可用性、维修性(RAM)和保障性进行早期分析的工具。ASOAR 模型可以对系统的装备完好性要求进行优化分配以确定每个单独采办的最终产品的使用可用度目标。如果能得到最终产品的组成部分的数据,则 ASOAR 模型输出的最终产品的 A_o,可以用作保障性优化模型的 A_o 目标输入。ASOAR 模型使用一种自上而下的分析方法,仅要求系统和最终产品级的输入。使用 ASOAR 模型能辅助导出和生成综合的系统 RAM 要求,这些要求在采办周期的早期支持用户的战备完好性目标。该模型也可对系统进行早期的 RAM 和保障性的权衡分析。在考虑设备的可用性时,ASOAR 的结果可以与性能仿真一起用来确定系统的效能。

SESAME 模型是美国陆军标准的初始供应模型,该模型可优化备件的配置以实现最终产品的 A_o 要求,或者在给定的费用约束下实现最大的 A_o 目标,也就是要以最少的费用实现装备完好性目标,或者在初始供应预算限制内获取最大的装备完好性。为了使用 SESAME 模型,必须了解或者已经规划了每一基本产品的维修方案。在已知计划的产品备件供应规划,以及与其保障方案有关的需求率和后勤响应时间的基础上,SESAME 也可以用于评价,来估计预期的或者实际使用中的 A_o。

COMPASS 模型是美国陆军标准的修理级别分析(LORA)模型,该模型可以优化维修方案,以最少的总费用实现最终产品的 A_o 要求。在 COMPASS 中嵌入了 SESAME 的算法,可以同时优化维修和供应保障,因此,利用 COMPASS 可以在部署以前进行保障性优化。COMPASS 也可以用作修理源分析(SORA)模型,SORA 模型确定产品怎样修理最经济有效,通过 COMPASS 可以对实现相同 A_o 目标的官方基地修理与承包商基地修理的总费用进行比较,从而选择经济有效的修理源。

ACEIT 模型和 LCET 模型则分别用于估算美国陆军寿命周期费用(LCC)和与装备战备完好性、使用保障有关的所有按时间分段的后勤费用。

ASOAR 可以在采办周期的早期使用以评价 RAM 和保障性要求。ASOAR 用于分析 RAM 的任务可靠性方面,而 COMPASS 和 SWSAME 用于分析产品要求设备保障的需求率的后勤可靠性方面。如果提出了 LRU 和 SRU 的维修策略,则 COMPASS 可以用于保障源选择评价,并确定与 RAM 有关的保障费用。此外,如果提出了 LRU 的备件供应计划,则 SESAME 可以用于评价在保障源选择评价中所提出的 A_o。美国陆军极力推荐使用 COMPASS 和 SESAME,以便在装备投入使用以前确定最佳的维修和供应方案。如果将 SESAME 用于 LRU 的初始供应,则后期在根据装备的试验或者经验数据确定的可靠性的基础上,该模型可以用来快速评价最终产品的 A_o。

装备的完好数,是指在接到作战命令后,在规定的战斗准备时间内能投入作战使用,并具有规定功能的装备数。各种不同类型的装备,在评价时应对装备是否完好作出明确界定。一般来讲,在修装备、待修装备、失效装备、丧失规定功能不能投入使用的装备,以及在规定战斗准备时间内不能按时投入作战使用和不具备规定功能的装备,均不能纳入完好装备数。有的学者认为部队现有装备,即使是同时配备的同型同批装备,一般也都有不同的既往使用史。因而应当逐个计算完好率,再用加权平均法求得该种装备的平均完好率。

通过上述分析可以看出,国内外对装备完好性(或完好性)参数及模型的研究大都是以简单任务为背景建立的,缺少对实际工作中常见的复杂任务条件下相关的装备完好性参数(或完好性参数)的分析与建模。

二、任务持续性相关参数及其模型研究

目前,能够在实际工作中应用较多的反映任务持续性的参数主要有任务可靠

度(R_M)、可信度(D)和任务效能(M_E)等。

可信度表示装备完成规定任务的良好程度,它是一种在可用性给定的情况下,在规定的任务剖面中完成规定功能的能力。该能力取决于任务可靠度和任务维修度(M),$D = R_M + (1 - R_M)M$。从式中不难看出,当任务期间不允许维修时,$D = R_M$。

国内外一些文献从任务效能的角度研究了任务持续性的问题。任务效能是指给定任务目标达到程度的概率度量,用于描述系统完成给定任务的能力,任务效能是任务开始时的可用性和任务持续期间的可靠性的综合度量。整个任务持续期间只有一个任务阶段的情况,可以认为任务效能是在任务开始时刻 t 的可用度和在固定长度的任务持续时间内的可靠度的乘积。更加通用的,适应整个任务持续期间,有几个随机任务阶段的情形的任务效能模型也有学者进行了研究,作者认为对于任务成功来说,在每个任务阶段开始时刻系统应该是可用的(可用度),并且如果任务阶段完成时间是已知的,那么至少在每个任务阶段开始后的一段时间内系统应该是有效运行的(任务可靠度)。针对任务阶段开始时间服从非齐次泊松分布,表征系统状态的随机变量服从齐次时间马尔可夫过程,每个状态逗留时间服从负指数分布的情况,也有文献分析给出了任务效能的计算方法。

美国空军对于空间系统、导弹预警系统等装备,也采用了任务效能作为其任务持续性的综合评价参数,认为它是使用可用度(A_o)和使用可信度(D_o)的综合反映,即 $M_E = A_o \times D_o$。其中 A_o = 平均不能工作事件间隔时间/(平均不能工作事件间隔时间 + 平均系统恢复时间),D_o = 平均致命故障间隔时间/(平均致命故障间隔时间 + 平均恢复功能时间)。

对于不维修系统,一般可用任务可靠度来反映其任务持续性。对于简单任务,其任务可靠性模型较为简单,一般可以用任务可靠性框图或数学模型表示出来。通过串联、并联、混联、旁联、k/n(G)等几种形式及它们的组合能够解决大多数简单系统在简单任务条件下的任务可靠性模型研究问题。

但在实际应用中,大多数任务是复杂任务,对其可以用多阶段任务系统(PMS)的概念来描述。PMS 是这样一种系统,它在整个任务执行过程中包含一系列在时间上连续且不相互重叠的基本任务,每个任务阶段有不同任务可靠性要求。它对任务之间的层次性和任务相关的装备配置都有明确的分析。复杂任务系统在不同任务阶段系统的配置、部件特性、任务是否可靠的标准等方面的都会发生变化。对复杂任务系统的任务可靠性建模分析的重点和主要的难点在于不同任务阶段之间的相关性问题。

从 20 世纪 80 年代,就开始了对复杂任务系统的任务可靠性的研究,目前主要分析方法有马尔可夫模型法(齐次马尔可夫模型和非齐次马尔可夫模型)、半马尔可夫模型法、蒙特卡罗仿真法、贝叶斯分析法、故障树法及它们的组合方法等,其中仿真方法的应用范围最为广泛。

在总结对马尔可夫模型研究的基础上,有的学者提出了两种针对 PMS 任务可靠度研究的马尔可夫模型:①具有确定的任务阶段持续时间的 PMS 任务可靠度计算的马尔可夫方法。适用于系统有动态行为的情况,如瞬时故障恢复或复杂的相互依赖关系(如维修人员有限等);②具有随机任务阶段持续时间的 PMS 任务可靠度计算的马尔可夫方法。适用于任务阶段持续时间及装备故障率、修复率不是常数时的情况,解决此类问题需要采用非齐次马尔可夫模型。对于第一种马尔可夫模型,当各任务阶段系统配置不完全一致时,对应上一阶段模型的状态,本阶段模型的状态很难给出。而且当系统某一组件在一个任务阶段故障而在另一任务阶段不受影响,或在一个阶段不能够探测到其是否故障,直到其他阶段才能探测时,情况就更为复杂。虽然第二种马尔可夫模型能够解决这个问题,但其准确的模型的建立非常困难。而且无论哪一类方法,要么需要建立所有任务阶段的单个马尔可夫模型并通过状态转移向量链接起来,来解决任务阶段间的状态相关性的问题;要么就要组合所有阶段为一个非常大的马尔可夫模型,其状态空间数不小于所有单个任务阶段马尔可夫模型状态数之和。当任务阶段数或系统的部件数很多时,都会遇到状态数急剧增加的问题。

最小部件集合法是通过建立统计不相关的最小部件集合来替代 PMS 可靠性分析中每一任务阶段的部件来解决任务阶段间的状态相关性的问题。即对于阶段 i 的可靠性框图,将其中每个组件 C 分解为部件 $C_1,C_2,C_3,\cdots,C_i$,它们在不同任务阶段之间状态不相关,这样就可以用传统的可靠性计算方法了。这种方法也存在规模过大的问题,其复杂程度随着组件数量的增加呈指数上升,虽然通过割集删减方法可以减少部分复杂性,但仍将非常复杂。

PMS-BDD 算法给出了一个较好的静态 PMS 不可靠度评估算法。它利用状态代数方法将每一阶段的 BDD 组合为一个最终的 BDD,在算法的最后,从最终的 BDD 中递归算出不可靠度,并且能够给出 BDD 中每一节点的评估方程式算法及程序。BDD 的自身特性能够确保不需要过多的操作就能够实现早期阶段部件的自动删减。因此,相比以前的方法,其在计算能力和存储空间的要求上能够有相当程度的减少。但是它没有考虑 IPCM(Imperfect Coverage Model)。

SEA(Simple and Efficient Algorithm)是针对单阶段任务系统将不完全覆盖的情况考虑到一个组合模型中的分离方法。它将不完全覆盖的情况从组合解决方案中分离出来,减少了其复杂性。主要优势在于可靠性工程师可以使用自己喜欢的软件包,不用考虑计算可靠度时覆盖的概念,还易于调整输入输出以产生包括考虑覆盖的结果。SEA 方法只适用于单阶段任务系统,而且它首先要假设部件故障时状态是独立的。

故障树模型则是采用增加虚拟组件的方法来解决,随着系统组件数量的增加,故障树遍历需要的时间急剧增加。

通过对典型时变可靠性逻辑结构的分析,可以推导出包括串联模型、时段串并联模型(单元增添)、时段并串联模型(单元删减)和并联接力模型在内的4种模型的等效简化规则与可靠度综合的计算模型。在此基础上,可提出一种多阶段任务系统可靠性框图等效化简的方法和数学建模方法,该模型能够反映多阶段任务系统的时段间相关关系。它的应用范围有限,只适合于简单系统,对于复杂系统或系统可靠性框图比较复杂或者很难建立的话,不能应用该方法。

三、完好率与任务完成率评价相关典型模型分析

基于任务的装备维修决策研究认为:

$$P_m = R_m(t) + [1 - R_m(t)]P(t_{cm} < t_d)$$

式中:P_m为任务成功概率;$R_m(t)$为任务可靠度;t_{cm}为任务功能故障修复时间;t_d为允许停机修复时间;$P(t_{cm} < t_d)$为在允许停机修复时间内能够修复任务功能故障的概率。

对任务可靠度、任务功率和能执行任务率之间的关系和适用范围的研究认为,能执行任务率是实际工作时间的均值与要求工作时间的均值之比,而任务可靠度是实际完成任务的次数与成功出动次数之比,任务成功率是实际完成任务的次数与要求出动次数之比。

通过将任务成功率界定为在规定的任务剖面中完成任务成功性的概率这一方法,可反映装备作战单元完成特定任务的能力,是装备作战单元任务成功完成总次数与任务执行总次数的比值,通常用百分数表示。应用仿真方法可以简化任务完成概率的计算,即任务成功率 P = 任务成功完成的总次数/仿真的总次数。

当前国内外已经建立了一些与完好率、任务完成率评价相关的模型并开发了相应的系统,其中比较典型的模型有 LCOM、OPUS10、SALOMO、SCOPE、LOGAM、LOGSIM 等。

(一) LCOM 模型

LCOM 模型是美国兰德公司与空军后勤司令部共同合作开发的装备评估与分析仿真系统,目前作为一个策略分析工具使用。它能够将基地级的维修保障资源相互联系起来,并分析它们对飞机出勤率等与装备的可靠性、维修性、保障性关系很密切的性能参数的影响。其用途主要包括:①确定最优的包括人力、备件、保障设备和保障设施在内的后勤资源组合;②评估维修需求、工作负荷、维修策略、保障方案等因素的变化对装备使用效能带来的影响;③评估备选设计方案的保障性;

④用来实施灵敏度分析;⑤其输出可以作为费用模型的输入来进行寿命周期费用分析。

LCOM 模型目前应用于后勤、可靠性、维修性、保障性的权衡、分析等领域,主要用于飞机,也适用于各种武器系统。目前,美国国防部采办部门将其广泛地用于各项武器系统的采办,如 F – 16、F – 22、C – 17、CV – 22、JSF 等项目。

（二）OPUS10 模型

OPUS10 模型是瑞典 SYSTECON 公司开发的一个综合保障领域的后勤保障和备件优化工具,它可以用来解决与后勤相关的如后勤方案、后勤费用、系统可用度等问题。它能够进行保障性分析,使得在一定的费用约束下的系统可用度最大,可以描述包含多级维修的保障组织和多个功能层次划分的被保障装备的保障系统,是优化备件分配、维修资源和保障组织的有效工具。它在提高可用度的同时,能够解决 20% ~40% 的备件投资。

OPUS10 可用于产品寿命周期的所有阶段,特别是在产品的早期设计阶段使用时效益更好。它已经被成功地应用在许多不同的、积极寻求降低保障费用(备件、维修等)、同时保持或提高产品的可用度的领域,如飞机、铁路、雷达、电讯、国防和钻井平台等。目前在全球有 500 多个用户,其中包括多个国家的陆海空军,以及大量的大型公司和机构,如 BAE 系统公司、波音公司、洛克希德·马丁公司、SAAB 公司等。

（三）SALOMO 模型

SALOMO 模型是荷兰皇家空军与 TNO – FEL 公司合作开发的一个后勤仿真模型。该模型目前主要用于飞机在和平时期的使用与维修分析。它能够预计一个空军基地的多个重要的性能,如每个飞行员的飞行小时和 F – 16 的能执行任务率等。为了研究使用过程与后勤过程之间的关系,或者对比一些可能的维修与使用策略,用户可以通过改变其输入参数来仿真不同的备选方案。SALOMO 还可被用于预计多种因素对空军基地性能的影响程度,如人员、额外维修站点、防区外行动或飞行计划的变更等。SALOMO 目前主要被荷兰皇家空军司令部和空军基地使用,作为它们的 F – 16 维修与使用策略的一个决策支持系统。

（四）SCOPE 模型

SCOPE 模型是美国空军建模中心开发的一个后勤仿真工具,是一个随机事件仿真模型,它提供了对后勤策略和规程变更对武器系统可用度影响进行量化分析的功能。它模拟从基层级到基地级的整个后勤保障机构。该模型可用于处理 LRU 和 SRU 两个装备结构层次,基层级维修、中继级维修及基地级维修 3 个修理级别的备件数据。

SCOPE 可以监视多达 20 种不同武器系统、在有限数量的基层级站点、具有多种零散供应和批量供应策略时的装备可用度。

（五）LOGAM 模型

LOGAM 模型是美国国防部开发的符合 HLA 规范的后勤仿真模型。它使用确定性和随机性过程来辅助后勤工程人员在装备系统的全寿命周期中对系统的设计或使用、系统效能以及寿命周期费用进行分析和权衡。LOGAM 能够计算效能和后勤保障需求以及费用，包括系统的固有和使用可用度、初始保障需求、供应件与修理件需求、测试设备需求、测试与修理人员需求、系统后勤保障费用等。

（六）LOGSIM 模型

LOGSIM 模型是一个由美国 SPARTA 公司开发的离散事件仿真模型，用于模拟任何系统地面单位的维修活动。它通过使用离散事件仿真，对元件的可靠性特征及与这些因素相关的交互行为进行模拟，来用于制定后勤保障需求。它能够提供大量输出，包括单个元件状态的发展过程、人员利用率和库存使用率，系统的可用度、系统的关键参数（如 MTBF）等，同时还可以在多个关键参数之间进行权衡。

LOGSIM 可以提供每一个项目和资源在想定中任何一个给定时间点的状态。对于那些如 TMD、NMD 等防务系统中使用的相关仿真系统，通过模拟不在位时间、人员轮班、进行维修时的人员不可用度、位置对战备完好性的影响、安全入侵以及其他非确定性的后勤影响因素，并提供仿真过程中各个项目的状态，模型可以实现非常真实的演习。

通过上述对装备的战备完好与任务持续能力相关参数及其模型的分析中可以看出，这些工作涉及装备全寿命周期的很多方面工作，涉及范围非常广。不仅需要明确装备的各种使用任务与保障任务要求、了解装备的故障与维修（包括预防性维修、修复性维修和战场抢修等）的情况、分析装备的功能与组成结构并建立相应的对应关系，还需要分析装备在各种任务条件下的任务可靠性、了解其保障系统的保障能力等。

对这些相关的工作做进一步的分析，应该有相应统一的形式化、模型化的表述，这样有利于对这些问题的分析建模，有利于将它们统一到一个集成的框架内，进而建立综合化、集成化、模块化的装备综合保障模型框架，以达到研究装备体系的战备完好与任务持续能力目标，分析解决体系保障的相关问题的目的。

第三节　国内外相关实践探索

一、国内相关评估工作

国内相关评估工作主要有海军装备作战效能评估，装备完好性评估及装备技术状态评估等。

（一）作战效能评估

海军装备作战效能（Naval Equipment Combat Effectiveness）是海军装备在一定条件下完成一定作战任务时所能发挥的作用，其评估是采用定性与定量分析相结合的方法，对海军装备作战效能进行评价的活动和过程。

从目前对海军装备作战效能评估的目的来看，主要为装备发展论证、装备的作战使用、作战方案的制定和模拟训练等提供决策依据和参考建议，并非针对装备的使用管理和维修保障，对于作战使用的决策建议作用也体现在宏观层面，即该型装备在完好的情况下能够完成某类型任务的概率，至于该装备目前是否完好，该装备的技术状态是否适合执行该类型任务，作战效能评估并无法得出。

对系统效能进行评估也是在装备设计和服役初期，用于衡量装备的固有能力，在使用阶段只是通过使用维修数据去验证当初仿真计算得到的系统效能是否符合实际情况。

（二）装备完好性评估

装备完好性（RED）是指军事单位接到作战命令时，实施其作战计划的能力。在海军装备寿命周期中，装备完好性工作主要包括：一是在立项综合论证中，暂行 A_0 门限值和初步 A_0 门限值的论证；二是在装备研制阶段，对 A_0 门限值进行监督和评定；三是在生产部署阶段，对 A_0 门限值进行验证；四是在服役阶段，对 A_0 进行保持。

由此看出，装备完好性的评价，仍然是基于装备可靠性的概率计算，得到的装备完好性指标只是用于衡量该型装备的固有特性，是装备定型交货时的指标之一。并不能针对特定的某一艘舰艇，判断其是否具有执行任务的能力。

（三）装备技术状态评估

舰艇在投入使用后，由于持续地经受磨损、沾染、变形等劣化作用，舰艇上一些设备的技术性能指标必会逐步偏离设计指标，严重的还会出现一些设备的失效，使得整条舰艇完成任务的能力下降，故障率增加。为此，在海军装备管理和维修保障领域引入了"技术状态"的概念。目前，虽然有相关规章来指导舰艇技术状态等级的划分，但由于舰艇的设备种类多、数量大，且设备的技术状态本身就具有模糊的不确定性，因而很难把握舰艇等级划分中的设备状态的要求标准，导致舰艇的等级评估容易出现偏差，在实际判定中仍带有很大的人为性、经验性。

二、国外相关评价工作

国外通过对装备可执行任务能力和技术状态进行评估，并据此安排维修工作的实践主要有"美国的舰队反应计划及其维修训练部署模式"和"美国海军舰艇装备战备完好性调查"等。

(一) 美国舰队反应计划及其维修训练部署模式

2000年左右,美国海军战略调整为确保对一定区域拥有持续威慑能力。为了达到这一目标,需进一步提高航空母舰的可部署能力。为此,美国海军于2003年提出了舰队反应计划(Fleet Response Plan,FRP),其目的是使航空母舰更早获得并在更长时间保持高战备水平,以使美国海军在任意时间节点上都能具备一种"6+2"的战备能力,即保持6个航空母舰编队能够在30天内部署,同时2个航空母舰编队能够在90天内部署。随着美国航空母舰数量规模发生变化,现役航空母舰的总数从12艘缩减到11艘,2007年美国海军又将FRP目标调整为"6+1"。为实现这一目标,美国海军对航空母舰全寿命周期内的维修、训练、部署模式进行了改革。

1. 维修与训练同步进行

对航空母舰而言,其全寿命期由修理、训练和部署三部分组成,修理和训练采取何种模式(交替或同时)进行将直接决定航空母舰部署时间的长短即航空母舰的部署能力。

美军航空母舰所采取的维修训练部署模式是由其作战需求决定的。冷战时期,航空母舰在部署期间担负的作战任务较为繁重,人员作战训练强度大,加之在航空母舰的数量可以满足其作战部署要求,因此厂修期间通常安排人员离舰修整,不安排训练或只安排少量最基本的训练,大量的训练任务被安排在厂修完毕后的任务期内进行,这种维修训练部署的模式称为部署间训练周期(IDTC)。部署间训练周期包括一个厂修期,接下来是一个训练期(基本训练、中级训练和高级训练),最后是一个部署期。

2003年之前,美军航空母舰的维修训练部署模式一直沿用冷战时期的交替式维修训练部署周期模式。随着美军战略调整和航空母舰数量的减少,这种模式的弊端日益显现出来。在交替式维修训练部署周期模式下,当航空母舰从部署期转变到基地级修理期后,舰员会有一个离舰休整期,在此期间,舰员极少进行训练,结果导致航空母舰的训练水平下降,直到12个月后(6个月的计划渐进式修理和6个月的训练),舰员的训练水平才能达到部署要求,这就大大限制了美国海军应对多个地区发生冲突的应急作战能力,从长远的观点看,降低了美国海军航空母舰的部署能力。

随着美军战略的改变,如果仍然按交替式维修训练部署周期模式进行作战训练,那么大量的航空母舰要么处于训练期,要么处于修理期,要想做到快速部署非常困难。实际上,只有接近35%的航空母舰和10%的当职人员能够在任意给定的时间点进行部署。

"9·11"之后的伊拉克战争,美军6个航空母舰编队被派往波斯湾执行作战任务,其他的航空母舰被派往日本以填补"小鹰"号航空母舰执行任务所留下的空缺。因此,航空母舰部署的数量和速度发生了改变,原有的训练计划被打乱,某些航空母舰在没有经过足够时间训练的情况下就被部署;另一方面由于没有可以承担部署任务的航空母舰换防,有些航空母舰的部署时间又超过了传统的6个月,结果修理计划也被打乱了。

在此背景下,训练必须加速。为了解决这一问题,美军实施了舰队战备训练计划,其主要特点是训练与维修几乎同时进行,训练在航空母舰厂修期间就开始,以便更早地达到较高的战备水平。厂修期内关于基本训练的开始时间没有明确规定,持续时间则取决于厂修期间舰员更替率和舰员参与维修任务的情况。基本训练期结束后航空母舰即获得了90天内可部署的能力,在紧急情况下基本训练可以加速,以便更早获得90天内可部署的能力。基本训练技术后紧接着的是合成训练,包括综合单位训练(COMPTUEX)和联合任务训练(JTFEX),航空母舰在COMPTUEX完成后即拥有了30天内可部署的能力,在JTFEX完成后便达到了随时可部署的战备水平,即具备了前沿部署的能力。

2. 采用计划渐进式修理模式

美军将本次基地级修理结束到下次基地级修理结束这之间的时间称为维修训练部署周期。在FRP实施后,美军采用渐进式修理模式,逐步将维修训练部署周期由最初的24个月延长到32个月,2014年美军已制定计划将循环周期延长至36个月,并于2015年在"杜鲁门"号航空母舰上首先实施。在32个月的循环周期下,美军计划渐进式修理(PIA)周期为32个月,计划渐进式进坞修理(DPIA)周期为96个月,其修理结构如图11-1所示。

图11-1 美军航空母舰32个月维修训练部署周期下修理周期结构模式

在32个月的维修训练部署周期内,合成训练结束后航空母舰虽然具备了随时可部署的能力,但并不会立即进入部署状态,而是仍驻泊在港口,这段时期约持续6个月,称为"预部署期"或"待命状态";随后航空母舰进入部署期(6个月);部署期结束后航空母舰开始返回港口,但仍保持随时可部署的战备水平,这段时期称为"维持期",直到下次基地级修理。

在32个月周期结构下,两次相邻计划渐进式修理的间隔期为26个月,较此前延长了5个月。对于一艘航空母舰而言,部署期是6个月,占整个周期结构时间的19%,30天内能够进行部署的时间占46%,而30~90天内能够应急部署的时间占周期结构的11%,基地级修理的时间占24%。从而增加了航空母舰的任务期时间,延长了单个航空母舰拥有"部署能力"的时间,提高了美军航空母舰的可部署水平。

（二）美国海军舰艇装备战备完好性调查

2012年，政府问责局对海军装备战备完好性水平开展了调查，证实海军舰船装备战备完好性在过去数年出现下滑。海军为解决这一问题采取了多项措施，力图改善装备状态，使装备达到设计的服役寿命。

政府问责局对海军舰船装备战备完好性的调查数据来源于海军的两个渠道：装备损伤报告和检查与调查委员会的装备检查报告。这两个渠道的数据各有缺点，都不能提供完整的海军舰队装备状态总体视图，但可以相互补充。装备损伤报告的部分数据须每72小时更新一次，报告每一件受损或退出任务的装备的信息。检查与调查委员为判断装备是否需要退役，通常每5年对舰船开展一次检查，虽然频率很低，但数据很全面，包括舰船结构部件、单件装备、舰载系统以及舰船作战能力评估等方面的检查结果。

不同类型装备的战备完好性水平差别很大。根据现有数据，2008年1月至2012年3月，不同类型舰船之间的装备战备完好性有很大不同。检查与调查委员会的报告和装备损伤报告用3个方面的指标评估装备战备完好性。检查与调查委员会的报告包含2方面指标：一是对装备能力的总体评级。这一指标把评价结果分为符合要求、部分符合要求、不符合要求3个级别，反映出各类舰船执行其主要任务的能力。二是装备作战能力得分。这个指标将对装备上19个不同的功能系统的状态进行打分，反映出装备作战能力。装备损伤报告提供了一个指标——平均装备损伤报告次，这一指标反映出任务关键装备的损伤状况。如表11-1所列，护卫舰、驱逐舰、巡洋舰、两栖战舰在这3个指标上的评价结果各不相同，且在装备作战能力与装备损伤报告这两个指标上存在显著差别。

表11-1 各类舰船在2008年1月至2012年3月期间的战备完好性评价数据

2008年1月至2012年3月		护卫舰	驱逐舰	巡洋舰	两栖战舰
装备能力总体评级[1][2]	被调查舰船数量	20	38	18	18
	不符合要求	5%	3%	22%	6%
	部分符合要求	5%	14%	11%	28%
	符合要求	90%	84%	67%	67%
装备作战能力平均得分[3]		0.806	0.829	0.786	0.746
每艘舰平均装备损伤报告次数		11.8	14.5	18.0	22.3

注：
① 因四舍五入，部分舰船3项数值相加可能多于或少于100%。
② 装备能力总体评价是对装备执行任务的能力状况评定的。"符合要求"表示该舰能完成所有任务；"部分符合要求"表示该舰不能完成某一项任务。"不符合要求"表示该舰不能完成的任务超过一项。
③ 装备作战能力得分是对被检查舰船上不同功能领域的系统进行打分，分值从0~1、1为最佳得分

两栖战舰和巡洋舰的战备完好性明显低于护卫舰和驱逐舰。表 11-1 中的数据表明,在这一时期内,两栖战舰的装备状态普遍差于护卫舰和驱逐舰。两栖战舰装备能力总体评级达到"符合要求"的百分比比护卫舰和驱逐舰低,装备作战能力得分也比这两种舰低,每艘舰的平均装备损伤报告次数比这两种舰多。海军官员称,这些差异可能是各类舰船在规格、复杂性、服役时间方面的差异导致的。与之类似,巡洋舰的装备状态也比驱逐舰差。巡洋舰被评为"不符合要求"的为 22%,远低于驱逐舰的 3%。巡洋舰的装备作战能力得分为 0.786,也低于驱逐舰的 0.829。每艘巡洋舰的平均装备损伤报告次数为 18 次,比驱逐舰的 14.5 次高 24%。

装备损伤报告数据表明装备损伤次数显著上升。装备损伤报告在 2008 年 1 月至 2012 年 3 月期间的数据表明,无论是水面战舰还是两栖战舰,每艘舰平均的损伤报告次数均呈现上升趋势,这意味着装备战备完好性下降。每艘舰平均损伤报告次数以每年约 2~3 次的速度增加。海军官员称,损伤报告次数的增加可能是因为过去几年装备检查与评估的次数增加了,导致发现的装备缺陷增多,从而增加了装备损伤报告。

检查与调查委员会报告数据显示装备战备完好性呈现波动。表 11-2 所列为检查与调查委员会 2008 年 1 月至 2012 年 3 月期间对水面战舰和两栖战舰开展的所有检查情况。这一时期的数据呈现上升与下降的波动趋势。例如,水面战舰和两栖战舰达到"符合要求"级别的从 2008 年的 83% 跌至 2010 年的 72%,然后又增长至 2011 年的 77%。装备作战能力平均得分在这一时期也呈现波动,2009 年、2010 年、2012 年均出现下降而 2011 年则出现上升。由于检查与调查委员会开展的检查次数相对较少,无法据此得出水面战舰和两栖战舰在 2008 年 1 月至 2012 年 3 月期间装备战备完好性变化趋势的确切结论。

表 11-2 所有水面与两栖战舰能力评级与作战能力平均得分

年份	受检舰船数量和评级结果				两栖和水面战舰装备作战能力平均得分
	受检舰船数量	符合要求	部分符合要求	不符合要求	
2008	29	24(83%)	3(10%)	2(7%)	0.796
2009	23	19(83%)	2(9%)	2(9%)	0.795
2010	25	18(72%)	5(20%)	2(8%)	0.785
2011	13	10(77%)	2(15%)	1(8%)	0.842
2012	4	3(75%)	1(25%)	0(0%)	0.836

装备战备完好性总体上呈下降趋势。装备损伤报告和检查与调查委员会报告提供的数据与海军之前开展的一项调查结果是一致的,即海军舰船的装备战备完

好性在2010年前出现下降。分析表明,装备损伤报告在2008年和2010年之间表现出统计上的显著上升,很可能意味着海军装备状态在下滑。因受检舰船的数量较少,检查与调查委员会报告的数据在这一时期内的统计显著性无法确定,但数据显示,无论是达到"符合要求"级别的舰船百分比还是装备作战能力平均得分均在下降。

(三) 其他国家船舶状态评估

此外,在船舶行业,国外船级社也已开始实施一套船舶状态评估程序对申请船舶状态评估的船舶实施状态评估检验。例如,德国劳氏船级社实施的船舶状态评估程序,是一套独立于船舶入级检验的专业技术服务程序,通过对申请船舶实施船体结构、船舶机械与电气设备实际技术状态检测,对船舶实际运行状态作出综合评估。若船舶状态存在安全隐患还要对防护措施作出具体安排。日本NK船级社也制定了与此类似的船舶设备状态评估程序。

第四节 基于任务完成率评价的装备维修保障需求确定方法

上述研究表明,将装备任务完成率评估与装备维修保障结合起来,可在对装备任务完成率是否达标做出评估的同时,有针对性地作出装备维修保障工作安排,来提升装备任务完成率。

一、评价原则

在目前军队任务多样化和装备系统化、复杂化的背景下,对任务完成率相关理论以及实践的研究应把握以下原则:

(一) 着眼作战使用

装备任务完成率评价的出发点和最终归宿,是为装备的维修保障和作战使用提供决策依据,它通过对装备使命任务及其要求进行分析,并对装备技术状态进行检测和评估,衡量装备技术状态满足使命任务要求的能力,提出维修保障需求,从而回答装备的最优配置、最优组合和最优运用等问题,因此,装备任务完成率评价必须围绕装备的作战使用来开展工作。

(二) 力求客观准确

由于使命任务要求多样、性能数据收集困难、设备间相互关系复杂、技术状态影响因素多、指标权重不确定等因素,使得装备任务完成率评价不能完全排除人员主观经验判断。然而由于任务完成率评价的结果直接服务于装备的作战使用和维修保障,这就决定了任务完成率评价的过程中必须尽可能的客观和准确。装备任务完成率评价的准确性原则主要包括两方面内容:一是评价标准和流程必须具体客观;二是用于评价的数据必须准确。

（三）正确选择评价指标

装备任务完成率评价的一个重要内容就是选择和确定评价指标体系,指标体系的选择是否合理,直接影响到评价的准确性。指标体系的选择和构建,必须坚持群决策原则,即由对装备结构、组成、使用、维护等方面具有丰富经验的人员组成专家组,通过会议讨论、统一意见、形成决议的形式,建立系统的指标体系和权重,尽量减少个人经验带来的偏差。

（四）坚持定性与定量相结合

定性与定量相结合是军事决策的一个原则性要求。装备任务完成率评价主要建立定量方法来对设备的技术状态进行评价。然而,由于装备完成率评价的复杂性,并非对所有因素都可以加以严格的定量分析,定性分析的方法在装备任务完成率评价过程中仍然发挥着不可或缺的作用,如指标体系及其权重的确定,就需要由专家根据经验进行确定。因此,定性和定量分析相结合必须作为装备任务完成率评价的一项基本原则加以坚持。

二、装备任务完成率评价指标构建

将装备划分为3个层次,即设备、系统、装备。先以设备技术状态监测数据为基础对设备的技术状态进行评价,再"自下而上"逐级向上综合,得到装备任务完成率评价结果。

系统各主要设备的技术状态评价,可通过设备的多个可测性能参数,综合计算得出设备的劣化程度,以此来评价设备的技术状态;对系统的技术状态进行评价,可从设备技术状态、协同性和配套性等方面构建系统技术状态评价指标体系,并对各个指标赋以与其重要程度相当的权重。系统的完好性评估侧重于设备间的逻辑关系分析,而设备的技术状态评估则侧重于性能参数的变化规律,即不同层次的侧重点不同。

该方案通过大量的设备技术状态检查、检测、监测数据,通过数据综合形成对各系统技术状态的评价,可以掌握较为准确的装备技术状态,并根据各使命任务对装备技术状态的要求,可以得出装备任务完成能力。

三、装备任务完成率评价及维修保障需求确定方法

在前述工作基础上,可确定装备任务完成能力和维修保障需求。

（一）单个设备技术状态评价方法

设备的技术状态评定以服役时的技术状态为基准,通过计算设备当前可测得的性能状态参数与基准值的偏离程度,并依据其技术指标要求,综合评定出设备技

术状态的退化程度。首先给出单个技术指标评分的方法,在此基础上,再对设备的技术状态评分。

(二)分系统技术状态评价方法

分系统技术状态的综合评估在单个设备技术状态评估的基础上进行,结合分系统的逻辑组成,合理确定权重,最终得到技术状态评估结果。执行不同的任务时,不同的装备系统的重要程度各不相同,对其完好程度的要求也不同。

(三)装备任务完成能力评价方法

装备由各个子系统所组成,装备技术指标的评价,实质上是各个子系统技术指标评价的综合。至于如何进行进一步综合,要看装备各个分系统在整体任务完成中的比重,与具体装备和装备的性能有关。

(四)装备维修保障需求确定

对于装备的完好性而言,更重要的是针对不同的任务特点,评价能够完成任务的能力,如果装备任务完成能力符合要求,只需安排必要的维持性工作维持装备各设备、分系统的技术状态即可。如果装备任务完成能力不符合要求,则必须根据任务所涉及的装备中各个设备、分系统的技术状态评分结果,有针对性地安排所需的维修保障工作。

第十二章

近几场局部战争中的装备维修保障

20世纪末至今的几场局部战争中,外军非常重视装备维修保障,其做法体现了信息化条件下联合作战装备维修保障的主要特点和基本规律,对我军具有十分重要的借鉴意义,本章主要介绍海湾战争、科索沃战争、伊拉克战争和叙利亚战争4场局部战争中的装备维修保障情况。

第一节 海湾战争装备维修保障

海湾战争是第二次世界大战以来参战国家最多、装备最先进、保障难度最大的现代局部战争,以美国为首的多国部队,在投入大规模先进装备的同时,投入了大规模的保障力量,顺利地实施了战前部署、空袭行动和地面进攻中的装备维修保障,对多国部队作战行动的顺利实施起到了至关重要的作用。

一、海湾战争概况

海湾战争经历了"沙漠盾牌""沙漠风暴""沙漠军刀"3个阶段,历时42天。

（一）战争准备阶段(1990年8月8日至1991年1月16日)

代号为"沙漠盾牌"。海湾危机爆发后,双方加强战争准备和战场建设,向战区增调兵力,形成战略对峙态势。美军从1990年8月8日开始实施"沙漠盾牌"计划,向海湾地区增兵,至1991年1月15日,在海湾地区集结的多国部队,总兵力达70多万人、坦克4300辆、火炮2300门、飞机2000架、舰艇400艘,包括了当时几乎所有的新型装备。

这一阶段多国部队的装备维修保障主要工作有3个方面:一是实施战略机动,向海湾地区集结了大量的装备、弹药和零配件,在战前美军花费4.7亿美元,采购3800项零部件,仅美国空军储备了12万个零部件,驻沙特阿拉伯各空军基地都储备有一个月以上的维修零配件；二是加强装备的维护和保养，确保各种装备、尤其是运输装备保持良好的技术状态，确保战略运输任务的完成；三是加紧战争动员，为装备维修保障储备物资和动员人力资源。在1990年8月17日美国国防部所动员的30余万后备役中，构成了总数约245个保障部、分队，参与了装备和后勤保障工作。空军动员了后备役航空队，租用本国数十家航空公司飞机115架，使参加战略空运的飞机达400余架；海军动员了第一类后备役船队的50%，计44艘船，占参加海运船总数的23%；美国陆军雇用326个承包单位的专家组成作业组，携带必要设备，前往战区建立、管理维修仓库，提供技术咨询，实施现地维修。美军战区一级后勤机关、部队的4万余人中有60%是后备役和国民警卫队。

（二）战略空袭阶段（1991年1月17日至1991年2月24日）

代号"沙漠风暴"。1月17日，布什总统命令多国部队采取行动，海湾战争正式爆发。平均每天出动2000~3000架次各种作战飞机，加上从军舰上发射巡航导弹，轰炸伊拉克通信枢纽、指挥中心、情报系统、机场桥梁、核化武器基地和伊军主力共和国卫队。在38天中共出动约10.7万架次作战飞机，投弹量达数十万吨，对伊拉克进行"地毯式"的超饱和轰炸。通过大规模空袭，切断了伊拉克北部和南部的联系，阻止伊军向科威特战区增援和提供后勤补给，孤立科威特战区的伊军削弱了前线伊军的战斗力。

在空袭阶段，飞机维修保障任务成为装备保障的重点，每架飞机平均飞行时间是平时的两倍，零件消耗比平时快10倍，发动机使用150小时就得修理，直升机桨叶不涂敷保护层只能使用65小时，对此，美军采取各种措施提高装备维修保障能力，例如：美国陆军航空支援司令部向战区派去800名维修人员，先后在宰赫兰、阿布达比、哈里德国王城建立起3个维修中心，对陆军10种飞机和直升机提供保障服务。

（三）地面作战阶段（1991年2月24日至1991年2月28日）

代号为"沙漠军刀"，2月24日凌晨，以美国为首的多国部队在强大空中支援和海军舰炮火力支援下，从3个方向分4路对伊拉克发动了地面进攻，2月27日，美国总统布什宣布科威特已经获得解放，28日零时起，多国部队宣布停止一切进攻性战斗行动，4天中，多国部队摧毁伊军坦克约3000辆，俘虏伊军士兵10多万人。

在为期100小时的地面战斗中，多国部队为作战部队提供了周密而有效的装备维修保障：一是建立前方基地。地面战开始前，多国部队在各路进攻部队之后，共建立了5个距出发阵地70多千米的前方保障基地，储存了可供2个月作战用的油、弹、食品、水等，开战之前，进攻部队所需的各种保障设施，如救护所、加油站、维修站（每师配标准单元的维修补给站和加油站各一个）等均已建立、展开。二是抢运人员、装备和器材。在地面战打响前10天内,多国部队利用4500辆车及大量直升机,实施了部队改变部署的紧急行动,将担任主攻的重装部队和各种物资,从沙特阿拉伯东部快速调至沙特阿拉伯西部二三百千米处,保证了地面进攻的突然性。三是在敌境内建立保障基地,实施保障。地面战打响后,美军派出300多架直升机,将美军第101空降师的2000多人、22000升燃料、50套车载"陶"式反坦克系统、2个105毫米榴炮营,采取蛙跳方式运至敌后,建立了机动补给基地。

二、海湾战争多国部队装备维修保障体系

多国部队总共由28个国家军队组成,装备种类繁杂,维修保障任务量大,组织协调难度大。为了保证对各种主战装备实施及时有效的保障,美军在后勤保障指挥体系内,建立了组织严密、层次分明、运转灵活的装备维修保障体系,如图12-1所示。

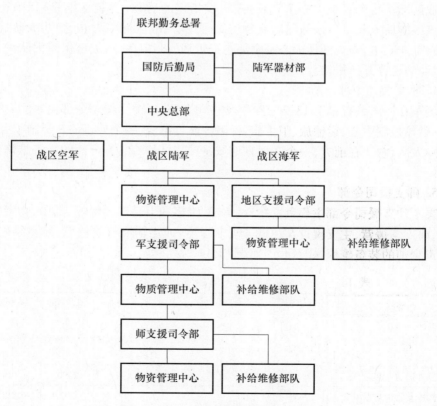

图12-1 美军装备维修保障体系示意图

1. 中央总部(海湾战区联合司令部)

美军于1990年8月26日在沙特阿拉伯建立中央总部前指,由陆、海、空、海军陆战队和特种部队等司令组成,采取兼任方式产生:陆军司令由第3集团军司令兼任,空军司令由第9航空队司令兼任,海军陆战队司令由第1陆战远征部队司令兼任。联合司令部统一指挥整个战区的作战和后勤保障,各司令官有权协调所属部队后勤保障,控制资源再分配。

2. 战区陆军司令部

战区陆军司令部具体负责战区所有陆军部队的作战和后勤保障。按照美国《陆军后勤条令》的规定,战区陆军后勤机构内编有物资管理中心和补给维修部队等,遂行装备维修保障任务。

3. 陆军战区支援司令部

海湾战争的战区后勤保障由第22陆军战区支援司令部负责,主要任务有3项:一是对驻扎在该区内或过往部队提供直接的战斗勤务保障(运输除外);二是通过战区陆军物资管理中心下达任务,提供指定的后勤(含装备维修)保障;三是负责该区的后方防卫。该部编制有物资管理中心、战区保障大队、弹药大队、油料补给营等。其中,物资管理中心是全部物资管理的归口单位;战区保障大队编有维修营、运输连等勤务机构。

4. 军支援司令部

美军在海湾编有第1、13、2三个军支援司令部,每个支援司令部由军物资管理中心、运输控制中心、运输旅、卫生旅、保障大队等组成,一个典型的5师制军可编3个保障大队,两个在前方,一个在后方地域,可同时保障2～5个师的装备维修保障任务。

5. 师支援司令部

美军师支援司令部主要负责物资、运输、维修和卫勤四大保障,其中,物资管理中心、前方支援营、主支援营和运输飞机维修连(或运输飞机维修营、航空维修营)等负责全师的装备维修保障任务,如表12-1所列。

表12-1 美军师级装备维修保障力量编制一览表

部门	装甲师	机步师	空中突击师	空降师	步兵师	轻步兵师
全师	16993 17027	17270 17730	15757	12936	13739	10762
师后勤支援司令部	2917	2903	2437	1691	2390	1257
司令部连及物资管理中心	245	245	233	187	202	196

(续)

部门	装甲师	机步师	空中突击师	空降师	步兵师	轻步兵师
前方支援营	440	440			335	
主支援营	1073	1073			770	
运输机维修连	256	256		214		156
补给运输营			446	365		322
修理营			593	513		361

三、海湾战争中应用的主要装备维修保障信息系统和保障装备

在海湾战争中,多国部队除了出动各种运输机、商船等实施战略装备维修保障外,还集结了众多技术先进、性能完备的海上、野战维修保障装备和保障信息系统。

(一)装备维修保障信息系统

海湾战争是一场带有信息化特征的高技术局部战争,各种信息系统得到广泛使用,其中,涉及装备维修保障的信息化系统主要如下:

1. 联合部署系统(JDS)

由于海湾地区远离美国本土,如果利用传统的运输保障指挥方法,调运物资、装备、兵员以及调用各种运输力量,不但速度太慢,耗费人力太多,还可能贻误战机,因此联合部署系统由计划信息、军运需求、运输计划与进度、检索、信息资源管理等6个子系统组成,并建有包含各种军运资料的数据库。必要时还可通过全球军事指挥与控制系统(WWMCCS)计算机网络与各军种运输机构取得联系,以实行统一、快速、灵活的运输。在海湾战争中,美军应用联合部署系统(JDS),进行计划和协调各种物资的运输,调度和跟踪大规模的人员和器材保障,将装备保障所需器材和人员输入运输指挥中心,按需要在预定的时间运至指定地点。

2. 全球决策与支持系统(GDSS)

该系统主要用于指挥和协调海湾战争中的空中运输行动,其硬件配置为4台VAX6000型、2台8600、6台VAX4000型和若干台MICRO VAX Ⅱ系统。从1990年8月"沙漠盾牌"行动开始到1991年1月20日,该系统跟踪和协调了约10500架美军空中运输机,运输人员约39.5万人,运输军用物资达36.2万吨,从而有效地保障了海湾战争的需要。

3. 战术陆军后勤计算机支援系统(TACCS)

该系统具有功能全面,可靠性强,兼容性高等特点,主要用于战区内弹药供应、仓库管理、装备维修、物资补给、交通运输等业务管理。

4. 标准信息管理系统(SIMS)

该系统是在国防数据网络(DDN)上建立的为移动处理设备使用的标准信息管理系统。空军主要使用库存管理及分配系统(SCDS)和武器管理信息系统(WS-MIS),前者能够快速处理已部署或将飞往中东的各飞行部队的备用部件订单,并实时查看各地库存物资器材和实时报警补充器材;后者能向指挥官提供飞行部队的战备和持续能力分析。同时,美国空军还利用仓库控制与分配程序(SMAP),分配零部件并送到指定地点。

5. IFL 专家系统

美军专门为"阿帕奇"直升机研制的具有人工智能的自动化检测系统,可对直升机中的辅助电器装置系统、油供系统、电子系统、火控系统等进行故障诊断。

6. REMS 专家系统

美军为 M1"艾布拉姆斯"坦克和 M2 步兵战车研制的专家系统,在系统的提示下,可不间断地进行维修工作,从而降低维修时间和费用。

7. 标准陆军零售补给系统(SARSS)

美军研制的分布式一体化补给控制系统,能在全师或军范围内提供资源的可见性,直接支援部队到战区一级。在海湾战争中,该系统提供了全球范围内的后勤自动化保障。

8. 标准陆军中间级补给子系统(SAILS)

该系统主要用于军、战区级物资管理中心,在标准陆军零售级补给系统与旧的补给系统间建立接口,为各部队和支援部队提供最新技术训练和文件转换。

(二) 野战保障装备

野战保障装备包括野战运输装备、野战抢救装备、野战修理装备和故障诊断/检测设备等四大类,一般成套地安装在各种车辆上或方舱中,以便于野外作业。以美军为代表的多国部队野战保障装备机动能力强、技术水平先进,许多现代化的保障装备都是第一次投入实战应用。

1. 野战运输装备

在海湾战区,运输装备可分为地面运输车辆、运输直升机和战术运输机等。多国部队尤其是美军装备的地面运输车辆系列化、标准化程度高,越野性能好,广泛采用自动变速、故障自动检测、轮胎压力自动调节等先进技术,具有很强的野战伴随保障能力;在运输直升机方面,美、英、法等国军队已形成完整的重、中、轻型相匹配的运输直升机体系,这些直升机除提高了载重量和航速外,其机动能力和防护能力也进一步提高;在海湾战争中,以美国为首的多国部队在野战装备保障中,大量使用了各型战术运输机,向前沿阵地运送兵员和各类装备,为地面进攻做好了充分准备。

2. 野战抢救装备

多国部队的野战抢救装备一般为用于在战场上抢救战损或出故障的坦克和装甲车辆抢救车,主要包括 M88A1/M88A1E1 中型抢救车、"奇伏坦"5 型装甲抢救车、"挑战者"装甲抢修车、"豹"Ⅱ式抢救车、AMX30D 工程抢救车等。其中,使用最为广泛的是美军装备的 M88A1/M88A1E1 系列抢救车。M88A1 主绞盘的牵引力为 40.8 吨,其上带有 61 米钢丝绳,第二台绞盘的牵引力约 22.7 吨,起吊能力为 25.4 吨,可抢救 56 吨级以下的坦克装甲车辆。车前装有推土铲,能起支撑和稳定的作用,该车还设有辅助燃油泵,可把自身的燃油输给其他装甲车辆。为了解决 M88A1 牵引能力不足的问题,美军研制了 M88A1E1,主要是换装了更大功率的发动机,由 M88A1 的 750 马力增加为 1050 马力;提高了起吊系统和主绞盘的能力,分别提高到 35 吨、64 吨;自身重量也增加到 68 吨,提高了救援能力。

3. 野战修理装备

主要用于在越野条件下对各种车辆及其他装备进行检查、测试、维护和修理。这一系列车型以美军新型车辆修理车和英军的 FV434 履带式装甲修理保养车最为典型,该车采用了最新的 M944 5 吨级越野车底盘,车上安装有车床、300 安电焊机、带鼓风机的空气加热器、空压机、探照灯、灯架和其他照明附属设备,以及一个小型的资料柜,配备有各种工具、装备、附件和补给品等多达 350 种。车重 14.8 吨,长 9.042 米,宽 2.5 米,高 3.175 米,其帆布顶棚可以组成一个野战修理中心。

FV434 履带式装甲修理保养车专门用于战场上修理和保养步兵战车。在 FV434 保养车顶的右侧,装有液压吊车,吊车安装在可转动的底座上,可吊起"奇伏坦"坦克的动力装置或炮管。当吊臂的旋转半径为 2.13~2.44 米时,起吊重量为 3.05 吨;当旋转半径为 3.66 米时,起吊重量为 1.25 吨。该车配有抢修工具一套,乘员 4 人,分别为驾驶员、车长和两名装配钳工。

4. 故障诊断与检测设备

海湾战争中应用的故障诊断与检测设备有两种:一是美军便携式故障诊断与检测设备,主要用于武器系统的"中继级前方测试",由"基地维修间测试设备"和"机动测试设备"构成,前者安装在 S-280 方舱里,进行故障诊断,后者是一个便携式测试器,可直接在阵地上使用。目前,该设备可对"霍克"防空导弹、肩射导弹及通信系统进行故障检测,并计划拓展使用范围,对陆军多管火箭发射系统、阿帕奇直升机以及 Teampack 雷达识别系统等进行故障检测。二是法军武器系统自动诊断维修站(DIADEME),可对法国陆军的所有装备进行诊断和维修,从 1988 年 6 月起开始列装,计划装备 46 套,分别配属给集团军及其直属部队、装甲师、快速行动部队、大型核导弹部队以及后勤基地修理机构。DIADEME 由主站和辅助站组成,全部设在 JVB 型方舱内,由雷诺 10 吨载重汽车运输,并配有两辆 10 千伏安发电机组挂车。测试装置主要是由中心计算机管理的测试和可编程序发生器,只需借助相应软件和少量专用接口就能测试各种电子装备。在野战条件下由 6 人操作使用,能在 -20 ~ +55℃的外部温度条件下正常工作。展开后,连接、启动测试程序、故障检测和定位、标准件更换、性能检查等整个测试和修理时间不超过 2 小时。

（三）保障舰船

多国部队保障舰船种类齐全、技术先进,综合保障能力强,代表了当时世界上保障舰船的最高水平,主要包括装备预置船、综合补给船、修理船、驱逐舰供应船、潜艇供应船等,用于为战斗舰船提供维修和器材物资供应。

1. 预置船

美军的预置船有海上预置船和浮动预置船两种。海上预置船(TAK)成建制地储存海军陆战队两栖作战部队的装备和物资,预先部署在其战略要点附近海域,以提高向海外快速部署的能力。海上预置船排水量 40000 ~ 49000 吨,航速 20 节左右,可运输 300 多个货运集装箱、100 多万加仑燃料和 8 万多加仑饮水。美军的 13 艘海上预置船分为 3 个中队,第一中队的 4 艘于 1984 年部署在大西洋,第二中队的 5 艘于 1985 年部署在印度洋迪戈加西亚岛,第三中队的 4 艘于 1986 年部署在太平洋关岛。每个中队载有供 17000 人的海军陆战旅维持 30 天作战所需的装备与物资,船上还备有修理车间,以及直升机平台。海湾战争中,美军启用了部署在印度洋的第 2 中队和部署在关岛的第 3 中队,及时为先期到达的海上陆战旅提供急需的装备与物资。

此外,美军在迪戈加西亚岛基地组建的小规模的预置海运力量,由 13 艘浮动预置船(TAOT)组成,海湾战争中,这些船运载着陆军、空军的装备率先到达沙特阿拉伯,提供装备保障。

2. 综合补给舰船

综合补给舰船是伴随海军编队行动,为编队舰艇提供海上伴随保障的大型舰只,除提供后勤物资外,还可以实施导弹等弹药补给任务。多国部队参加海湾战争的综合补给舰船包括:美军的"萨克拉门托"级快速战斗支援舰(AOE)、"威奇塔"级综合补给舰(AOR)和"马兹"级战斗补给舰(AFS),法国海军的"迪朗瑟"级综合补给船,加拿大海军的"保卫者"级补给船,意大利海军的"斯特罗伯里"级补给舰,英国皇家海军的"格兰杰堡"级补给船、荷兰海军的"齐德克留斯"级综合补给舰等共计 11 艘。其中,"萨克拉门托"级快速战斗支援舰是美国海军最具有代表性的现代化大型综合补给舰,也是当今世界最大的综合补给舰,于 20 世纪 60 年代开始建造,共计4艘。该级舰满载排水量53600吨,航速26节,续航力20000海里/20节,可装载燃油190000多桶,弹药2150吨,干货500吨,冷冻食品250吨,全船有15个干、液货补给站。舰上还配有2架直升机,可向舰艇进行垂直补给。

3. 驱逐舰供应舰(AD)

驱逐舰供应舰主要为驱逐舰等作战舰艇提供舰队伴随保障,为舰艇上装备的导弹、反潜武器、电子设备以及舰艇动力装置提供供应和维修服务。美国海军共装备有"黄石"级和"迪克西"级两种型号的驱逐舰供应舰。"黄石"级驱逐舰供应舰于20世纪60年代中期开始建造,共6艘,其满载排水量20300吨,航速20节。舰上载有2台300吨和2台6.5吨吊车,能同时供应和维修6艘导弹驱逐舰,舰艉有一直升机平台和机库,可携带直升机一架。"迪克西"级驱逐舰供应舰共3艘,满载排水量18018吨,航速18.2节,能够维修驱逐舰上的反潜火箭和电子设备,具有较强的维修能力。在海湾战争中,美军共有2艘驱逐舰供应舰参战,分别为AD-18"塞拉"号和AD-41"黄石"号。

4. 航空后勤支援舰(TAVB)

航空后勤支援舰主要用作装载飞机中级维修站,为海军陆战队航空兵的直升机和固定翼飞机提供中级维修服务。目前,美国海军共装备有TAVB-3"赖特"号和TAVB-4"克尔蒂斯"号两艘航空后勤支援舰,是在1987年改装完毕的。两舰满载排水量23872吨,航速23节,续航力为9000海里/22节。舰上载有海军陆战队航空紧急维修站设备,到达战区后即可立即展开使用。当维修设备卸下后,该舰还可用作标准海运船运载600个集装箱。美国海军的两艘航空后勤支援舰全部参加了海湾战争。

5. 修理船(AR)

修理船主要承担航空母舰和巡洋舰等大型水面舰艇各个系统的综合修理任务,美国海军只有两艘"火神"级修理船,建造于1941—1944年间,满载排水量16380吨,航速18节。其中,"火神"号修理船参加了海湾战争的维修行动。

除了专用保障舰船外,联军的航空母舰、两栖攻击舰等也具备对装备进行保障的能力。

四、海湾战争装备维修保障的主要做法

在海湾战争中,美军运用先进的装备维修保障思想和信息化保障手段,克服了环境恶劣、装备多样、任务繁重等困难,较好地完成了装备维修保障任务。其主要做法如下:

(一)建立完善的装备维修保障体系

为了适应海湾战场的新环境、部队的新装备和保障新技术新方法以及空地一

体作战理论的要求,在原有三级维修保障体制的基础上,由上至下建立了完善的装备维修保障体系。各保障机构层次分明、职责明确,提高了装备维修保障效率。

在战区,海湾美军建立了具有综合保障能力的基地,各军兵种都编有装备维修保障部队,对作战部队提供零配件供应和基地级维修。不仅可对陆军装备进行保障,而且可对空军、海军装备进行保障;不仅可对一般性装备进行保障,而且可对高技术装备进行保障。在各军,其后勤支援司令部一般编制有6个全般支援大队,全盘负责本军战役方向的装备保障。在师以下部队,每个作战师的支援司令部,编有多个保障营(连);师属各作战营和炮兵营增编了一个独立维修连,配有较强的技术人员和完善的维修装备,携带供本营维修的各种零配件;营内各连都编有维修组,对装备采取更换零部件和调整、擦拭、润滑、紧固机件等方式进行维修。

(二)充实提高装备维修保障能力

为了确保部队装备保障能力,美军积极做好人力和物力储备:一是扩大武器生产。美国参谋长联席会议下令,要求国防工业加强武器装备,尤其是零备件的生产,以满足装备战时维修保障的需要,1990年11月底以前,仅陆军就与民间企业签订了2000份合同,生产坦克、直升机、导弹、发动机等零配件,改进现代激光测距仪和具有红外传感装置的新装备及其武器装备等。由于措施得力,美军各军兵种都储备了大量的零配件。如美国空军储备了8000多种零配件,在沙特阿拉伯各基地都储有1个月以上的消耗量;海军在航空母舰和两栖攻击舰上储存了可供90天使用的零配件,基本能满足中继级维修的需要,负责海军飞机维修的官员说,按照海湾空战中的飞机出动率,无论维修力量还是零配件储备,海军都能保障飞机连续数月的作战需求。二是征召和培训保障人员。美军除抽调军队编制内的技术骨干外,还从预备役和民间征召了大量维修人员。如在"沙漠盾牌"行动一开始,空军后勤司令部就迅速调集1000多人加强飞机维修。三是积极推行承包商保障。美军在海湾战争中,大量雇佣承包商到战区承担装备维修保障工作,仅陆军就雇佣了26个地方承包单位的技术专家,前往沙特阿拉伯帮助部队建立和管理维修仓库,提供技术咨询,进行现场维修。由于增强了装备维修能力,较好地适应了现代战争快节奏特点的要求,加快了受损装备的"再生"速度。

(三)采取灵活的装备维修保障方式

为了提高装备保障的效率,美军强调应根据实际情况灵活采取多种维修方式:一是预防性维修方式。海湾地区多为沙漠,地理环境恶劣,使装备自然损坏率加大。装备的金属和橡胶部件出现膨胀、破裂、漏损等现象;高温和风沙常使精密的电子装备(如电子系统、火控系统、通信系统、空调系统以及雷达等),运转不正常甚至失灵；电台的线路被烤化后粘在一起；重机枪被细沙卡住无法使用，零配件磨损加快。美军M60和M1主战坦克，在一般战场的平均故障间隔里程为200～300千米，而在海湾沙漠中降至100～200千米。坦克发动机在一般情况下可连续使用2000～4000小时无大修，在沙漠战场降至500～1000小时；直升机发动机大修间隔时间由平时的300多个飞行小时，减少到约50个飞行小时，维修保养工作量比平时增加3～4倍。针对这种情况，美军维修保障人员采取了预防性维修保养方式。增加清洗、擦拭次数，及时清除飞机、直升机、坦克、车辆发动机中的细沙，防止细沙进入密封的电子系统；把原来用润滑油保养装备外部零部件的方式，改成"干保养"方式，以预防沙粒对装备的黏附，达到减少磨损的目的；缩短维修保养间隔时间，车辆每行驶180千米，就进行一次维修保养，并刷上软质涂漆，减少细沙对车辆的磨损；空军为飞机更换风挡，陆军和海军陆战队为直升机的桨叶裹上胶带，减轻风沙对飞机的损害；为炮管加装套筒或在炮管某些部位采取隔热处理，防止炮管暴晒变形。二是伴随性维修方式。在海湾战争中，美军按照空地一体作战理论的要求，充分发挥陆、海、空部队机动作战的优势，对伊拉克实施了空地、海地一体的全纵深、全方位的高度机动作战。为了适应高度机动作战的需要，采取了伴随性维修方式对部队实施保障。如为了增强对海军装备维修的能力，美国海军把维修机构建在舰船上，以在海上机动的形式实施维修保障；美国海军陆战队在"赖特"号和"科提斯"号先遣航空基地支援舰上开设了中间维修站，每舰载有约300个机动修理间，不仅可对舰船进行综合技术保障，而且可以对固定翼和旋转翼飞机进行快速维修；陆军师以下部（分）队配备了抢救修理专用车，这些战斗勤务支援车机动性好、起吊能力强，能伴随作战部队，对装备进行一般性的现场诊断、保养和维修。三是定点性维修方式。对于高技术装备或者受损严重的装备，美军采取定点性维修方式。即以担负全般支援维修任务的单位组成定点维修站，负责维修直接支援单位无力修复的装备。如美国海军在海湾部署的所有的航空母舰和两栖攻击舰上都开设大型的中间级维修站，在舰上备有各种零配件，可以满足对各种装备的维修；地面作战开始后，美国陆军派出300多架直升机，将第101空降师以及大批后勤保障物资器材运到伊拉克西部地区，在敌后建立了包括装备维修站在内的补给基地，并且每建一个基地后，采取跃进方式再向前依次开设下一个基地。这对于修理受损严重的装备，维持部队战斗力起到了积极作用。

第二节　科索沃战争装备维修保障

科索沃战争是以美国为首的北约集团自第二次世界大战以来，一手发动和操纵的一次强度高、规模大、时间长、信息化程度较高的局部战争,给南联盟造成了巨大的经济损失和人员伤亡。

一、科索沃战争概况

科索沃战争自1999年3月24日开始至6月9日结束,共持续了78天,大致可分为4个阶段。

(一)重点空袭阶段(1999年3月24日—1999年3月26日)

北约开始实施空袭,目的是夺取制空权,重点打击目标是南联盟导弹发射阵地、机场、雷达、通信、指挥和控制系统等设施,主要目的是夺取南联盟地区的制空权。在第一阶段空袭中,北约共出动B-52、B-2等各型作战飞机600余架次,并在亚得里亚海由战舰发射了"战斧"式巡航导弹。由于受到南联盟军队的顽强抗击、天气不良等因素的影响,多达20%架次的飞机不得不携弹返回,空袭效果不佳。

(二)空袭升级阶段(1999年3月27日—1999年3月31日)

空袭作战逐步由间歇式空袭改为24小时不间断空袭,重点打击南联盟的指挥中心、基地等核心军事目标,企图瘫痪南联盟军事运作体制,瓦解其作战能力。该阶段北约共出动了各型作战飞机1000余架次,但仍然难以达成作战企图,并于3月27日被击落一架F-117A隐身战斗机,这是F-117A在1989年投入实战以来首次被击落。

(三)全面空袭阶段(1999年4月1日—1999年5月27日)

由于难以达到使南联盟政府屈服的目的,北约开始向战区增派兵力,其中包括一个航空母舰编队和B-1B战略轰炸机在内的130多架作战飞机(含75架航母舰载机),并开始扩大空袭范围,不再仅仅局限于军事目标,而且扩大到民用目标,其中包括桥梁、公路、铁路、炼油厂、电力系统、电台电视台、医院、集市、民居、国际列车、难民车队、总统府。

(四)保持军事压力阶段(1999年5月28日—1999年6月9日)

在该阶段,北约继续保持强大的空中压力,以配合俄欧美三方斡旋以及北约与南联盟军事代表团谈判的进行,确保在取得科索沃战后事宜主导权的同时,最大限度地削弱南联盟的作战实力和战争潜力。南联盟在艰难抗击北约空袭后,被迫于5月31日宣布接受八国集团关于解决科索沃问题的协议的原则和内容,6月8日与北约达成从科索沃撤军协议,6月9日开始撤军,10日晨北约宣布暂停对南轰炸,科索沃战争结束。

二、科索沃战争北约装备维修保障力量

科索沃战争是一场以空袭达成作战目的的现代局部战争,陆战装备基本没有直接参战,保障重点主要聚焦在海军舰艇装备和航空装备上。在战争中,北约空袭强度较大,舰射巡航导弹、精确制导弹药以及各种航空装备保障任务量大。为了保证战争需求,北约以运输飞机、海上保障舰船和北约基地群等保障力量为主体,构建了陆、海、空相互支撑的装备维修保障力量体系。

（一）空运保障力量

运输飞机历来是北约国家实施装备保障的重要力量,在科索沃战争中,北约共动用了 13 种型号计 67 架运输飞机运输各类装备和物资,直接参与了大部分作战行动中的装备保障,如图 12-2 所示。

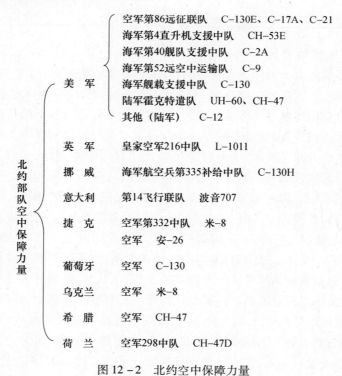

图 12-2　北约空中保障力量

（二）海上保障力量

美军航空母舰、两栖攻击舰以及一些大型运输船、保障船均具有对导弹、飞机和各类精确制导弹药进行保障的能力,战争期间,北约除各种作战舰艇外,还调用 11 艘保障舰船承担装备保障任务,如表 12-2 所列。

表12-2　科索沃战争北约装备保障舰船一览表

国别	船型	舰船编号	数量	隶属
美国	船坞型两栖运输船	"庞塞"号（LPD-15）	1	第6舰队
	码头登陆舰	"冈斯顿厅"号（LSD-44）	1	
	军火船	"北极"（AOE-8）	1	
	打捞船	"勾篙"号（ARS-53）	1	
	潜艇供应舰	"埃默里·兰德"号（AS-39）"西蒙·莱克"号（AS-33）	2	
	舰队海上拖船	"阿帕奇"号（T-ATF-172）	1	
	战斗补给船	"土星"号（T-AFS-10）	1	
英国		"福特-奥汀"号（A-386）	1	
德国	快速运输船	"鲍勃·霍普"号、"瑟德尔门"号	2	

（三）基地保障力量

北约除了从国内大量快速投送各种设施、设备和零配件外，主要依靠设在南联盟附近的海、陆、空军基地实施保障。这些基地不仅具有导弹技术快速准备能力，能及时提供空袭用巡航导弹等装备的装填与补给，而且还具备持续作战保障能力，能及时对飞机进行检查和维护，使参战部队得到了及时可靠的保障。

北约基地群分布于欧洲、亚洲和美国本土30余个空军基地，大致分三线配置：第一线为临近南联盟的意大利（含亚得里亚海域）与匈牙利基地群。包括：意大利阿维亚诺、切尔维亚、焦亚德尔科莱、布林迪西运输机和直升机基地、盖迪、皮亚琴察、伊斯特拉那、普拉蒂卡、阿门多拉、匈牙利陶萨尔以及阿尔巴尼亚、波黑等前沿基地；第二线为德国、英国等西欧基地群和土耳其的基地群。其中，德国主要有斯潘达勒姆、莱茵-美因、盖伦和拉姆施泰因等4个基地，英国有费尔福德、米尔登霍尔、莱肯希斯和布莱兹诺顿等4个主要基地，以及土耳其、葡萄牙、西班牙等保障基地；第三线是美国本土基地群。主要有怀特曼空军基地等。其中，美国本土后勤基地主要负责直接保障从本土起飞的B-2A战略轰炸机部队和参战的绝大部分战略运输机部队；意大利的阿维亚诺、切尔维亚、焦亚德尔科莱、锡戈内拉、布林迪西等5个空军基地及其后勤，主要负责直接保障战术战斗机部队；阿尔巴尼亚的空军基地及后勤，主要负责直接保障AH-64"阿帕奇"武装直升机部队；英国的空军基地及后勤，主要负责直接保障B-52和B-1B战略轰炸机部队；意大利沿海的海军基地及后勤，主要负责直接保障舰艇部队，或者作为中转基地对舰船实施再补给。具体配置情况如表12-3所列。

表 12-3 伊拉克战争中北约主要空军基地一览表

国家	基地名称	保障对象	
		作战部队	作战装备
美国	怀特曼	第 509 轰炸机联队	B-2
德国	莱因-美因	第 93 空中控制联队; 第 9 空中加油机中队	E-8 JSTARS、KC-10 加油机
	拉姆斯泰因	运输司令部	C-130
	盖伦	第 552 空中控制联队	E-3 预警机
	斯潘达勒姆	第 20 战斗机联队	F-16CJ
英国	布莱兹诺顿空军基地	运输司令部; 第 117、128、161、171 空中加油机中队	KC-135R 加油机
	费尔福德	第 2、5 轰炸机联队; 第 77 轰炸机中队; 第 22 空中加油中队	B-52、B-1B、KC-135
	米尔登霍尔	第 351、911 空中加油中队	KC-135、RC-135 电子侦察机
	莱肯希思	第 48 空中远征联队	F-15C
法国	蒙德马桑	运输司令部	KC-135 加油机
	莫龙		KC-135、135R、KC-10 加油机
	NAS SIGONELLA	第 16 远征侦察大队	KC-135 加油机
	索伦扎拉	法国空军	"幻影"FICT 轰炸机、"幻影"IV-P 摄影侦察机
	阿沃尔	法国空军	E-3FSDCA 预警机
	伊斯特尔	法国空军	C-160 运输机
	普雷韦扎	北约预警机部队	E-3A
意大利	阿维亚诺	第 31 空中远征联队; 第 48 空中远征联队 492 战斗机中队; 加拿大空军; 葡萄牙空军; 西班牙空军; 英国空军	F-117、F-15E、F-16C/CJ、EA-6B、EC-130、KC-135、KC-130、CF-18、EF-18、E-3D 等

（续）

国家	基地名称	保障对象	
		作战部队	作战装备
意大利	切尔维亚	第48空中远征联队493战斗机中队	F-15E
	焦亚德尔科莱	第52空中远征联队；意大利空军；英国空军	A-10、OA-10、旋风ECR/IDS侦察攻击机、GR-7鹞式垂直起降战斗机、PR-9堪培拉侦察机
	布林迪西	美军特种作战司令部	AC-130、MC-130、EC-130、MH-53、MH-60、U-2
	巴里	陆战队第252空中加油中队	KC-130
	阿门多拉	比利时空军；意大利空军；荷兰空军	F-16、F-104ASA攻击机
	加扎尼塞	丹麦空军；挪威空军	F-16
	伊斯特拉纳	法国空军；意大利空军	"幻影"2000D、"幻影"F1CR侦察机、"美洲虎"攻击机、AMX攻击机、KC-135
	格罗塞托	法国空军	"幻影"2000C
	皮亚琴察	德国空军；意大利空军；西班牙空军	"旋风"战斗机、"旋风"ECR/IDS侦察攻击机、CA-SA212运输机
	盖迪	意大利空军；土耳其空军	"旋风"IDS攻击机、F-16
	特拉帕尼	北约预警机部队	E-3A
	安科纳	英国空军	L-1011运输机、VC-10加油机
	普拉蒂卡	意大利空军	波音707/T运输机
匈牙利	费里海吉机场	第434空中加油机中队	KC-135R加油机
	陶萨尔	美第31攻击机中队；匈牙利第31战斗机团	F/A-18D 米格-21、苏-22
	凯奇凯梅特	匈牙利第59战斗机团	米格-29

(续)

国家	基地名称	保障对象	
		作战部队	作战装备
前南联盟	库马诺沃	法国空军	AS-330 运输机
	图兹拉(波黑)	第 11 远征侦察中队	RQ-1A 侦察机
西班牙	罗塔	第 2 舰队航空侦察中队	P-3C、EP-3
阿尔巴尼亚	地拉那	陆军霍克特遣队	AH-64、UH-60、CH-47
土耳其	法伊斯特尔	第 940 空中加油机联队	KC-135R 加油机
荷兰	艾恩德霍芬	荷兰空军	KDC-10 加油机
舰载机	"罗斯福"号航空母舰		F-14、F/A-18C、EA-6B、E-2C、SH-60、S-3B、C-2A
	"基萨奇"号两栖登陆舰		AV-8B、CH-53、CH-46、
	"仁川"号反水雷舰		UH-64D、MH-53E
	法国"福熙"号航空母舰		"军旗"IVP 侦察机、F-8"十字军骑士"攻击机、F/A-18 战斗机等
	英国"无敌"号航空母舰		"海鹞"舰载攻击机

三、科索沃装备维修保障的主要做法

科索沃战争的装备维修保障基本是在没有敌情威胁的情况下进行的，保障工作基本做到了准确、快速、有效，其基本做法包括：

（一）统一保障指挥，加强组织协调

科索沃战争，直接参战国家有 13 个，为参战飞机提供地面设施和领空使用权等各种支援的国家有近 10 个，各类参战飞机 1200 多架，机种达 30 种以上。这些飞机有的从美国本土起飞，有的从英国起飞，更多的是从意大利起飞，还有的从航空母舰上起飞。导致保障点多面广，几乎覆盖了大半个欧洲，保障协调十分困难。为了加强装备保障的组织协调，以美国为首的北约在战区一级，由欧洲盟军最高司令部后勤部对所辖部队包括装备保障在内的各种保障实施统一指挥、计划和协调，保证空袭作战有及时充分的装备保障。同时，美国空军在器材部建立了一个 24 小时值班的后勤反应小组，以确保美驻欧空军与空军器材部总部和后方各大仓库之间的不间断联系。

（二）充实保障力量，实施靠前保障

战区后勤基地承担着参加空袭作战的绝大部分海空军部队的直接保障任务，

既直接保障多机种、大数量的空军部队,又直接保障部署在地中海和亚得里亚海上的海军部队,在整个空袭作战中起着不可替代的骨干作用。由于空袭规模不断升级,空袭强度逐步增大,装备保障工作量骤增,空军后勤中心、空军人力与人事战备中心、空军器材部项目管理办公室、空军研究实验室以及有关承包商等均按战时要求展开工作,及时从美国本土及驻外各空军基地抽调骨干力量临时组建保障小分队,充实前沿保障力量。例如:美国陆军"霍克"特遣队,除作战人员外,还由580人组成了保障部队,对特遣队实施勤务支援,包括准备和检查各种车辆和装备,提供弹药、轻武器甚至导弹等。英军也组织了强有力的装备保障部队,其中有战斗勤务支援大队、皇家后勤兵第23旅支援中队等保障力量。这些措施,确保了作战飞机的高完好率和高出动率,第92空中远征联队后勤指挥官范赫斯上校称:"自空袭行动开始后,KC-10、KC-135加油机分别保持了99.4%和99.2%的出动率,包括所有飞机在内的平均出动率达到了94%。"

(三)动员地方资源,提高保障效能

在战争准备阶段,美军就开始动员预备役等地方保障力量,参与装备保障。战争爆发后,美军向战区派出由器材部的承包商共同组成的工程技术分队,随时随地解决发生的各种问题。为了提高B-1B战略轰炸机的电子对抗能力,AIL系统公司、雷声公司和波音公司的工程师,按照美国空军空中作战司令部的命令,由埃格林空军基地的第53联队领导,只用了不到4天的时间就研制试验成功了防空与干扰系统,并加装到5架B-1B轰炸机上,保证了飞机在高威胁区域作正常投弹飞行。

北约科索沃战争装备保障虽然取得了成功,但是,也暴露了一些问题:一是北约盟国基础设施和技术水平参差不齐,美军不得不克服盟国基地运输等基础设施中的许多局限性,如美军在《联合声明》指出"阿尔巴尼亚地拉那机场地面条件很差,增加了飞机返航所用的时间,限制了通过量,降低了向前调动部队和人道主义补给的速度。"同时,美军还需要对个别北约国家的人员临时传授美国备件的维护保养知识。二是战前装备和零配件储备不足。北约虽然在战前进行了大规模战略运输,进行物资储备,但是,美国空军曾一度几乎没有可供使用的备用发动机,备用的战时装备也已基本耗尽,只能通过拆卸飞机来获取零部件,美国空军不得不削减本土部队的供应,以确保意大利北约空军基地的F-15、F-16和其他飞机所需,美国国防部官员曾就此评论道:"我们的刀尖十分锋利,但保持这一状态的后勤环节非常薄弱。"

第三节 伊拉克战争装备维修保障

伊拉克战争是美国为了彻底推翻萨达姆政权而挑起的一场信息化条件下的

局部战争。于 2003 年 3 月 20 日开始,至 5 月 1 日结束"大规模作战行动",历时 42 天,在作战指导、武器运用、装备保障等方面显示了信息化条件下作战的典型特征。

一、伊拉克战争概况

战争进程可分为 4 个阶段:

1. 向巴格达高速推进阶段(2003 年 3 月 20 日至 2003 年 3 月 24 日)

伊拉克当地时间 3 月 20 日凌晨 5 时 30 分(北京时间 20 日上午 10 时 35 分),美军发动代号为"斩首行动"的外科手术式打击,空袭首都巴格达伊拉克领导人的藏身之处,随后,一天之中实施了三轮空袭,轰炸了伊拉克中部和南部 20 多个城市,主要目标是总统府、伊拉克政府机构所在地、伊军指挥控制系统和防空系统等,企图通过精确的火力突袭,歼灭伊拉克领导人,瘫痪其战略指挥体系,摧毁伊拉克的防空力量。

空袭后的 12 小时,地面部队即开始从伊科边界向伊拉克境内推进,目的在于以地面突击兵力迅速推进,摧毁和瓦解伊军的抵抗意志,占领伊拉克南部地区油田、乌姆盖斯尔港和主要机场,防止伊军向科威特和以色列等国发射弹道导弹,破坏油田和战略性基础设施,达到速决制胜的目的。开战 4 天后,美英联军即长驱直入 400 千米,抵达距首都巴格达数十千米的卡尔巴拉。

2. 调整部署阶段(2003 年 3 月 25 日到 2003 年 3 月 29 日)

由于伊拉克军队的抵抗及天气原因,美军地面部队放慢挺进巴格达的速度,一方面,目的地转入调整部署,实施补给,并对绕过的部分伊军据点和阵地进行清剿作战,解除伊拉克军队对美军后勤补给线的威胁;另一方面,加大了对巴格达周围重要目标的空袭强度,有选择地攻击伊拉克通信中心、共和国卫队阵地和居民区,并于 3 月 26 日开始,使用大威力空气燃料炸弹,对伊拉克电视台和国家通信指挥设施实施电磁攻击和硬摧毁。

3. 攻陷巴格达和提克里特阶段(2003 年 3 月 30 日至 2003 年 4 月 13 日)

3 月 30 日,美军地面部队恢复进攻,第 3 机步师首先歼灭了"麦地那"师,攻占了卡尔巴拉,接着又跃进到距巴格达 10 千米的萨达姆国际机场;美国海军陆战队则越过萨达姆在巴格达外围防御的"红色警戒线"和底格里斯河,切断了库特与巴格达之间的公路,从南、北、西 3 个方向对巴格达形成了包围。4 月 5 日,美军两个坦克营进入市内,9 日,完全占领了巴格达,萨达姆政权倒台。此后,美军又攻占了提克里特,主要作战行动基本结束。

4. 肃清残敌和维护稳定阶段(2003 年 4 月 14 日到 2003 年 5 月 1 日)

随着对巴格达等伊拉克重要战略要点的控制,美英联军的主要作战目标已经基本达成,作战行动是对付小股伊拉克武装力量的抵抗,搜剿萨达姆及其政权高级官员,维持社会秩序。

二、美英联军装备维修保障力量

（一）陆战装备维修保障力量

美军陆战装备保障主要由第21、337战区支援司令部,第1、第3、第13军支援司令部,以及参战各师编制内的师支援司令部组成了战区、军、师三级保障力量。

第21战区支援司令部编制内的装备保障力量主要包括:第1运输调动控制局、第37运输司令部、欧洲全般保障支援中心、第29保障大队、第6、22、26、80、98、100、104区域保障大队;第337战区支援司令部编制内的装备保障力量由第8保障营、第53运输营、第321物资管理中心、第43、213、226区域保障大队等组成。

第1军支援司令部下属第2保障中心、第330调动控制中心以及第46、507、101军保障大队;第3军支援司令部所属装备保障力量包括:第7军保障大队、第16军保障大队、第19军物资管理中心、第27运输营。

海军陆战队第1师装备保障力量包括第1、2、4远征支援部队;第101空中突击师支援司令部下属第801主支援营、第426、526、626前方支援营、第101航空团第8营(航空中继维修保障营);第3机步师支援司令部下属第703主支援营、第3、26、203前方支援营、第603航空保障营;第4机步师支援司令部下属第704主支援营、第4、64、204前方支援营、第404航空保障营;第1骑兵师只有少数部队参战,主要有师支援司令部下属的第701主支援营和第13军支援司令部的部分保障力量实施保障。除此之外,英、澳等国军队也提供了一些支援保障力量。

美英联军陆战装备主要装备维修保障力量编成如图12-3所示。

美军师支援司令部一般下辖司令部连及物资管理中心、3个前方支援营、1个主支援营和1个运输飞机维修连(或维修营)(图12-4);第101空中突击师支援司令部则编制有3个前方支援营、1个主支援营、1个中级航空维修营。师支援司令部的每个前方支援营分别编有2个坦克系统支援队和2个机步系统支援队,最多可同时对2个坦克营和2个机步营实施支援,并能对前方旅支援区内的通信和地面导弹装备实施中级前沿保养。主支援营下辖的1个重型维修连和1个轻型维修连,能够向不受师3个前方支援营支援的师部队,提供各种装备的中级维修和保养。主支援营下辖的导弹支援连,可为师的近程防空导弹系统和反坦克导弹和多管火箭炮系统提供实地维修。

师支援司令部直辖的运输飞机维修连、运输飞机维修营(82空降师)或航空维修营(101空中突击师),能够对师航空旅的各型直升机提供航空保养维修、飞行控制设备维修、抢修与撤离。

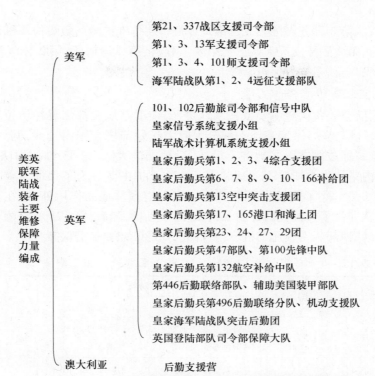

图 12-3　美英联军陆战装备主要装备维修保障力量编成

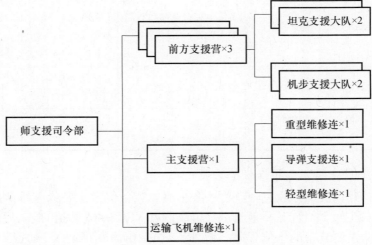

图 12-4　美军师装备维修保障力量编制示意图

海军陆战队第2勤务支援大队及第2远征军装备维护分队负责海军陆战队的装备维修保障,第2勤务支援大队下辖第8工程营、第2运输营、第2牙医营、第2维护营、第2宪兵营、指挥与保障营等。

(二)航空装备维修保障力量

美英联军航空装备保障主要依托基地进行,前沿基地大都部署在伊拉克周边的国家(表12-4),战略保障基地和部分保障力量则部署在国内基地,例如:美国在本土北卡莱罗那波普空军基地驻有第43后勤支援大队、第43维护中队、第43保障中队;在内华达内力斯空军基地驻有第757维护中队。为了保证对空军装备实施靠前保障,美军除了积极发挥海湾地区原有空军基地的作用外,还在开战之初,派特种部队夺占了伊拉克西部的H2、H3两个机场,随后,第173空降旅又在伊北部地区伞降特种部队占领北部机场,开辟北方战线,建立前沿保障基地。

表12-4 美英联军海湾地区主要空军基地分布情况表

基地名称	国家	保障对象		备注
		保障部队	保障装备	
阿里萨利姆空军基地	科威特	美国空军第9远征大队、第386远征大队等	F-15、F-16等作战飞机	
艾哈迈德贾比尔空军基地	科威特	美军第332空军远征大队等	F-15、F-16等作战飞机	
宰夫拉空军基地	阿联酋	美国空军第763和第4413空中加油机中队	KC-135、KC-10等	
乌代德空军基地	卡塔尔	美军中央司令部和空军第319空军远征大队	F-15、F-16等作战飞机	也可保障B-52、B-2、C-17等大型轰炸机和运输机
穆斯奈纳空军基地	阿曼	第405空军远征部队	B-1B、AC-130火力支援飞机	可保障B-52H轰炸机
撒坦王子空军基地	沙特阿拉伯		F-15、F-16	
前线机场若干	伊拉克	第2航空保障大队等		

(三)海军舰艇装备维修保障力量

美军在海湾地区的舰队基地较少,海军舰艇装备保障主要依靠编队内的舰队保障力量实施,如"杜鲁门"号航母战斗群编制有VRC-40(特遣)舰队后勤支援中队,负责编队主要装备的维修保障。此外,英国皇家海军出动了"勤奋"号前线修理舰在内的海上保障大队进行支援。

三、伊拉克战争装备维修保障主要特点及做法

战争中,美英联军出动当时世界上最先进的陆、海、空、天装备,装备保障的信息化程度大大加强,凸显了外军尤其是美军在信息化转型过程中装备维修保障的主要特点和发展趋势。

(一)保障模式一体化

美军极为重视对作战部队实施伴随保障,提出"尽可能将建制维修、直接支持和全部维修机构置于靠近前线地域",在伊拉克战争中,美军在各作战区域内设立了战区保障司令部,战区保障司令部统一指挥本区内各级装备保障力量,负责本区域内的全般支援级和直接支援级维修保障任务。下属保障力量根据保障对象主战装备的编制情况,按照"积木式"原则,与供、救、运、防等力量混合编组,形成若干保障单元,每个保障单元都具有指挥、保障和防卫等全般保障功能。美军积极实施伴随保障,以减少维修层次和维修环节,提高装备的"再生"能力。例如,美国陆军第4机步师所属的支援司令部就辖有3个前方支援营、1个主支援营、1个运输飞机维修连和1个战斗支援航空营,其运输飞机维修连,能够对师属航空旅的各型直升机提供多功能的综合性装备保障,包括直升机的动力系统、电子通信系统、导航系统、武器系统、飞行控制设备的维修,以及抢修与撤离。装备保障的一体化保障模式有效的提高了保障效能,使得受损装备能在最短的时间内,以最少的人力得到修复,全面满足作战部队的需要,为部队遂行作战任务争取了时间。据有关资料介绍,美军无论飞机坦克,还是枪炮车辆,在战场受损后凡是能修复的,一般不超过24小时,最快的甚至只有几十分钟。虽然一些装备受到伊军的重创和高温、沙尘天气的影响,但由于抢修及时,美三军的装备仍保持很高的完好率。

(二)保障手段数字化

在伊拉克战争中,信息技术在装备领域得到大量应用,保障手段基本实现了数字化。士兵在战斗间隙即可运用先进的技术手段对装备进行必要的维护。美国陆军坦克等主战装备均配备了电子技术手册、数字诊断与预测"工具箱";美国海军在部分水面舰船和岸上中继修理机构设立了"微型、超微模块测试与修理计划中心",具备了过去只能在基地进行修理的复杂电路板和电子模块的修理能力,缩短了电子装备故障的分析排除时间;远程维修系统(TMAINT)则可以利用卫星、网络等信息技术,将战场上损坏装备的详细情况,实时地传给后方技术保障部门,由后方维修专家提出维修建议或维修方案,快速进行维修。例如,在美国海军"林肯"号航母战斗群,通过已部署的"远程技术保障系统"可以和美国圣迭戈的舰船技术保障中心、弗吉尼亚州诺福克的海军综合呼叫中心及海军海上系统司令部保持联系,实施远程维修保障支援。

（三）保障资源可视化

保障资源可视化来源于美军全资产可视化(TAV)思想，是信息化战争条件下装备技术保障一种重要而且有效的管理手段。美军《2010年联合构想》指出，未来高技术条件下作战的后勤保障，要注重使信息优势和技术革新融为一体，保障信息化将能够支援部队快速部署和投入使用，并通过在装运必需和补给品时取消多余的申报和减少延误，更好地支援战场指挥官。运用保障资源可视化系统能在准确的时间、准确的地点，向用户提供准确的装备保障支援，实现保障精确化、集约化和高效化。保障资源可视化系统是由保障资源可视信息支撑技术、保障资源可视终端、保障资源数据库及其应用系统等组成，其基本功能是提供部队、装备和维修器材物资的位置、调运状况及有关特征的实时而准确的信息；提供处于运输链中保障资源的有关信息；辅助决策技术保障力量的部署调整、修理任务的分配、保障资源的布局、调运以及器材物资的筹措、储备、供应等。在伊拉克战争中，美军依托"战区联合全资可视系统"（JTAV）和"全球战斗支援系统"，实现了在储资产、周转资产和在运资产等的可视化，将自动识别技术、全球运输网络、联合资源信息库和决策支持系统等综合在一起，及时向各级指挥官、物资管理部门、武器系统管理部门及相关作战单位提供全部资产信息，后方基地指挥部能够通过计算机系统和通信系统随时跟踪作战部队的消耗和需求状况，组织实施装备保障，从而大大地提高了保障效率。英军在战争中则采用了VITAL(陆军)和RIDELS(海军)两套资产可视化系统，由于两个系统所依赖的其他信息系统无法成为联合供应链的一部分，因此，英国采购了美国全资可视系统的部分设备，以提高库存跟踪能力。这些设备在英国、德国、塞浦路斯和海湾地区的指定地点进行了安装，通过与陆军VITAL系统结合使用，可以很快确定远方集装箱的位置以及每个集装箱和货盘中的物资，从而提高了发放效率，同时减少了工作人员的数量。

（四）高技术装备保障社会化

随着美军编制体制的调整，现役部队缩减，使部队保障任务的难度进一步加大，战争中保障任务繁重与保障力量不足之间的矛盾十分突出，单靠部队自身的保障力量难以满足信息化装备的保障要求。因此，外军十分重视发挥民用保障力量，通过制定相关法律，动员预备役或实施合同商保障，将保障任务分包给地方企业或民间力量，以弥补编制内保障力量的不足，不仅快速高效地实施了对损坏装备的保障，而且还大大节约了资金。据统计，美军利用社会化保障投入的经费约是现役部队完成同样工作的1/60。在伊拉克战争中，美英联军合同商保障方式在作战行动中扮演了重要的角色，尤其是一些新式装备由于性能先进，技术复杂，加之投放战场时间不长，操作者一般只会基本使用，并不具备对这类装备的抢修技能。美军对这类装备的抢修实行"谁生产，谁负责"的方针，将这类新型装备的战场抢修交由设计部门或生产厂商直接负责,这些生产厂商根据所产装备投放战场的类型和数量,派出一定数量的专业维修人员,随军参战,专门负责本部门所产装备的抢救与修理。而英军则将约1500名合同商部署在海湾地区,按照专门的"合同商后勤保障"和"紧急作战需求"合同的要求提供装备保障。英军认为,"合同商提供的服务通常是非常优秀的,尤其是在要求比较急迫、时间比较短的情况下。装甲车辆的除尘和装甲修补便是其中一例,这项工作包括安装裙板、改进的密封装置、空气过滤器和风扇、附加装甲等。"

信息化技术的发展,虽然提高了美英联军在伊拉克战争中的装备保障能力,但是,也暴露出一些问题:一是忽视了社会环境及自然因素的影响。前沿保障基地缺乏,沙尘暴天气的影响,导致美英联军装备保障严重受阻,出现了车辆和直升机备件短缺的情况,不得不从不参加部署的车辆上拆卸部件用作备件。二是在可视化保障信息流仍然不能够尽如人意,只能在物资运抵主要基地之前对其进行跟踪。一旦集装箱和货盘被打开,里面的物资运送到各个基本部队单元后,可视化过程就终止了,这导致大量装备、库存和补给物资(包括弹药、防弹衣和核生化防护装备)"丢失"在战区内,加重了已经超负荷运转的保障系统的负担。三是合同商保障存在着一些制约因素,由于签证要求、预部署培训、运输能力、防护装备发放以及法律依据不足等问题,合同商无法在高威胁地区单独完成保障任务,曾经有合同商拒绝部署到战区或不愿留在战区的报道。同时,军队对合同商的支持不足,英国两名Kenyan公司的分包商被伊拉克军队俘虏。

第四节　叙利亚战争装备维修保障

2015年9月以来,俄罗斯在叙利亚境内开展了打击"伊斯兰国"恐怖组织的军事行动,由于其特殊的位置、时间和国际环境背景而备受各方关注。据俄罗斯国防部数据,自2015年9月底俄罗斯派空天军飞机大规模空袭以来,俄军在叙利亚完成2.3万余次战斗行动,7.7万余次攻击行动,摧毁恐怖组织948个训练营、666座弹药生产工厂和车间以及1500个军事装备,歼敌3.5万余人,"伊斯兰国"恐怖组织占领的叙利亚领土由俄罗斯参战前约70%减少至不足5%,俄罗斯既定战略、军事、外交目标基本达成。2017年12月11日,俄罗斯总统普京宣布撤军,但仍保留赫梅米姆航空基地和塔尔图斯海军物资补给站,并常驻部队,以有效保证叙利亚未来局势稳定。

一、叙利亚战争概况

战争进程可分为四个阶段:

1. 战争准备阶段(2015年8月至2015年9月)

该阶段俄军的主要目的是为整个行动奠定良好的军事、政治与国际环境,包括与叙利亚政府签订协议、开展兵力机动与海外军事保障、与北约联军建立协调机制、组织协调委员会国际情报中心、开展先期轰炸等行动。

2. 火力毁瘫阶段(2015年10月至2015年11月)

该阶段俄军主要目的是瘫痪"伊斯兰国"战争体系,瓦解极端组织武装作战体系和战斗能力,削弱其进攻势头,迫使其转入防御。主要行动是出动远程航空兵和巡航导弹摧毁极端组织的武器和技术兵器、支撑点、训练营、通信枢纽和指挥所、军械库、弹药库及油料库、用于军事目的的工业和修理基地等。

3. 巩固和扩大战果阶段(2015年12月至2016年1月)

该阶段是俄军为巩固和扩大战果,将作战主要目的定为彻底摧毁敌方抵抗能力和抵抗意志,扭转战场局势,夺得主动权。该阶段中,俄军将空袭目标扩大至用来开采和运输石油的基础设施和交通工具,并提高了作战强度。此外,俄军还多次配合支援叙利亚政府军开展地面军事行动,包括空降作战,有力地提高了作战效果。

4. 作战结束阶段(2016年2月至2017年12月)

该阶段俄军主要是巩固前期行动成果,并为撤军做准备。主要行动是,逐步缩减军事行动强度,加强军事基地和新解放领土的防御,加大对叙利亚政府和社会建设的支持和投入,并安排好驻留力量。

二、叙利亚战争俄军装备体系及运用

叙利亚战争期间,地面装备和航空装备作为俄罗斯的主战力量得到大范围运用,诸多新装备登场亮相,新型作战样式不断涌现,将对未来装备与技术发展及装备维修保障产生重大影响。

(一)陆战装备及作战运用

俄罗斯在此次行动期间声称没有参与地面作战,其地面部队主要承担了基地防卫、扫雷排爆、工程保障等任务,并为叙利亚政府军提供火力支援。在此期间,俄罗斯共动用了7型坦克装甲车辆、5型火炮、6型士兵装备、8型工兵装备、3型战斗机器人、3型反无人机系统、4型防空装备等。

其中,坦克装甲车辆包括 T-90/90A 主战坦克、BTR-80/82A 装甲人员输送车、"台风"-K 装甲车、"猞猁"装甲车、"终结者"-2 坦克支援车、"虎"式装甲车、"爱国者"战术车等;火炮包括 2A65"姆斯塔"-B 式 152 毫米牵引榴弹炮、2S19"姆斯塔"-S 式 152 毫米自行榴弹炮、TOS-1A"炙热"220 毫米多管火箭炮、BM-30"旋风"-M 式 300 毫米多管火箭炮和 ZU-23-2 式 23 毫米双管高炮等;士兵装备包括"战士"士兵系统、MC-116M 狙击步枪、"铠甲"-KP 排爆服、OVR-2-02 扫雷套装、K2 外骨骼、"最后希望之布"防弹衣等;工兵装备包括 PMM-2M 装甲架桥车、INVW-3M"风筝"单兵爆炸装置探测仪、PIPL 单兵引信爆炸装置探测仪、IMP-S2 扫雷探测器、"眼睛"-2 地面穿透雷达、"天王星"-6 扫雷机器人、"金龟子"和"球"侦察机器人等;战斗机器人包括"平台"-M、"阿尔戈"和"天王星"-9 战斗机器人;反无人机系统包括"排斥"反无人机系统、"斜睨"-2 和"斜睨"-3 反无人机系统等;防空装备包括 S-400 和 S-300V4 防空导弹系统、"铭甲"-S1 和"铭甲"-S2 弹炮结合防空系统等。

俄罗斯地面装备在叙利亚得到了充分的测试与验证,在火力支援、机器人作战与扫雷、反无人机、防空等方面展现出了地面装备独有的特点。

1. 压制火炮提供火力支援

俄军炮兵部队及 TOS-1A"炙热"220 毫米 24 管火箭炮、2A65"姆斯塔"-B 式 152 毫米牵引榴弹炮等装备出现在叙利亚战场。这些火炮配合装甲、防空等装备,为叙利亚政府军进攻和防御作战提供了近、中程火力支援。其中,TOS-1A 火箭炮射程 400~6000 米,6~12 秒内可发射 24 枚温压火箭弹,一次齐射杀伤面积达 4 万米^2。

2. 战斗机器人首次参与地面攻击

俄罗斯陆军在叙利亚部署了"平台"-M,"阿尔戈""天王星"-9 等多款战斗机器人。2015 年底,在清除"伊斯兰国"某据点行动中,"平台"-M 和"阿尔戈"两型战斗机器人参加了战斗,这是世界上第一场有战斗机器人参与的攻坚战。战斗中,侦察无人机负责监视战场敌情,通过"仙女座"-D 轻型自动化指挥系统传输信息;"平台"-M 和"阿尔戈"战斗机器人收到火力支援请求后,在后方操作人员遥控下行进至距敌阵地 100~200 米时攻击敌方,吸引并探测敌方火力,引导后方炮兵支援。这次战斗作为俄罗斯战斗机器人首次成建制的作战,用实战验证了俄罗斯战斗机器人在战场上的实用性和作战能力。

3. 反无人机系统实战对抗无人机

俄罗斯在叙利亚首次使用了"排斥""斜睨"-2 和"斜睨"-3 反无人机系统。2018 年 1 月,赫梅米姆航空基地和塔尔图斯海军物资补给站分别遭到 10 架和 3 架无人机攻击。俄军反无人机系统成功拦截 6 架(捕获 3 架,干扰并导致 3 架坠毁,其余 7 架由"铠甲"-S1 击落)。"斜睨"-2 系统安装在"虎"式装甲车上,可同时探测和定位多个目标,并使用干扰系统对抗无人机。"斜睨"-3 系统由指挥控制站和 3 架"海雕"-10 无人机组成,可监视、阻断通信网络并发送虚假信息;"海雕"-10 携带电子战有效载荷,可定位电磁辐射源并压制半径 6 千米内的无线通信。"排斥"系统针对 GPS,"伽利略"等卫星信号和其他无线信号可同时干扰 12

个频率,作用距离 30 千米。

(二) 航空装备及作战运用

俄罗斯 2015 年 9 月出兵叙利亚,依托赫梅米姆、塔尔图斯等在叙利亚基地迅速扩大战果。俄罗斯空天军作为主要兵力,发挥了决定性作用。根据 2018 年 1 月 30 日俄罗斯国防部军事研讨会上的总结,俄罗斯空天军共执行 34561 次作战飞行任务,其中图-22M3、苏-24M、苏-34、苏-35S 等作战飞机表现出了较高的作战效能,图-160 和图-95MS 战略轰炸机使用巡航导弹执行 66 次攻击任务,A-50U 预警机、"前哨"和"海雕"-10 等无人机出色地完成了预警侦察任务,基本达成了原定的战略、战役目标。

1. 以任务为牵引注重装备体系化运用

俄罗斯空天军在叙利亚战争中承担对地打击、护航、侦察监视、战略投送等任务,出动了包括轰炸机、战斗机、攻击机、预警机、侦察机、直升机、无人机、运输机在内多个机种共 20 多个机型,包括首次实战使用的苏-35S、苏-34、苏-30SM、图-214R、卡-52 和米-28N 等新装备,苏-57 也在 2018 年 2 月飞抵叙利亚赫姆米姆基地进行了战场测试。从叙利亚战争看,俄罗斯空天军装备较 2008 年格鲁吉亚战争时有了全面进步。当前,俄罗斯空天军已形成较为完整的航空装备体系,能承担战略打击、对地对海攻击、预警指挥、侦察、电子对抗、战略战役战术投送等任务,具有随战场环境、作战任务变化灵活选择装备体系的能力。

2. 以电子战装备为突破提升作战效能

电子战系统是俄军实践非对称作战思想的重要载体。俄军列装有性能优异的机载电子战系统,这些系统在乌克兰、叙利亚等战场上经过了实战考验。2014 年,装载"希比内"电子战系统的苏-24 前线轰炸机成功驱逐了美军"唐纳德·库克"号驱逐舰。航空装备方面,俄罗斯列装了多种执行电磁干扰和压制的飞机或直升机,研制了"杠杆"-AV,"索具"-3 等多种机载电子战系统,为苏-35S 和苏-34 配装了"希比内"系列电子战吊舱,航空装备电子战能力世界领先。

3. 以指挥控制为纽带加强作战协同

在叙利亚战争中,俄罗斯空天军展示了较好的协同作战能力。2017 年 5 月,俄军将一架 A-50U 预警机再次部署至拉塔基亚空军基地,作为应对叙利亚在此之前遭受美军巡航导弹袭击的响应措施。A-50U 预警机能有效改善俄罗斯在叙利亚的空情掌握能力,弥补苏-30SM 等飞机依赖地面雷达掌握空情信息和指挥的短板。当前,俄罗斯用于监视空中、地面和海上情况的新一代空中预警机 A-100 已在研制,可对作战飞机和多域作战力量进行指挥。

三、叙利亚战争装备维修保障主要特点及做法

叙利亚战争,是俄军自独立建军以来首次跨域实施作战行动,其维修保障方面的典型做法值得学习借鉴。

(一) 构建简洁高效的指挥体制

俄军近年"新面貌"改革后,联合作战指挥体制方面取得了长足进步。在后勤指挥方面,俄军构建了总统(国防部长)—总参谋部—联合战略司令部三级后勤指挥体制,指挥层级和决策环节少,极大提高了作战指挥效能。如在空袭行动中,后勤指控体系为"总统(国防部长)—总参谋部—驻叙航空兵集群司令部"三级后勤指挥体制,包括后勤在内的军事行动均由普京总统亲自筹划决策,总参谋部负责总体指挥,授权俄罗斯驻叙利亚航空兵集群司令部对空袭行动实施直接指挥。为了增强作战指挥的高效性,俄军还与叙利亚政府军构建完善的作战协同机制,两军一体联动,密切配合。除此之外,为了避免军事误判和冲突,俄军还与相关国家建立了情况通报机制。

(二) 完善海外保障基地功能

俄军此次远离本土成功实施空袭行动,很大程度上得益于战前对驻叙利亚基地后勤保障功能的完善与加强:一是改建塔尔图斯海军基地。该基地是俄罗斯自建军以来除独联体国家外唯一保留下来的海外军事基地,虽然近年来俄罗斯整体军力呈收缩态势,但塔尔图斯海军基地却基本保持了正常运行。为了增强该基地的战时保障能力,2014年底,俄军开始基地改扩建工程,完善补给、技术维修与防御功能,使两个浮动码头分别具备了接纳巡洋舰、驱逐舰或大型登陆舰的能力,俄罗斯援助叙利亚政府的各类物资补给大多通过该港口进入,是内战以来叙利亚政府军最重要的海上补给线路,同时也是俄罗斯空袭ISIS行动期间主要的战略后勤依托。

(三) 按需增设新型海外基地

俄军空袭ISIS需要成建制的战机在叙利亚境内驻扎,但塔尔图斯海军基地不具备战机起降与保障的基本条件。经过协商,俄叙双方签署了相关协议,允许俄方无限期无偿使用赫梅米姆机场及其全部基础设施和拉塔基亚省的毗邻区域用于驻扎航空集团。租用协议签署后,俄军加速该基地相关工程改造进度,大量使用预制装配式构件,在短短两周时间内建成了几十座战地基础设施,包括加油站、物资仓库、野外补给站以及水塔等,还为基地配备了一系列机场保障系统,在较短时间内使赫梅米姆空军基地基本具备了保障俄罗斯空天军战机进驻的条件。

(四) 减少参战装备种类降低保障难度

俄罗斯精心挑选入叙作战装备,减少种类,降低保障难度,如参与空袭的机型主要包括苏-24、苏-25、苏-30SM和苏-34。俄军选择苏-24和苏-25用于对地攻击主要是基于以下方面的原因:一是使用苏-24和苏-25及配套的普通炸弹对极端组织实施空袭,由于极端组织缺乏有效防空力量且目标相对分散,效费比高;二是叙利亚空军主要装备苏俄老旧战机,赫梅米姆空军基地能够满足这两款战机的保障需求,相关物资弹药储备充足;三是俄罗斯空天军装备库中有数百架苏-24、苏-25战机,规模庞大,如果直接封存或报废,其效费比均不如入叙参战。

第五节　局部战争装备维修保障对我军的启示

信息化战争条件下,装备维修保障已经成为维持和提高战斗力的一项重要因素,如何加强装备维修保障能力建设成为我军面临的一项重大挑战,近几场局部战争中发达国家军队特别是美军在装备维修保障上的经验做法,对我们具有重要的启示。

一、必须加强装备维修保障指挥体系建设

透视伊拉克战争可以看出,在未来信息化战争中,只有实施强有力的装备维修保障指挥,才能确保实现装备维修保障的及时、高效。装备维修保障指挥作为后装保障指挥的重要组成部分,其指挥体系能否与信息化战争要求相适应,将直接影响到装备维修保障任务的完成。加强装备维修保障指挥体系建设,一要建立装备维修保障指挥自动化系统,即建立与相关各军兵种装备维修保障和上下级装备维修保障机构相连接、与作战指挥机构相沟通的自动化指挥网络系统,实现维修保障指挥中情报搜集和处理、运筹决策、信息传输的一体化和自动化。二要建立完善的装备维修保障指挥体系。要按照"综合配套、快速高效,用管结合、供修一体"的保障原则,建立适应现代战争需要的装备维修保障指挥体系,解决现行装备维修保障指挥体系中存在的问题。三要建立精干高效的战时装备维修保障指挥机构。装备维修保障指挥机构作为军事指挥的重要组成部分,其机构设置与人员、人机编组要符合"合成、精干、灵活、高效"的原则。同时,应着眼未来信息化作战的特点,加强自动化指挥、智能化程序设计、计算机技术保障力量建设,以便战时实现精确保障。四要加强装备维修保障指挥手段建设。要利用光纤通信、数字微波、卫星通信等先进通信手段和计算机网络技术,使装备维修保障指挥网络实现兼容、互通,从而保证装备维修保障信息传递、决策指挥和控制协调的不间断。

二、加快推进装备维修保障信息化建设水平

未来信息化战争,装备技术含量高,保障关系复杂,装备维修保障组织协调难度大,为确保及时有效地组织实施维修保障,外军普遍通过加强装备维修保障手段信息化建设,提高装备维修保障效能。美军已经研制和开发出"物资库存控制点自动化信息系统""空军高级跟踪和控制(ATAC-AF)系统""民用资产可视化系统"

"陆军资产可视化系统"等能够提供资产可视化能力的自动化信息系统,广泛使用条形码、射频数据通信装置、光储卡、射频识别卡、卫星跟踪系统和业务处理服务器等自动识别技术,推广应用了电子技术手册、远程支援系统等信息化手段进行装备维修保障。伊拉克战争中,美军为担负地面进攻任务的坦克配备了数字诊断与预测"工具箱"和电子技术手册,士兵们在战斗间隙即可参照"工具箱"对坦克进行必要的维护;美国海军航母战斗群通过部署的"远程技术保障系统"可以和美国圣迭戈的舰船技术保障中心、弗吉尼亚州诺福克的海军综合呼叫中心及海军海上系统司令部保持联系,实施远程维修保障支援,从而确保战时装备维修保障任务的顺利完成。我军加强装备维修保障信息化建设,应当积极研制和开发装备维修保障信息系统、装备维修保障资源可视化技术、信息化装备维修保障工具等核心技术和装备,不断提高部队装备维修保障能力。

三、构建海外装备维修保障体系

2015年9月初,俄罗斯开始向叙利亚运送物资、装备和人员时,西方国家就有所发现,但尚不清楚俄罗斯企图。俄罗斯成功隐蔽了自己的军事企图,在西方国家的惊愕中完成突袭。现阶段,我军没有境外军事基地,部队在境外实施维修保障准备难度大,通常建立"境内准备—远程输送—境外实施—撤收返回"远程保障系统,这样的保障系统难以确保军事行动的隐蔽性和保障的时效性。下一步,必须根据形势任务的变化,及时建立境外专业维修保障力量。军事行动实践证明,只有专业的维修力量,才能提供值得信赖的维修保障。只有组建专业化的境外维修保障机构、培养职业化的人才队伍,才能切实保障我军境外行动。

四、开展智能化装备维修保障研究与建设

2015年底,在清除"伊斯兰国"某据点行动中,俄军动用了大量无人装备,如"阿尔戈"采用8×8底盘,重1.02吨,最大速度20千米/时,最大遥控距离5千米,配备1挺PTK式7.62毫米机枪和3具RPG-26式火箭筒;"平台"-M采用履带式底盘,重800千克,配备1挺7.62毫米机枪和4具榴弹发射器;"天王星"-9采用履带式底盘,重10吨,配备1门2A72式30毫米自动炮和4具"攻击"反坦克导弹发射器。这代表无人装备已成建制走上了战场,智能化战争形态已初现端倪,下一步,我军也应大力发展智能化无人化装备,并积极研究探索智能化无人化装备的维修保障模式和体系,充分做好应对未来无人智能化战争装备维修保障的准备。

参考文献

[1] 王厚卿. 中国军事思想论纲[M]. 北京:国防大学出版社,2000.
[2] 路广安,曹小平,孙红军. 装备维修计划与控制[M]. 北京:国防工业出版社,2009.
[3] 张凤鸣,郑东良,吕振中. 航空装备科学维修导论[M]. 北京:国防工业出版社,2007.
[4] 孙宏,舒正平. 装备保障学[M]. 北京:国防工业出版社,2007.
[5] 桑士川. 装备建设战略管理[M]. 北京:解放军出版社,2008.
[6] 龚传信. 高技术武器装备及管理[M]. 北京:解放军出版社,2003.
[7] 胡利民. 装备训练学[M]. 北京:国防工业出版社,2004.
[8] 王保存. 世界新军事变革新论[M]. 北京:解放军出版社,2003.
[9] 柴宇球. 转型中的军事教育与训练[M]. 北京:解放军出版社,2004.
[10] 于巧华,等. 加快转变战斗力生成模式之加快军事训练转变[M]. 北京:长征出版社,2012.
[11] 郭世贞,裴美成. 军事装备史[M]. 北京:解放军出版社,2007.
[12] 舒本耀. 论教为战[J]. 装备学院学报,2014,25(1):24-27.
[13] 曲炜. 装备指挥人才培养的若干理论问题[J]. 指挥技术学院学报,2001(5):1-5.
[14] 陈富国,张建华. 联合作战装备军官素质能力培养[M]. 沈阳:白山出版社,2010.
[15] 田志华. 关于后装保障人才培养的思考[J]. 通用装备保障,2005(7):45-47.
[16] 董连山. 深入研究把握高级任职教育特点规律 努力培养高素质联合作战指挥人才[J]. 国防大学学报,2018(4):10-14.
[17] 胡利民,赵向前,杨继林. 装备教育论[M]. 北京:国防工业出版社,2011.
[18] 吕云峰. 军校教育基本理论教材[M]. 北京:海潮出版社,2011.
[19] 宋华文. 装备动员体制研究[M]. 北京:国防大学出版社,2005.
[20] 张召忠. 军事装备动员学[M]. 北京:国防大学出版社,2006.
[21] 王林林. 加速建立应急作战武器装备保障动员体系[J]. 工程装备论证与试验,2008(2):26-27.
[22] 李霖. 军事装备学概论[M]. 北京:解放军出版社,2006.
[23] 张耀辉. 装备维修工程[M]. 北京:装甲兵工程学院,2003.
[24] 马保安,等. 战略理论学习指南[M]. 北京:国防大学出版社,2002.
[25] 张召忠,陈军生. 联合战役装备技术保障[M]. 北京:国防大学出版社,2005.
[26] 曹小平,路广安. 装备维修器材保障[M]. 北京:国防大学出版社,2005.
[27] 梁海斌,高崎,等. 军械维修器材管理学[M]. 北京:军事科学出版社,1998.
[28] 余高达,黄成林. 战役装备保障学[M]. 北京:国防大学出版社,2002.
[29] 杜军影. 战时装备保障行动[M]. 北京:军事谊文出版社,2008.
[30] Alberts D S. 信息时代美军的转型计划——打造21世纪的军队[M]. 李耐和,等译. 北京:国防工业出版社,2011.

[31] 斯蒂芬·P. 罗宾斯. 管理学[M]. 7 版. 孙健敏,等译. 北京:中国人民大学出版社,2004.
[32] 杨伍栓. 管理哲学新论[M]. 北京:北京大学出版社,2003.
[33] 郭世贞. 军事装备思想研究[M]. 北京:国防工业出版社,2010.
[34] 曹小平,林晖. 装备维修战略学[M]. 北京:国防工业出版社,2009.
[35] 刘志生. 外军军官能力建设概论[M]. 北京:解放军出版社,2005.
[36] 仲晶. 信息化后勤保障力生成模式研究[M]. 北京:国防大学出版社,2009.
[37] 许志功,等. 中国特色军事变革的哲学思考[M]. 北京:解放军出版社,2008.
[38] 张耀辉. 基于任务的装备维修决策研究[J]. 装甲兵工程学院学报,2010(2):1-8.
[39] 丁定浩. 能执行任务率模型[J]. 电子产品可靠性与环境试验,2011(6):1-5.
[40] 魏勇. 面向任务的舰炮装备保障性评价指标研究[J]. 舰船电子工程,2010(1):175-180.
[41] 李智舜,吴明曦. 军事装备保障学[M]. 北京:军事科学出版社,2009.
[42] 朱小冬,等. 信息化作战装备保障[M]. 北京:国防工业出版社,2007.
[43] 赵小芒. 面对未来战争的中国军事哲学[M]. 北京:解放军出版社,2012.
[44] 杨为民. 可靠性维修性保障性总论[M]. 北京:国防工业出版社,1995.
[45] 黄顺基. 科技革命影响论[M]. 北京:中国人民大学出版社,1997.
[46] 许志功,等. 科学发展观是指导国防和军队建设的世界观和方法论[M]. 北京:解放军出版社,2010.
[47] 田志锋. 外军装备保障信息化建设特点分析[M]. 北京:解放军出版社,2006.
[48] 冯清先. 海湾战争后勤保障研究[M]. 北京:金盾出版社,1992.
[49] 赵晓东,李雄,孙俊峰. 战时装备维修器材需求预计方法[J]. 火力与指挥控制,2018(1):67-70.
[50] 赫晓波,孙继承. 俄军空袭 ISIS 作战后勤保障特点探究[J]. 后勤学术,2017(3):104-107.
[51] 陈畅,柴小栋,等. 俄军叙利亚军事行动后勤保障主要做法及启示[J]. 空军工程大学学报,2018(6):104-108.
[52] ALAN F E. RFID vision in the DOD supply chain[J]. Arma Logistician,2005,37(3):5-7.
[53] Buxbaum B. Demand planning[J]. Military Logistics Forum,2011,5(9):9-12.